JN195284

片岡宏二

【増補版】

邪馬台国論争の新視点

―遺跡が示す九州説―

雄山閣

はじめに

書店に並ぶ数多くの邪馬台国を扱った本は、文字史料である『三国志魏志東夷伝倭人《ぎしとういでんわじん》』条や『後漢書《ごかんじょ》東夷列伝倭人』条から入っていくものが多い。それは当然のことであって、考古資料の中に「邪馬台国」や「卑弥呼」などの文字が書かれていれば別だが、こうした文字史料がなければ、考古学の世界だけでは、「邪馬台国」も「卑弥呼」も存在しない。文献史学者は、まず文献からアプローチして、それを考古資料で補う、あるいは証明するという方法が一般的である。しかし、考古資料でそこまでのことが言えるのだろうか。文献史学を補う考古資料は、「そこにある」ということは言えても、「他には無い」とは言えないのではないだろうか。

この怖さを知っているからこそ、考古学研究者は、直接的に邪馬台国に触れようとしない。特に九州の研究者はその傾向が強い。新聞記者の中村俊介《なかむらしゅんすけ》は、次のように書いている。「いまのところ、考古学界ではほぼ近畿説に落ち着いているのが現状であり、『九州説を採る者にまともな考古学者はいない』との発言さえ聞かれるようになった。確かに、研究の深化から導き出される状況証拠は、いずれも近畿説に有利に働いているかに見える。だが、そもそも邪馬台国の実態解明に軸足を置いている研究者はほとんどいない」。邪馬台国九州説の研究者は、これに対し口をつぐむ。九州説の先鋒である高島忠平《たかしまちゅうへい》でさえ、「私はえせ考古学者で結構です」と自嘲《じちょう》する。もっとも、この発言が高島さん独特の言い回しであることは理解しているが、九州説全体がこのままではいけないと思う。

今まで、膨大な金額と時間と労力をかけて行ってきた発掘調査の成果を、正当に評価する必要があると思う。その結果、近畿説を容認することは仕方がないとも思う。平成二一年（二〇〇九）五月二九日、箸墓古墳のＡＭＳ測定年代が二四〇～二六〇年を示した、同年一一月一一日、纒向遺跡大型建物発見、平成二二年一月八日、奈良県桜井茶臼山古墳の鏡の数が八一枚以上にもなる、というような近畿の遺跡のニュースが、最近相次いで新聞紙上を賑わせた。どれもが、邪馬台国近畿説を有利にするという結論で終わっているのは、結局、邪馬台国近畿説がらみのニュースでなければ大きく扱われないのか、という不満を残すものである。それに比較して、九州側の発掘調査の評価は正当になされているのかという疑問を持つ。

今回筆者の邪馬台国追究は、考古学的方法に軸足を置いてみた。そうした点で、従来の邪馬台国論者と組み立て方が違っているし、多くの考古学研究者が、古墳や鏡を中心に取り組んできた方法とも違っている。邪馬台国時代の考古学的な事実を述べ、しかる後にその記述が、『魏志』倭人伝やその他の文献に記されていることと比較して、記述に整合した内容なのか、違った内容なのかを判断したいと考えている。その結果として、『魏志』倭人伝の問題点を抽出し、どうして考古学的事実と文献の違いが起きたのかを考えてみたいと思う。

昨年早稲田大学を退職した菊池徹夫《きくちてつお》は、纒向遺跡大型建物発見に際し次のように言っている。

三輪山の麓のこの地が邪馬台国なのか、今回出た遺構が卑弥呼の神殿か居城かといったことはもとより興味深いが、この日本列島で、そもそも権力や身分、武力や宗教、そして都市や国家といったものがいつごろ、どこで、どのようにつくられていったのか。こうしたことの解明の鍵をこの遺跡は秘めている。そのことこそがこの発見の重要な点なのだ。（読売新聞の記事より）

考古学研究者としては、まず遺跡や遺物に立ち返って、その時代を見ていくことが重要であることは論をまたない。かと言って、現在までに発掘されている遺跡がすべてではないことも認識しておくべきであろう。

まだまだ発掘されていない遺跡のほうがはるかに多いのである。

しかし、考古学は大きな遺跡の一部しか発掘されていなくても、その一部からその遺跡がどのような性格を持ち、どの程度の大きさなのかを研究することができる。遺跡の「史（資）料批判」である。いくら考古学資料を用いても、この作業を行っているか、行っていないかが、論文や著作の評価に関わってくる。

その結果として「『魏志』倭人伝に記載された『邪馬台国』に相当する時代に、『邪馬台国』に相当する遺跡は北部九州にしかない。あるいは大和盆地にしかない」という結論になったのならば、それを受け入れるだけである。

本論に入る前に、この本で用いる用語について述べておきたい。

◆文献・本文の引用

『三国志魏志東夷伝倭人』条は、以下「『魏志』倭人伝」と略す。本文の引用は、『魏志倭人伝』岩波文庫からである。『後漢書東夷列伝倭人』条は、以下「『後漢書』東夷伝」と略す。引用は『後漢書倭伝』岩波文庫からである。『日本書紀』は、岩波書店刊日本古典文学大系からの引用である。

その他は頻度が少ないために、特に必要なもののみ、文末に出典を記す。

◆地名に関すること

近畿説

ここでは「近畿」説として、「畿内」説とはしない。その理由は、大化改新詔（六四六年）にある次の文章が、畿内を規定し、当然邪馬台国の時代にはそういう概念はなかったからである。

東は名墾《なばり》の横河《よこかは》より以来、南は紀伊の兄山《せのやま》より以来、西は明石の櫛淵《くしふち》より以来、北は近江の狭狭波《ささなみ》の合坂山《あふさかやま》より以来を、畿内国《うちつくに》とす。

大化改新詔には、記紀編纂者による大宝令（七〇一年）をもとにしたものとする改新虚構論もあるが、いずれにしても畿内の制定は七世紀代であるから、本書では「畿内」とせず「近畿（地方）」とする。なお、古墳時代の中心は明らかに、大和盆地東南部で、それ以外の有力な説はないので、その権力中枢を「ヤマト王権」とした。

筑紫平野

地理学的な平野の範囲は明確ではない。基準となるのは国土地理院発行の地図であるが、それでは北を二日市地峡帯、東を日田市夜明の西側まで、南側を大牟田市まで、西側を六角川流域までを筑紫平野とする。ここでは筑紫平野をさらに三つの平野に区分し、耳納山地北側の両筑平野、脊振山地南側の佐賀平野、筑後川下流域以南の筑後平野とする。

◆邪馬台国（邪馬臺國）か邪馬壹国か

「邪馬台国」が、『魏志』倭人伝に出てくるのは一回きりである。しかも、『魏志』倭人伝の写本（紹興版・紹熙本）にしか残っていない。写本では邪馬台国の「台」の古字「臺」は「壹」になっていて、「邪馬壹國」と記述されている。いろいろな部分で写し間違いのある国宝『翰苑』でも「邪馬嘉國」とある。『後漢書』東夷伝では、「邪馬臺國」になっている。いずれが正しいか、筆者には判断がつかない。今回の書は、音韻や字句から邪馬台国を考えるものではなく、考古学的に当時の事象を見ていくわけであるから大した影響はない。よって学会でも多数が容認する「邪馬台（臺）国」を使うことにする。また「卑弥呼」にしても謎の多い人物である。実名か「日巫女《ひのみこ》」かわからないが、ここでは人物の固有の名詞としておく。

増補版　刊行に際して

邪馬台国をテーマにした講演会やシンポジウムには多くの人が駆けつけて、邪馬台国ブームが去る気配はない。それどころか、時がたつとともに、退職を迎えた中高年の人たちの中で新たに歴史を志す方が現れ、その一部の方は邪馬台国に関心を向けている。邪馬台国ファンが全国に増えていることは喜ばしいことである。

さて、近年の邪馬台国論争の関心事は相変わらず、邪馬台国は九州か近畿かという所在地論争であることに違いない。私も八年前に『邪馬台国論争の新視点』を出版して、考古学的成果を取り入れた邪馬台国論争について自分の意見を陳述した。幸いにも八年後の今日、版を重ねることができた。そこで、できれば単に増刷するのではなく、その後の成果について、書き加えておかねば気が済まないことになり、「第四章　補遺編」を加えさせていただくことになった。

また、以前から考えていた邪馬台国の社会について、『邪馬台国論争の新視点』第二弾の姉妹本『続・邪馬台国論争の新視点』を刊行することになった。地理学的な探究ではなく、『魏志』倭人伝が記述した邪馬台国やその時代の倭の社会と弥生時代の遺跡を比較検討したものである。『魏志』倭人伝が描いた社会が、中央集権化・階級社会化が急激に進む近畿地方のことなのか、あるいは原始的民主制と呼ばれて階級社会に移行していけなかった北部九州なのか、「社会」という新たな視点で邪馬台国論争を見ていくことにした。

できるならば、筆者の意をご理解いただくために、そちらの方も併せてお読みいただければ望外の喜びである。

【増補版】邪馬台国論争の新視点―遺跡が示す九州説―目　次

第一章　考古学からみた邪馬台国研究の歴史

第一章　考古学からみた邪馬台国研究の歴史

第一節　初期の邪馬台国研究史

邪馬台国研究と神功皇后伝承の誕生

歴史に関するどのような文章でもいい。それを読むときに、今まで、どのように研究されてきたのか、いわゆるその「研究史」を読めば、その本や論文のテーマがどこまで解明されていて、どの部分がわかっていないのか、著者が何を目指しているのか、およそわかるものである。ゆえに、研究史は大切なものである。

本書は、主に考古学から邪馬台国論を見ていくことを目的にしたが、考古学だけにこだわることは本意ではない。なぜなら、考古学の方法論（地中から発掘された遺構や遺物を研究し、歴史を組み立てる方法）が確立する以前、研究の中心は文献史学であった。そこで行われた研究は、考古学から邪馬台国問題が論じられる初期段階だけでなく、今なお大きな影響を与えているからである。いくら、考古学を中心に論じるとしても、避けて通れないのである。

本節では、邪馬台国論に大きな影響を与えた三角縁神獣鏡研究以前を初期の邪馬台国研究として扱うことにした。

女王卑弥呼が魏に使いを出した景初《けいしょ》三年（西暦二三九、以下「西暦」は略す、また、景初二年（二三八）説があるが、この本では景初三年説をとる）に邪馬台国がどこにあったのか。文献上わかるかぎり、最初に日本でこのことを研究したのは、八世紀に『日本書紀』の編纂を行った舎人《とねり》親王（六七六〜七三五）たちであった。『日本書紀』神功《じんぐう》皇后の条には次のような一節がある。

三十九年。是年《ことし》、大歳己未《つちのとひつじ》。魏志に云わく、明帝《めいてい》の景初の三年の六月、倭《わ》の女王、大夫《たいふ》難斗米等を遣《つかわ》して、郡《こほり》に詣《いた》りて、天子に詣らむことを求めて朝献《ちょうけん》す。太守《たいしゅ》鄭夏、吏《り》を遣して将《い》て送りて、京都《けいと》に詣らしむ。

四十年。魏志に云わく、正始《せいし》の元年に、建忠校尉梯携等《けんちゅうこういていけいら》を遣して、詔書印綬《しょうしょいんじゅ》を奉りて、倭国に詣らしむ。

四十三年。魏志に云わく、正始の四年、倭王、復使《またつかい》大夫伊聲者掖耶約等八人を遣して上献《じょうけん》す。

つまり『日本書紀』の編集者たちは、『魏志』倭人伝に書かれた「倭の女王」に対して、しかるべく人物を仕立て上げなければならなかったのである（この部分は後世の追記という説もあるが、ここでは追記説をとらない）。

津田左右吉《つだそうきち》（一八七三〜一九六一）の行った記紀（古事記・日本書紀）の史料批判以来、神功皇后が、七世紀に活躍した斉明《さいめい》女帝などの事績を投影したものであることが明らかになっている。[註1] 斉明女帝と言えば、はじめて九州に宮（朝倉橘広庭宮《あさくらたちばなのひろにわのみや》）を造り、九州にも因縁の深い天皇である（平成二二年（二〇一〇）、奈良県明日香村にある牽牛子塚《けんごしづか》古墳が発掘され、女帝の墓として注目された）。

ではなぜ神功皇后が、ここに登場しなければならなかったのか。津田の記紀批判を受け継いだ水野《みずの》祐《ゆう》（一九一八〜二〇〇〇）は、次のように考えた。応神天皇の崩御は『古事記』では甲午《きのえうま》の年となっているが、これを西暦三九四年と考え、それよりも干支《かんし》二運（一二〇年）繰り上げて、その母親の神功皇后摂政《せっしょう》期間をその時代に合うようにした。（註2）つまり、中国側の歴史資料である『魏志』倭人伝の景初三年（二三九）を神功皇后摂政三九年に当てる操作を行って、『魏志』倭人伝の卑弥呼の記事と神功皇后の記事がうまく同時期になるように按配《あんばい》したとする。筆者も、記紀編纂者たちが、神功皇后と卑弥呼を同一人とみなして、中国側の『魏志』倭人伝の記事と日本側の歴史に整合性を持たせたとする考えに賛成である。そして、その神功皇后は、王朝交代によって生まれた応神王朝の開始に、前王朝最後の仲哀天皇からの継承を正当化するために仲哀天皇の妃として登場させた架空の人物とする考えに賛同する。さらに思いを進めると、記紀編纂者たちは、卑弥呼の存在を無視できずに、神功皇后伝承を日本正史の中で作らなければならなかったというのは思い入れが強すぎるだろうか。

ともかく、八世紀の編集者たちこそ、万世一系の支配者たる天皇系譜の正当化に『魏志』倭人伝を利用し、研究した最初の人物たちであると言えるだろう。

新井白石・本居宣長

邪馬台国研究の初期段階で決まって挙げられる人物が、新井白石《あらいはくせき》（一六五七〜一七二五）と本居《もとおり》宣長《のりなが》（一七三〇〜一八〇一）である。両名とも、邪馬台国研究史を扱う書物では、詳しく解説がなさ

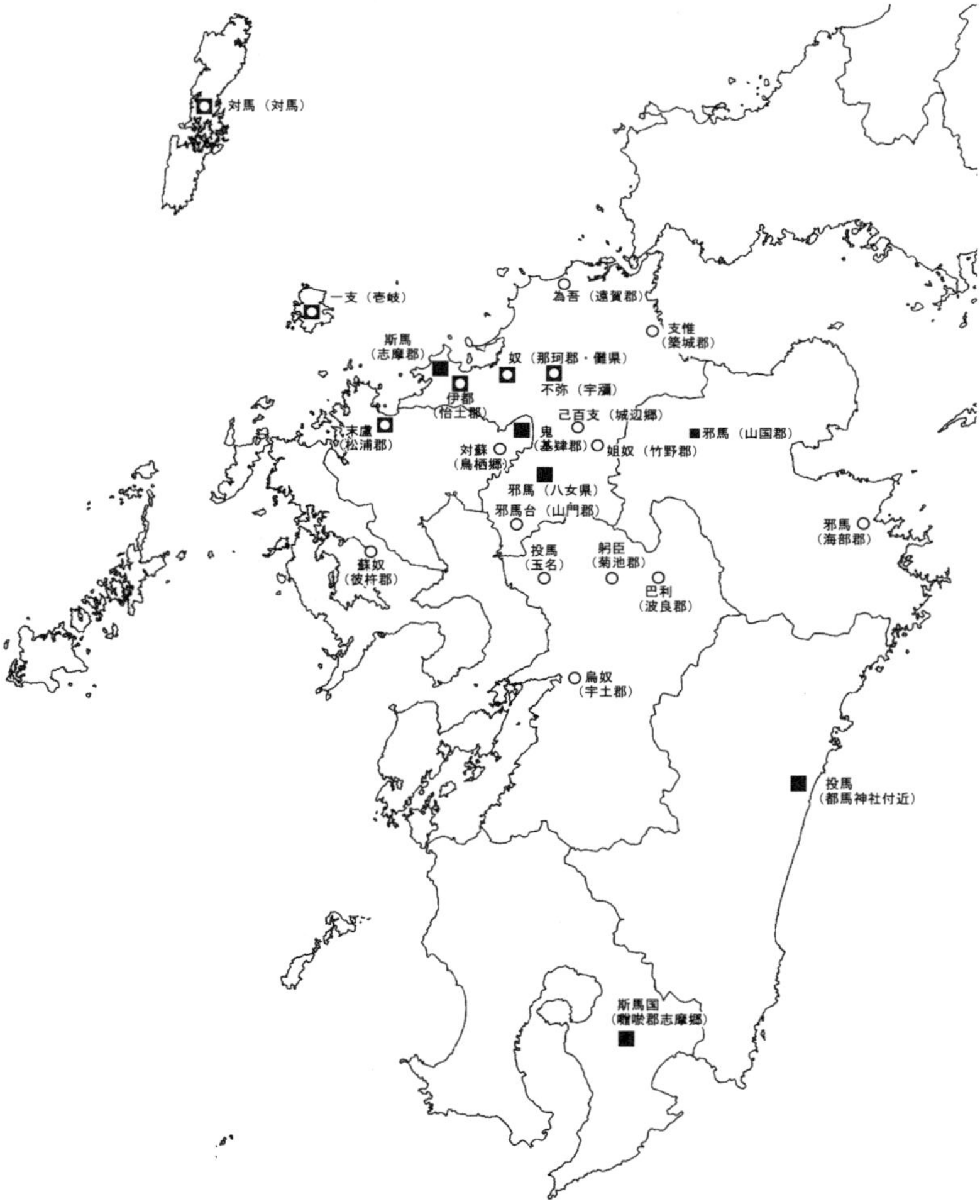

図1　新井白石と本居宣長が比定した九州内の邪馬台国関連のクニグニ

○は新井白石『外国之事調書』、■は本居宣長『馭戎慨言』による比定地、◘は両方共通、（　）は当時の地名（ただし、『外国之事調書』では、対馬国・一支国・末盧国・伊都国・奴国・不弥国の記載はないので、前作『古史通或問』を継承した）。

れているが、両者の説が、今日まで与え続けている影響の視点から見ていくことにする【図1】。

『魏志』倭人伝の科学的な研究は、江戸時代後期の新井白石からとされている。新井は、『魏志』倭人伝を全く「懸聞の謬」とばかり決めてしまえないという姿勢で研究した（註3）。邪馬台国の位置に関してはじめは『古史通或問』《こしつうわくもん》において大和説であったが、後に『外国之事調書』で、邪馬台国＝筑後国山門《やまと》郡（福岡県みやま市瀬高町附近）説に変わった。確かに『古史通或問』には一か所だけ邪馬台国を大和国とするくだりはあるが、当初新井が『魏志』倭人伝の邪馬台国以下のクニグニを九州各地に比定していながら、投馬国はわからないとし、邪馬台国だけを大和国とするのに、どのくらいの信念を持っていたのだろうか。行間を読む限り、それまで言われていた邪馬台国論を踏襲したにすぎなかったのかもしれない。新井白石の真価は、その後の邪馬台国＝筑後国山門郡説である。

一方で、『魏志』倭人伝に描かれる各クニを、地名の表記・発音から比定していることは、その後の邪馬台国研究に大きな影響をもたらした。現代を含めて、地名を当てていく手法は、一部を除けば実証性に乏しいことは明らかである。特に所在が確定できない不弥国以下のクニグニには、現在でも在野の研究者を含めて様々な意見があるが、それらが歴史学、考古学的に見て的外れのものが多いことは言うまでもない。社会学的に見れば、これがご当地自慢のはじまりである（ただし、『外国之事調書』がどの程度世に出回っていたのか疑問もある）。地域の知識人たちは、自分の郷土が、遠く離れた中国の歴史書に記録された国であることを誇りに思い、『魏志』倭人伝のクニグニに比定していった。そういう理由もあって、邪馬台国への興味は、地方にまで広がったといってもよいだろう。

また新井は、卑弥呼を神功皇后と考えたが、それ以前にも松下見林《まつしたけんりん》（一六三七～一七〇四）は卑弥呼を神功皇后に当てる考えを示していた。この点も『日本書紀』の編集者たちによって創り出された神功皇后を卑弥呼になぞらえる説を踏襲したにすぎないと思う。

『魏志』倭人伝の「邪馬壹國」は、「邪馬臺國」の誤りであると最初に指摘したのは国学者本居宣長であった。本居は卑弥呼の人物像に対して独特な解釈を述べている。(註4)『馭戎慨言《からをさめのうれたみごと》』の中で、卑弥呼は九州熊襲《くまそ》にいて、時のヤマト王権の指導者である神功皇后の名を偽って魏に接近したと考えた。これは日本の皇室が中国皇帝に朝貢するなどありうるはずがない、という皇国史観に基づいたものだった。つまり本居は九州説のように言われるが、その本質は、邪馬台国近畿説である。

このことも、後世の邪馬台国研究に大きな影響を与えている。卑弥呼の人物像に関しては、様々なイメージが持たれるが、大きく見ると神功皇后に代表される中央政権の皇女と見る考えと、九州の女性土豪と見る考えに二分され、それらはそれぞれ近畿説と九州説の根幹をなして今日に至っている。

白鳥庫吉・内藤湖南・橋本増吉

明治四三年（一九一〇）、邪馬台国論争において画期的な論文が、争うように発表された。論争の主人公は、東京帝国大学の白鳥庫吉《しらとりくらきち》（一八六五～一九四二）と京都帝国大学の内藤湖南《ないとうこなん》（虎次郎《とらじろう》）（一八六六～一九三四）であった。ここで論争の詳細を述べることは、この本の目的に反してしまうので、重要な部分だけを説明しておく。

まず白鳥は、『魏志』倭人伝に書かれた末盧国《まつろ》から不弥国《ふみ》までの方位を、おおかた間違いないとし、邪馬台国が不弥国の南方にあるという方位を正しいと考えた。その上で、朝鮮半島北部の帯方郡から邪馬台国が総延長一万二千余里で、不弥国までの合算した距離がすでに一万七百余里あるので、不弥国から邪馬台国までは、千三百里余りであることを重視して、この距離であれば邪馬台国は九州の地域内であると考えた。さらに、邪馬台国へは「水行」とあるので、有明海を航行しなければならず、南に狗奴国《くな》（熊襲と考えた）があるとなっているので、その北にあるということから、邪馬台国を北九州有明海沿岸の一部（肥後国）に置く考えを示した。（註5）

白鳥は九州説を説明するために、日数について陸行「一月」を「一日」の誤りとして論を展開しているが、このことは後に論争のもう一人の主役である内藤に批判されることになった。

その内藤は、近畿説の弱点である方位について、中国では東と南、西と北が混同して用いられるという例を上げて近畿説を擁護した。（註6）また内藤が近畿説を展開する中で独創的だったのが、卑弥呼を倭姫命《やまとひめのみこと》とした点である。従来多くの人が考えていた神功皇后ではなく、鬼道に仕える巫女《みこ》的性格を持った卑弥呼には、伊勢神宮を開き神託を持って各地をまわった倭姫命こそふさわしいと考えた。

ともすれば、この両者の対決以来、白鳥の東京大学派と内藤の京都大学派が学閥の威信をかけて、邪馬台国論争に臨んでいるように書かれているが、実際はそういうことでもなく、それぞれの大学に九州説・近畿説それぞれを支持する人がいた。ただ、筆者もそうであったが、史学を志し、大学に入りたての学生が、直接講義を受ける大学者の学問的影響を受けないはずはなく、長年にわたるその繰り返しが伝統となって、どこの大学はどういう説が多いという、実績を積み上げていくことになる。

橋本増吉《はしもとますきち》（一八八〇〜一九五六）の発想には、筆者がこの本で邪馬台国論を書く上で、大きな影響を受けた。橋本は多くの示唆に富んだ意見を述べているが、その中でも邪馬台国の位置に関わるところで、それまでの学説にはない新たな視点を述べている。それらを列挙してみよう。
①不弥国から投馬国・邪馬台国までの日程記事は、『魏志』が参考とした『魏略《ぎりゃく》』には本来記されていなかったものであるが、それを『魏志』の段階で、作者の陳寿《ちんじゅ》が付け加えたものである。
②不弥国から投馬国・邪馬台国までが日数で示されているのは、「里」を知らない倭人の頭の中での計測で、そもそも、この日数は近畿ヤマトに政権が移って以後のことを、陳寿、或は『魏略』を著した魚豢《ぎょかん》が付加したものである。
③『魏志』倭人伝の方位は、誤りではなく、起点となる国からまず向かう方向を示したものである。(註7)
橋本の説は、筆者なりに第三章で詳しく考えてみたいと思う。

邪馬台国東遷説

記紀伝説の神武東征を、史実の投影と見たのは、先の津田左右吉であった。ただ、明瞭に邪馬台国の東遷と書いているのではない。しかし、神武東征伝承は、早くから邪馬台国東遷説と絡められてきた。その説が本格的に提唱され、一般にも影響を与えたのは、和辻哲郎《わつじてつろう》（一八八九〜一九六〇）からであろう。和辻は、鏡・玉・剣を崇敬する国家統一の前段階に、筑紫中心の銅鉾《どうほこ》銅剣文化圏と山陰から近畿にかけての銅鐸《どうたく》文化圏の対峙が解消され、「筑紫地方において急激に発達した勢力が、三世紀よりも前に、東方の大和に移り、そこを中心として関東平野以西を統一した」と述べた。(註8)邪馬台国が東遷した、とダイレクトに書いたものはないが、実質は邪馬台国東遷説に踏み込んだものである。

考古学研究者に、和辻がどの程度評価されていたのかわからない。講演などでは話題にされたのかもしれないが、当時考古学界の第一人者高橋健自《たかはしけんじ》（一八七一～一九二九）は、和辻を「拾い読み」したと論評する程度であった。

中山平次郎（一八七一～一九五六）も、同じように古墳における三種の神器の副葬が、新たに近畿地方で始まることを神武東征とつなげて考えた。この考え方はその後、原田大六《はらだだいろく》（一九一七～一九八五）などに受け継がれるが、それについては、第三節で述べることとする。

榎一雄「放射説」の影響

白鳥・内藤の両説が開陳されて以来、邪馬台国位置論に関して言えば、停滞した感があった。ところが、昭和三五年（一九六〇）、東京大学の榎一雄《えのきかずお》（一九一三～一九八九）により、邪馬台国への旅程の新しい解釈が発表され、邪馬台国の位置論は、がぜん活況を呈してきた。(註9)いわゆる「放射説」である。榎以前にもこの放射説を唱えた研究者がいた。大正一一年（一九二二）の豊田伊三美（生没年未詳）(註10)と昭和二年（一九二七）の安藤政直（生没年未詳）(註11)である。松本清張によると「榎説の『先蹤』ではあっても、あまり著名でない学者は気の毒である」ということなのか。ともかく、榎の考えは、広く

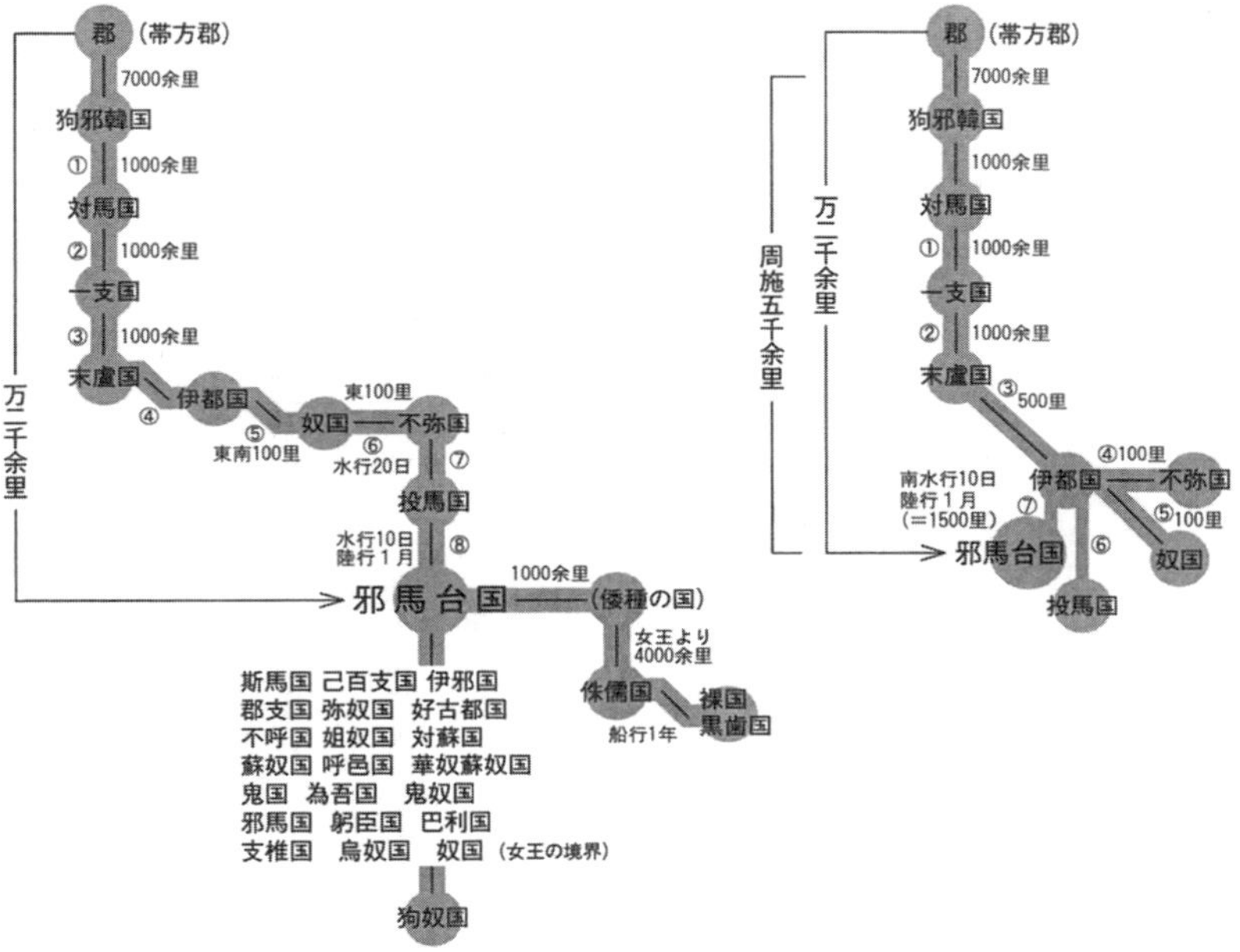

図２　『魏志』倭人伝の旅程連続説・放射説の比較

上を北に見て、『魏志』倭人伝に記載されたクニグニを連続説（左）と放射説（右）で示した。

世に知られた。榎は、『魏志』倭人伝の「女王國より以北には、特に一大率を置き、諸國を検察せしむ。諸國これを畏憚《いたん》す。常に伊都國に治す」の記事に注目した。一大率は伊都国に常駐し、そこから先には実際に行っておらず、それ以外の国々は伝聞によって書かれたものである、ゆえに伊都国より先は、伊都国を起点として放射状に読むべきだというのが榎の主張であった【図２】。

確かに、【表１】のように伊都国までの書き方は、「距離」→「国」という順になっているのであるが、それ以後は「国」→「距離」の順になっている。

この榎の学説は、距離の点で不利であった九州説を有利にすることもあって、その後「放射説」を使った様々な論文が発表されていく。しかし、榎の読み方が正しかったにしても、里程の問題が解決されたわけではなく、文献史学的解釈の閉そく感は払拭できなかった。

考古学による邪馬台国研究のはじまり

私たちが、考古学的に邪馬台国を論じるとすると、まず地中に埋もれた考古資料が、検討対象になることは言うまでもないが、邪馬台国をダイレクトに語る資料はほとんどない。一級資料となれば、「親魏《しんぎ》倭王《わおう》」印やその痕跡を残す封泥《ふうでい》、あるいは、難升米・都市牛利に与えられた銀印青綬があるだろうが、それはいつ出てくるかわからないし、それを探すために発掘することは至難である。

それでは、考古学資料は邪馬台国研究に寄与することができないかと言えばそうではない。すでに多くの先学が、様々な考古資料を用いて邪馬台国研究に迫っているところである。

表１　『魏志』倭人伝方位・国名・距離記述の順序

従郡至倭、循海岸水行、歴韓國、乍南乍東、至其北岸狗邪韓國、七千餘里	……………（手段・方位・国名・距離）
始度一海千餘里、至對馬國……………………	（手段・距離・国名）
又南渡一海千餘里、名曰瀚海、至一大國…………	（方位・手段・距離・国名）
又渡一海千餘里、至末盧國……………………	（手段・距離・国名）
東南陸行五百里、到伊都國……………………	（方位・手段・距離・国名）
東南至奴國百里…………………………………	（方位・国名・距離）
東行至不彌國百里………………………………	（方位・国名・距離）
南至投馬國、水行二十日………………………	（方位・国名・手段・日数）
南至邪馬壹國、女王之所都、水行十日、陸行一月……	（方位・国名・手段・日数）
自郡至女王國、萬二千餘里……………………	（国名・距離）

久米邦武の評価

考古資料には、土地に残る痕跡である「遺跡」と地中から発掘される物として「遺物」がある。遺跡の上から邪馬台国を論じたものは、すでに明治時代から始まる。学術論文の中で邪馬台国を遺跡と結びつけた最初は、久米邦武《くめくにたけ》（一八三九～一九三一）であろう。久米は、文献による邪馬台国所在地の研究はすでに終わり、これからは具体的な遺跡を探検すべき時期であると主張して、高良山《こうらさん》神籠石《こうごいし》（福岡県久留米市）や女山《ぞやま》神籠石（福岡県みやま市）に目を向けた。[註12] 邪馬台国研究の歴史に詳しい佐伯有清《さえきありきよ》（一九二五～二〇〇五）は、考古資料を用いて邪馬台国を論じた久米を高く評価している。[註13] しかし、現代の考古的知見で見ると考証に乏しいものではあることは否定できない。

久米がこの論文を書いた明治三五年（一九〇二）というのは、考古学の世界は、まだ科学的な研究以前の段階である。ヨーロッパに学んだ濱田耕作《はまだこうさく》（青陵《せいりょう》）（一八八一～一九三八）を主任とする日本初の考古学研究室が京都帝国大学に開設されるのは、後の大正五年（一九一六）であるから、遺跡年代の研究方法論も確立していないことを考えれば致し方ないことかもしれない。その後、久米が注目した高良山神籠石や女山神籠石を邪馬台国の遺跡と見る考えは、喜田貞吉《きださだきち》（一八七一～一九三九）に受け継がれる。

しかし、これらの研究が純粋に考古資料を考証して、高良山神籠石や女山神籠石を邪馬台国に結びつけたのかと言えばそうではない。新井白石以来の邪馬台国＝山門郡説に基づくものであって、はじめに結論があってからの考証である。それゆえ、厳密な考古資料の検証・批判の中から生まれたものではないことに注意しておく必要があるだろう。

邪馬台国問題では邪馬台国の所在地ばかり注目されるが、『魏志』倭人伝に記載される邪馬台国に至るクニグニの所在地もどのような方法で当てられてきたのか、考古学的な資料批判はなされていない。ほぼその所在地が確定した感のある奴国にしても、その領域には様々な意見がある。

近年の著作でも、西谷正は明治二九年（一八九六）以前の合併以前の那珂《なか》郡・蓆田《むしろだ》郡に早良《さわら》区を含んだくらいの範囲と言い、[註14] 真野和夫《まのかずお》は『魏志』倭人伝に限った「奴国」は早良平野と言う。[註15] 特に天明四年（一七八四）に発見された「漢委奴国王」印が出土した志賀島《しかのしま》（現福岡県福岡市東区志賀島）付近を奴国の領域に含めるかどうかは、「漢委奴」をどのように読むかによって議論の分かれるところである。奴国の中心にしても弥生時代中期の王墓のあった須玖岡本《すぐおかもと》周辺も考えられるし、古墳時代初頭に、中央を貫通する道路状遺構により計画的な居住空間づくりが行われた那珂遺跡も注目されている。

考古学的に突き止められた中心集落が、『魏志』倭人伝の言う「クニ」とどういう関係にあるのか、その縁辺にある集落は「クニ」とどういう関係にあるのか、いったい「クニ」を示す範囲はいかなるものか。こういう問題を一つ一つ解決していかなければ、考古学による『魏志』倭人伝の資料批判もままならないであろう。

文献史学と考古学の協力が、必要不可欠であることを認めながらも、都合の良い一部の考古資料だけを切り取って付会させる論法が間違っていることは言うまでもない。

第二節　小林行雄の同笵鏡配布理論

富岡謙蔵・梅原末治の伝統

考古遺物による邪馬台国研究へのアプローチは、京都大学考古学研究室を中心に着実に進んでいった。最初に富岡謙蔵（一八七三〜一九一八）が、古鏡研究の先鞭をつけた。

富岡が邪馬台国にどこまで言及していたのか、書かれたものだけを見ても判然としないが、「銅出徐州師出洛陽」（銅は徐州より出、師は洛陽から出）の銘文から、魏になって「徐州」が置かれたこと、魏の次の西晋時代（二六五〜三一六）には諱《いみな》（本名）の一字である「師」が使用されなかったこと、前漢末以来使われてきた「雒陽《らくよう》」ではなく、三国時代に入って使われる「洛陽」になっていることから、三角縁神獣鏡《さんかくぶちしんじゅうきょう》の年代が三国時代の鏡であることを立証した。[註16] この研究は、出土鏡を中心とした邪馬台国論展開の基礎になった。没後の大正九年（一九二〇）に刊行された『古鏡』の中で、日本の古墳から出土した鏡に、邪馬台国の時代と重なる時期の三国時代魏と次の西晋から将来されたものがあり、『魏志』倭人伝中の卑弥呼に下賜された銅鏡一〇〇枚を推測させる旨が書かれている。

富岡の考えを継ぐ梅原末治《うめはらすえじ》（一八九三〜一九八三）は、さらに鏡の研究を発展させた。[註17] 本人は邪馬台国所在地論にまで言及していないと文章の中では慎重な姿勢を示しながらも、明らかに、この三角縁神獣鏡を中心とする鏡群が、近畿地方の古墳を中心に多数発掘されることから、実質、邪馬台国近畿説の提唱に至っている。(註18)

その間、もう一つの考古学的立場からは高橋健自の研究が特筆される。高橋は、前方後円墳の成立を崇神《すじん》・垂仁《すいにん》朝ころとし、そこから出土する鏡を漢・魏時代のものとして、その時期、近畿に前方後円墳が成立することから近畿説に言及した。(註19)

これらの手法は、それ以前の久米邦武らが、新井白石の筑後山門説をもとに女山神籠石を邪馬台国に結びつけ、また古谷清（生没年未詳）が、白鳥庫吉の肥後説をもとに江田船山古墳と卑弥呼を結びつけ、また近畿説においても神話の研究を中心にした笠井新也（一八八四〜一九五六）が箸墓古墳＝卑弥呼の陵墓説を唱えたのとは全く違った科学的な研究法であった。(註20)

同笵鏡の伝世・配布と邪馬台国問題

近代科学的な考古学的手法を用いて小林行雄《こばやしゆきお》（一九一一〜一九八九）が行った邪馬台国論は、富岡、梅原の一連の研究を完結させるものであった。そして、それまで文献中心だった邪馬台国研究に対し、考古学資料を主体にして邪馬台国問題を正面から扱った最初のものだったといえよう。

富岡の研究は小林行雄に受け継がれ、後で詳しく述べるが、三角縁神獣鏡の同笵鏡《どうはんきょう》理論、伝世鏡《でんせいきょう》理論として大成し、その後の邪馬台国研究において重要な位置を占めたことは言うまでもない。

三角縁神獣鏡は、径が二〇センチ程度で、裏面に神像と獣が半肉彫《はんにくぼ》りで描かれ、鏡の縁の断面が三角形になることからこの名が付いている。

小林行雄が構築した三角縁神獣鏡の同笵鏡伝世・配布理論は、多くの純粋な考古学研究者がそうであるように、邪馬台国問題の解決を求めて三角縁神獣鏡の研究に始まったものではなく、数多くの考古学研究の一部から邪馬台国の問題に対して発言したものである。

小林の理論をまとめると次のようなものである。

日本の古墳時代前期の有力古墳から三角縁神獣鏡と命名された鏡が多く発掘される。中国でも紹興《しょうこう》付近にはこれとよく似たタイプの鏡があるが、厳密な意味で、このような縁と文様を組み合わせたタイプの鏡は日本でしか出土していない。この鏡は、一つの笵《はん》（鋳型）から作られたり、製品を踏み返し（製品となった鏡を砂型に当てた鋳型から同じ型の鏡を作ること）て作られたため、同じものを何枚か作ることができる。そして、その同笵鏡（同じ型の鏡）が各地の有力古墳から発見される背景に、当時のヤマト勢力と各地域の有力豪族との間に政治的関係が見出されるというものである。つまり、政治的な盟約を結ぶ証明として、同笵鏡が分配されたという考えである。[註21]

当時の小林の考えでは、三角縁神獣鏡を大量に三二面も副葬した京都府の椿井大塚山《つばいおおつかやま》古墳が、その分配の中心にあったとされた【図3】。椿井大塚山古墳は、京都府木津川市（旧山城町）に所在し、昭和二八年（一九五三）に発見された。全長一八五メートル、後円部径七五メートルの古墳時代前期の前方後円墳である。同年に京都大学によって調査が実施され、豊富な鉄製武器類や工具が出土し

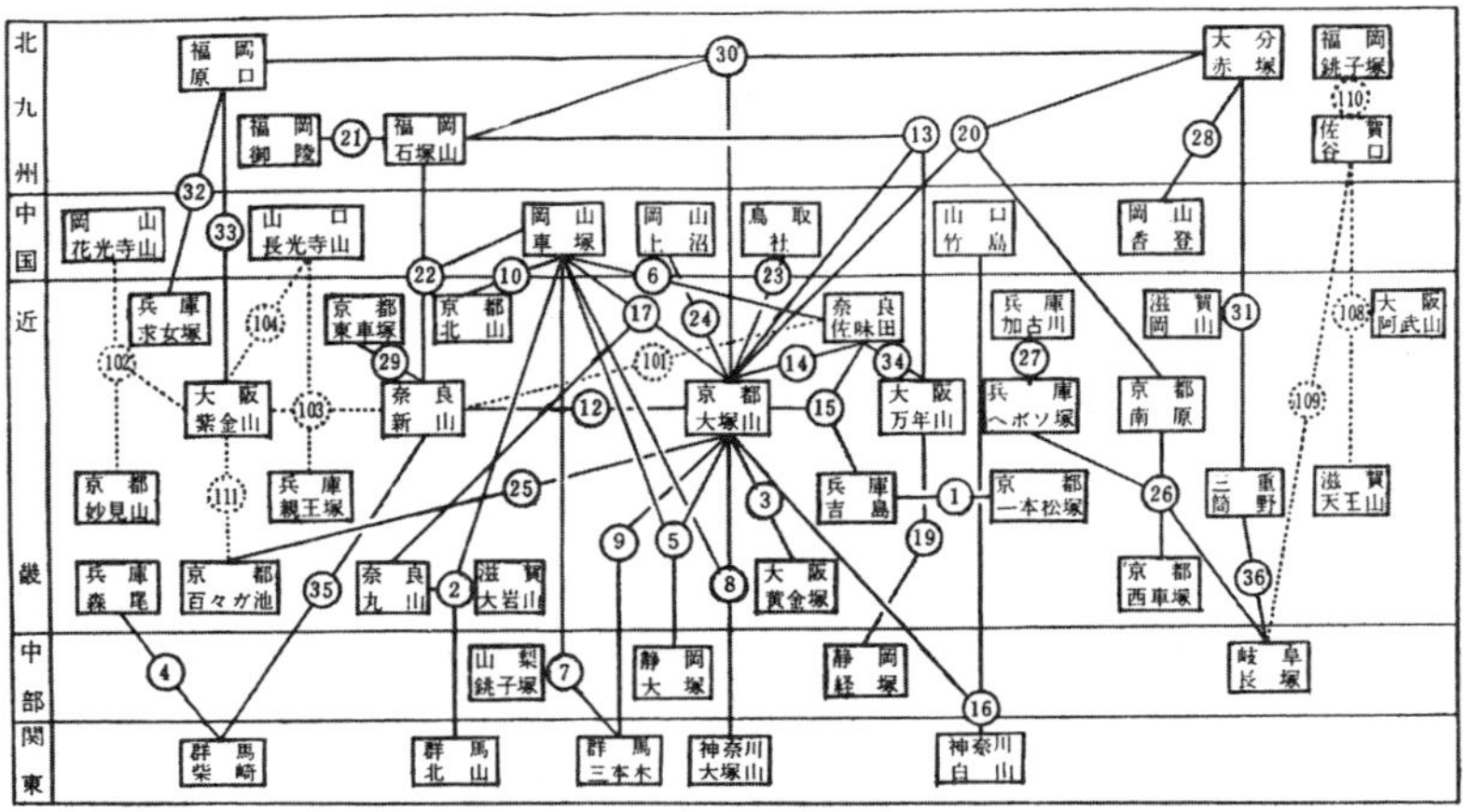

図３　小林行雄が1961年に示した三角縁神獣鏡同笵関係図

小林が作成した初期の同笵関係である。その後新たな古墳の発見によってより多くの同笵関係がわかっているが、同笵関係の近畿集中傾向は変わらない。（註22をもとに作成）

たが、中でも注目を集めたものが、三六面以上の鏡で、それらは内行花文《ないこうかもん》鏡一面、方格規矩四神《ほうかくきくししん》鏡二面、画文帯神獣《がもんたいしんじゅう》鏡一面、鏡式不明の鏡一面で、残る三二面は全部、三角縁神獣鏡である。

小林は、この鏡の一群を『魏志』倭人伝にある、魏の皇帝が、邪馬台国女王卑弥呼に下賜《かし》（身分の高い人から低い人へものを与えること）した銅鏡に当たると考えた。そして弥生時代の終わりに、この三角縁神獣鏡が、配布されるまでの間、邪馬台国のあったヤマトを中心とした勢力によって保管され、古墳時代に入ってから、各地域の有力豪族に配布され、その豪族たちの墓である前方後円墳に副葬されるまでの約一世紀の間、三角縁神獣鏡は特別な意識を持って伝世されたと考えた。これが伝世鏡理論である。

小林は、古墳の発生を四世紀初頭と考えた。すなわち、応神・仁徳の天皇陵とされる誉田御廟山《こんだごびょうやま》古墳や大仙稜《だいせんりょう》古墳を、記紀の伝承に基づく五世紀初頭のものとして認め、それに先立つ三角縁神獣鏡のうち新しい一群を擁す古墳を四世紀末に置き、豪族たちへの三角縁神獣鏡の配布から埋納にかかる時間を、最大一世紀とした。そのため、古墳の開始時期は四世紀初頭におくこととしたのである。

小林理論は、考古学研究者だけでなく、そのわかりやすい解説で多くの古代史ファンを魅了した。(註23)

小林は、三角縁神獣鏡が製作された時期を富岡の解釈に沿って三世紀中葉と考えたが、そうすると古墳の発生はそれよりも半世紀下ることになり、この半世紀の期間の考え方が、最近の三角縁神獣鏡の詳細な研究によって見直されつつある。このことは後述する。

小林理論への疑問と援護

森浩一は、三角縁神獣鏡そのものが大陸で一面も発見されないことから、三角縁神獣鏡を、卑弥呼に下賜された「銅鏡百枚」に当てることを否定し、(註24)また、中国社会科学院で鏡の研究を行ってきた王仲殊《おうちゅうしゅ》は、中国鏡研究の視点から三角縁神獣鏡に言及し、小林理論の多くに疑問を呈した。王の論点は、まず三角縁神獣鏡そのものが中国にはなく、その形状・文様は江南地方に共通するという前提に立って、その銘文では「至海東」として、呉の工人が日本国内で製作したものと考えた。そうすると、実在しない「景初四年」も説明がつくというのである。(註25)これに対し、岡村秀典《おかむらひでのり》は、山東省藤州市出土の斜縁《しゃえん》同向式二神二獣鏡のように日本出土の三角縁神獣鏡に酷似した鏡があることを根拠に反論している。銘文解釈についても「海東」はいわば吉祥語句であって特別な意味があるものではないという見解に立ち、海東は固有の位置を示すものではなく仙界を示すものとしている。(註26)こうして、岡村は、三角縁神獣鏡が卑弥呼に下賜されるために特鋳されたもの（いわゆる「特鋳説」）であって、面数が多いのはその後に生産されたものであるという見解を述べた。さらに岡村は、三角縁神獣鏡に先立ち、二世紀後半から三世紀初めに製作された画文帯神獣鏡の国内分布に注目し、それが四国東部から近畿中心に分布することから、「倭国大乱」後卑弥呼共立によって政権が樹立し、安定した供給が保証された結果とみなし、鏡研究の立場から近畿説優位を深めた。(註27)

伝世鏡理論に対しては、小林が手ずれ（手で触れることにより摩耗した状態になること）を三角縁神獣鏡伝世の根拠にした点に対し、原田大六は湯冷え（鋳造時に入れる青銅の温度が低いため鋳型にきれいに青銅が回らない現象）であると否定した。これに対しても手ずれと湯冷えの違いは明確にわかるとして湯冷えを否定する意見も出された。

森浩一や王仲殊のように三角縁神獣鏡が、中国本土では発見例がないので、下賜されたのは三角縁神獣鏡ではないのではないか、当時の中国の政治情勢からみて中国国内では生産できなかったのではないか、という考古学的な批判は、日本のみならず中国国内における後漢鏡、あるいはその次の代の三国鏡の見直しや研究を促し、次への展開を生む建設的な批判として見ていく必要がある。

卑弥呼朝貢の時期に符合して、島根県神原《かんばら》神社古墳の「景初三年」、山口県竹島御家老屋敷古墳の「正始元年」、同じく兵庫県森尾古墳の「正始元年」など、魏の年号の入った紀年銘《きねんめい》三角縁神獣鏡がある。一方で、近年、物議を醸《かも》す「景初四年」銘盤龍《ばんりゅう》鏡が京都府福知山市広峯《ひろみね》一五号墳の調査で発掘された。景初年号は三年までなので、景初四年は実在しない。にもかかわらず、その年号が入っているのである。このことは三角縁神獣鏡国産説に拍車をかけたが、一方、魏では、邪馬台国の朝貢に備えてあらかじめ、翌年分の鏡を作り備えていたという解釈もある。

また、女王が魏に使いを出した景初三年から四年さかのぼる「青龍三年」銘鏡が三点、日本国内で発見されている。大阪府安満宮山《あまみややま》古墳と京都府大田南五号墳と一つは出土地不明のものである。いずれもが、方格規矩四神鏡である。わずか四年しか違わないのに、魏の年号をもったこれらの鏡がすべて三角縁神獣鏡でないということも注目すべきことである。

日本から出土した紀年鏡には、地域でいうと、魏ではなく呉（三国時代長江流域の国）の年号をもったものがある。山梨県鳥居原《とりいばら》狐塚古墳の「赤烏《せきう》元年」銘鏡があるが、これは後世の舶載《はくさい》と考えられているので除外するとしても、呉の地域で盛行した画文帯神獣鏡が、三角縁神獣鏡に先立って舶載され、近畿や北部九州の初期の古墳に多く入っていることは注目しておきたい。

小林理論の継承

三角縁神獣鏡の詳細な研究は、古墳発生と邪馬台国の問題に新しい視点をのぞかせている。

ひとつに福永伸哉《ふくながしんや》による鈕《ちゅう》孔（鏡の中心の突き出た部分に開けられた穴）の研究がある。[註28] 福永は、後漢から三国にかけて製作年代が文字として書かれた鏡を丹念に見ていくなかで、呉の紀年銘鏡の多くは鈕孔が円形をしており、一方、魏の官営工房である「右尚方《うしょうほう》」銘のある鏡は、鈕孔が長方形をしていて、その形が、三角縁神獣鏡に通じるというのである。つまり、三角縁神獣鏡は、魏の鏡であって、王仲殊が言うように、呉の工人が日本で製作したものではないと考えるのである。

また、岸本直文の画像の詳細な分析による工人系統の問題や、(註29)新納泉《にいろいずみ》の三角縁神獣鏡断面形状の変化による分類(註30)などもある。これらの研究を通して、船載三角縁神獣鏡でも大概四段階に分類され、それらのうち、神戸市西求女塚《にしもとめづか》古墳のように古く分類される船載三角縁神獣鏡の一群だけの鏡群で副葬・構成されるものが抽出されることがわかった。このことによって、近畿地方の古墳研究者の多くは小林の提唱した古墳発生の時期を三世紀まで引き上げる考えを示し、出現期古墳の代表である箸墓古墳の年代について白石太一郎・都出比呂志《つでひろし》・広瀬和雄らは、ニュアンスの違いはあっても、三世紀中ごろ、あるいは後半の早い段階として整理している。この年代観では、古墳が卑弥呼の墓、あるいはその可能性があることになる。

昨今の発掘調査例の新事実の一部を取り上げて、小林理論が崩壊したかのような批判が見受けられる。しかし、私たちはその批判を、正当なものか、そうでないものか、考古学を研究するものの立場としてよく見極めておく必要があるだろう。細かな事実は、全体像を見直すきっかけになることもある。が同時に、大きな理論は細かな事実を許容できる懐の深さを持っていることもある。

小林理論がさまざまな批判を浴びながらも、今なお受け継がれていくのは、筋の通った歴史哲学があるからであろう。

第三節　吉野ヶ里発見と考古学研究

吉野ヶ里発見以前の考古学研究

小林理論が発表されて以後、日本列島の遺跡調査が、膨大な数になるにつれ、考古学の視点から邪馬台国問題に言及する意見が相次いだ。ここで邪馬台国論に影響を与えた数人の考古学者の研究を見てみよう。

まず、近畿説で最初にあげなければならないのが佐原真《さはらまこと》（一九三二〜二〇〇二）である。佐原は、昭和三九年（一九六四）に発表された香川県紫雲出山《しうでやま》の高地性集落遺跡の報告書で、東瀬戸内を中心とする地域では、高地性集落が発達し、石鏃が急速に大型化する現象から、西日本の弥生社会に武力を伴う大きな変化があった証拠と見た。(註31) 当初はこれを『魏志』倭人伝の「倭国大乱」とは結びつけていなかったが、その後、周囲の「倭国大乱」と関連付ける動きに乗じて、一時「倭国大乱」と結びつけることもあった。しかし、本人もそれが誤りであったことを素直に認め、「倭国大乱」の時期は、二世紀後半であるから、時期が合わないと述べている。(註32) 最近では、松木武彦《まつぎたけひこ》らによって、もっと広範な地域で、地域を統合する戦いが行われていたという考えに変わってきている。(註33)

高倉洋彰《たかくらひろあき》は、小型仿製鏡が、弥生時代後期から増加する現象を、やはり「倭国大乱」と関連させた。高倉は、小型仿製鏡を型式分類し、それぞれの所属時期と数、分布の広がりを検討した結果、弥生時代中期以後、順調に輸入されてきた鏡が、弥生時代後期に入ってその数を減らし、その結果、日本製の小型仿製鏡が多量に生産されたとして、そのきっかけを「倭国大乱」によるものと見た。(註34)

中山平次郎・原田大六の邪馬台国論

第一節の終わりで述べたように、原田の邪馬台国論は、本人も述懐するとおり、中山の考えを発達させたものである。中山は北部九州の弥生文化が、その後の古墳文化に継承される点を重視したが、それを原田は、邪馬台国「東征《とうせい》」にまで発展させた。(註35) 原田は、平和裡に政権が移譲、あるいは移転した「東遷《とうせん》」とは見ず、征服戦を伴った武力による近畿への「東征」を果たしたとする。(註36)

原田を批判継承した柳田康雄《やなぎだやすお》は、考古資料を詳細に活用して、邪馬台国東遷説を発展させる。地域共同体が使用していた銅矛・銅鐸などの青銅祭器が消滅して、西日本全体が、北部九州の祭祀体系の最高位にあった銅鏡を珍重する社会になったということは、北部九州、とりわけ圧倒的な保有量を持つ伊都国が、その形成に大きな役割を果たしたと考えている。柳田は、原田の東遷（征）説を以って、「当時からすると膨大な考古学的資料の増加に加えその評価も違っているが、私は大筋において原田説に賛同することが多い」としている。(註37) 柳田は、原田同様に鏡を重視した論を展開するが、東瀬戸内勢力などとともに大和盆地東南部の纒向《まきむく》の地での新たな政権（卑弥呼共立後の邪馬台国）の成立に、伊都国が重要な位置を占めて参画したという点において、戦闘的な北部九州勢力東征を提唱した原田の東遷（東征）説とは、かなりニュアンスを違えている。(註38)

一方、九州説のほうは、初期の研究では、邪馬台国山門郡説に関して、その地の考古学的資料を援用するものもあったが、それらが科学的でないことは前述したとおりである。逆に考古資料の検討から、山門郡説を否定的にみた研究が、西谷正により行われた。西谷は、昭和五一年（一九七六）に、邪馬台国の有力比定地である福岡県山門郡瀬高町《せたか》（現みやま市）の遺跡を、山門郡説の視点からつぶさに述べ、そこに、邪馬台国時代の際立った遺跡・遺物がないことを考古学的に論じ、山門郡説を否定した。(註39)今日、近畿説の最有力候補となっている纒向遺跡で資料の検討・批判が積極的に行われているのと同様、西谷はいち早く九州説の牙城に、メスを入れたのである。その後の西谷の論考を追うと、邪馬台国＝近畿、投馬国＝吉備、狗奴国＝毛野説がより鮮明になってきている。

巨大集落遺跡の発掘とクニグニ

小林行雄は、形が見える古墳やそこから出土して展示される副葬遺物を通して、邪馬台国論を組み立てたが、一九八〇年代以後の日本列島における巨大開発は、今まで人知れず埋もれていた、広大な集落遺跡を白日の下にさらすことになり、いやがうえにも邪馬台国問題の材料となっていった。

その代表格が、佐賀県吉野ヶ里遺跡である。吉野ヶ里遺跡発掘後、北部九州では、朝倉市平塚川添《ひらつかかわぞえ》遺跡や壱岐市原《はる》の辻《つじ》遺跡が、その全体像を現わし国指定史跡になった。さらに全体像が見えなくとも、相次ぐ開発によって、モザイク状の調査が行われていった春日市須玖《すぐ》岡本遺跡群、糸島市三雲《みくも》・井原《いわら》遺跡群等は、クニ中心集落の復元を可能にしていった。それだけでない。クニの具体名がわからなくても、明らかにクニの中心集落と考えざるを得ない大きな遺跡群の存在が各地域で明らかになった。

読者の皆さんは、最新の発掘調査によって解明された、このような集落群と『魏志』倭人伝に書かれたクニが、具体的に結びつくことを期待しておられると思うが、その期待には応えられそうもない。考古学で言えることは、地域の中心となると考えられる規模と質を持った集落が、どこにあって、その出土遺物などから、どの地域と交流し、影響を持っていたかということにとどまる。

邪馬台国問題を考える際、私たちは、目の前に広がる「遺跡」という絶好の素材を持つにいたった。その分析を通して弥生時代社会を復元する中から、邪馬台国問題を考える機会を与えられているということだと思う。

吉野ヶ里遺跡がもたらす邪馬台国論

吉野ヶ里遺跡の発掘は邪馬台国時代の日本列島、特に北部九州の遺跡研究に大きな進展をもたらすきっかけとなった。

発掘調査は、昭和五七年（一九八二）から始まっており、随時地元の新聞でも取り上げられ、当然、佐賀県文化財保護審議会でも報告されていた。しかし、平成元年（一九八九）二月二三日に大々的に報道され世間の注目を集めるまで、佐賀県教育委員会で当時、吉野ヶ里遺跡調査の総指揮を執っていた高島忠平でさえ、その回顧録に「記録保存を貫き、遺跡は壊します」と硬い姿勢で臨んでいた状況で、県としてもこの遺跡を「開発やむなし」、工業団地造営を前提とした発掘という既定方針で調査を進めていたと語っている。(註40)

　吉野ヶ里遺跡が、大々的に発表される前年に当たる昭和六三年（一九八八）一一月一九日に現地説明会が開催された【図４】。新聞でその開催を知った筆者も参加したが、その時の参加者はわずか一二〇名であった。報道後の喧騒を考えれば、何とも、のどかな遺跡見学会であった。

　正直なところ、筆者もその時点で、遺跡の重要性は認めつつも、だからと言って、遺跡の価値がこの大工業団地の事業をとりやめるほどの説得力はないだろうと思っていた。

図４　1988年に開催された吉野ヶ里遺跡見学会のパンフレット
Ｂ５版５枚、コピーホッチキス止めの簡素なもの。今でも私はこれを大事に保管している。

　見学を終えて調査事務所に顔を出したところ、調査の中心にいた七田忠昭《しちだただあき》がいた。七田は、壁に貼った遺構配置図の、環濠が一部外に張りだしたところにある大きな建物跡を指差して、「これこそ『魏志』倭人伝に書かれた楼観ですよ。すごい発見です」と、熱弁していた姿を記憶している。

　七田が遺跡保存のためにとった行動は、弥生時代研究の第一人者であり、市民も含めて全国の考古学関係者にも影響力が強い佐原真に、いわば遺跡のお墨付きをもらうことであった。七田は電話をかけて、その重要性を訴え視察依頼をした。その行動の一部始終は、すでにNHKテレビの『プロジェクトX』で放送されたので、今さら問題視する人はいないであろうが、七田と同じように行政に携わっている人間からみて、このような行動は勇気のいるものである。

その佐原真さえその著作の中で、「佐賀県は遺跡を壊すことを決意して文化庁に報告していたし、文化庁もそれを認める判断でいました。そして、南内郭付近は地面から1メートルは掘り取られた状態でした。国が史跡にする条件のひとつは、残りがよいことです。私は正直なところ史跡はむずかしいと思いました」と述懐する。（註41）七田はそれを覆す努力をした。

筆者の仕事関係にも、遺跡の保存を訴えて、マスコミや影響力のある人に訴えた例をいくつか見てきた。もちろん成功した例もあれば、失敗した例もあり、中には上役から睨《にら》まれて、配置換えされた者もいる。組織に属す人間としては、一定の方向性が決まった路線に対して、外部のマスコミという別の権威を使って方向転換させたわけであるから、褒《ほ》められたものではない。しかし、その結果として貴重な遺跡が残り、佐賀県に観光という実利をもたらした。筆者たちのように文化財行政に携わる者としては、佐賀県民に郷土の歴史・文化に対する共有の思いをもたらしたことが重要である。工業団地建設の経済学的損得計算を優先する人たちには思いもよらない結果になったであろう。

その後、七田が熱く語った吉野ヶ里遺跡の楼観は、高さ一二メートルに復元されて、今や吉野ヶ里遺跡の象徴になっている。その姿を見ていると、筆者も行政の中にどっぷりつかって、いわゆる市民感覚から乖離《かいり》していたのではないかと猛省した次第である。

その裏で消えゆく遺跡

一九九〇年代、北部九州の遺跡発見のニュースは、「吉野ヶ里遺跡でも出ている〇〇」「吉野ヶ里遺跡よりも古い〇〇時代」などというように、ある遺跡の価値を決める時に、吉野ヶ里遺跡が基準となってしまった。吉野ヶ里遺跡を基準にすると、読者がわかりやすいという、マスコミ側の書きやすさと言うか読者サービスと言うか、ともかく「吉野ヶ里遺跡」というキーワードに結びついて、周りの遺跡も評価されてしまう危険な状態があった。

そうした中で、「吉野ヶ里遺跡ほどの規模ではない」という大義名分のもとに、保存が断念された遺跡も数多い。小田富士雄《おだふじお》は、時代が違うのに、単純に比較して遺跡保存を断念する大義名分が、まかり通るのはおかしいと警告した。（註42）筆者は現場に立っていて、北部九州、特に筑紫平野の弥生時代後期遺跡が急激に発達する現象にいつも驚いている。そうした弥生時代後期に巨大に発達する遺跡に比較して、その前後の遺跡が「吉野ヶ里遺跡ほどの規模でははない」のは当たり前であって、単純な比較だけで保存する候補から外していくことには問題があるといつも思っている。

吉野ヶ里遺跡がもたらす「地域国家」像

吉野ヶ里遺跡が世に喧伝《けんでん》されたころ、吉野ヶ里遺跡が『魏志』倭人伝に記載される一つのクニであることを意図して、図面が作成された。もともと『魏志』倭人伝に記載されたクニを現在のどこそこであると比定する作業は、およそ三〇〇年前の新井白石に始まっていたのであるが、地図上でそれぞれのクニを領域で示す作業は、おそらく宮崎康平《みやざきこうへい》（一九一七～一九八〇）の『まぼろしの邪馬台国』から始まるのではないだろうか。(註43) 宮崎は、その生き方にも表われているように、人の心を瞬時につかむことに優れている。盲目の宮崎がその地図を付図として掲載することにより、自分の主張する『魏志』倭人伝のクニグニがどこに当たるのか単刀直入に示したことも、著作がベストセラーになった要因かもしれない【図5】。

近年、発掘調査の成果を生かして、弥生時代のクニを示した地図が頻繁に使われている。吉野ヶ里遺跡周辺でも一つのクニがあることを強調するためにクニ分布図を作ったのは高島忠平だが、その後、微妙な違いはあるものの同じような地図が各研究者により示されてきた。たまたま高島に聞く機会があったのでこのことを尋ねると、当時九州大学にいた岡崎敬《おかざきたかし》（一九二三～一九九〇）が述べていた、地域ごとにクニがあった、との考え方を強く意識して図にしたとのことであった。

この図に対する筆者の考えは、第二章第二節で述べるが、ここで強調しておきたいことは、それまで遺跡の価値として高い評価を受けていたわけでもない吉野ヶ里遺跡（一部には、七田忠志《しちだただし》(註44)（一九一二～一九八二）、橋口達也(註45)（一九四五～二〇一一）のようにその重要性をすでに指摘していた論文もあった）が、佐賀の一地域で発見されたことによって、その他の地域でも、当然吉野ヶ里遺跡に匹敵する遺跡があるはずだという考えが生まれ、地域単位でのクニが想定されるようになったことである。クニ領域に

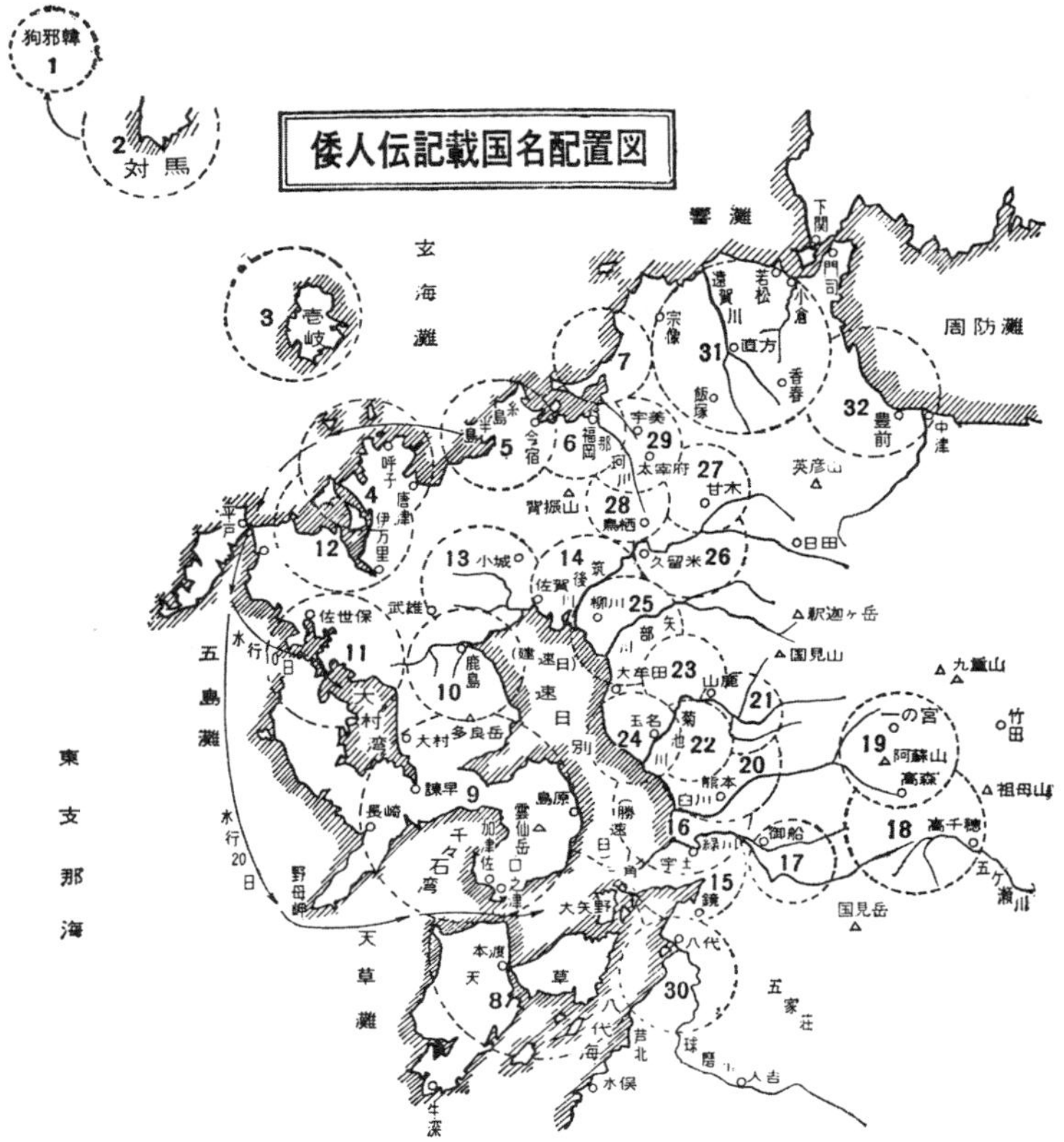

倭人伝記載国名配置一覧

①狗邪韓　クヤカン	⑩斯　馬　シ　マ	⑲蘇　奴　ソ　ヌ	㉘支　惟　キ　イ
②対　馬　ツルマ	⑪巳百支　イホキ	⑳呼　邑　コウォ	㉙烏　奴　ウゥヌ
③一　支　イッキ	⑫伊　邪　イ　ヤ	㉑華奴蘇奴　クワヌソヌ	㉚狗　奴　ク　ヌ
④末　盧　マッロ	⑬都　支　クォキ	㉒鬼　　ク　ィ	参　考
⑤伊　都　イ　ト	⑭弥　奴　ミ　ヌ	㉓為　吾　ヰ　ゴ	㉛大狗奴　オオクニ
⑥奴　　ヌ	⑮好古都　コォコト	㉔鬼　奴　クィヌ	（二次的ヤマト）
⑦不　弥　フ　ミ	⑯不　呼　フコ	㉕邪　馬　ヤ　ナ	㉜弥邪呼　ミヤコ
⑧投　馬　トゥマ	⑰姐　奴　シャヌ	㉖躬　臣　ク　シ	（三次的ヤマト）
⑨邪馬台　ヤマタ	⑱対　蘇　ツルツ	㉗巴　利　ハルリ	

図５　『まぼろしの邪馬台国』に掲載された宮崎康平の邪馬台国地図
（註43より一部修正転載）

関しては、高島も西谷も律令体制における郡単位くらいの規模を主張する。もう少し大きな単位でみれば、門脇禎二《かどわきていじ》（一九二五〜二〇〇七）の「地域王国論」と名付けられたものに発展する。

門脇説は、考古学の側から読んでも興味深い。本人も語るように門脇は、元は近畿説であった。その契機は、京都大学で小林行雄から、発表直前の三角縁神獣鏡同笵鏡配布理論を聞いたことであると述べている。その門脇が、晩年には前方後円墳の画一性だけでヤマト王権の全国支配体制が説明できるものではなく、国家権力の中枢の地位を固めるのは、大臣《おおおみ》・大連《おおむらじ》らによる「朝廷」の確立する五世紀中ごろ以後であり、三世紀に九州まで含めた地方を統属させうる体制と権威はもちえないとした。そして、それまでは、吉備・出雲・九州などに「原地域王国」ともいうべき主権が成立していたとする、いわゆる「地域王国論」を展開した。(註46) このような考え方が出現したのも、吉野ヶ里効果であろう。

吉野ヶ里遺跡邪馬台国説の評価

吉野ヶ里遺跡がこれほど世に喧伝《けんでん》されても、すぐに吉野ヶ里遺跡を邪馬台国だと断じる考古学研究者がいなかったことは、考古学界の良識を示すものであった。もちろんマスコミや作家が吉野ヶ里遺跡こそ邪馬台国ではないかと論じたものもあるが、そもそも何を目的として主張するかが違うのであるから、それはそれで許容しなければならない。

文化庁によると全国の遺跡数は、約四六万か所と言う。このうち発掘されて報告書が出されている遺跡の数を正式には知らないが、奈良文化財研究所に集められた全国の報告書は約六万冊にすぎない。

そして、この調査報告書には遺跡全部を掘ったものは少なく、ほとんどが一部だけの調査報告である。そうすると、日本の考古学調査は、おそらく眠っている（すでに壊れた遺跡も含めて）遺跡の一万分の一の面積も調査できていないのではないだろうか。考古学研究者はこのことを知っている。だからこそ、今発掘されている遺跡だけで、弥生時代のことすべてがわかるとは思っていない。邪馬台国さえ比定できないのに、『魏志』倭人伝のクニグニを比定することは不可能であることを実感して、邪馬台国の問題に対して言葉を選んで発言するのである。新しい遺跡、新しい遺物が発見されると、すぐにそれで歴史が変わるかのように報じられ、それによって錯覚する一般の方も多いようだが、考古学の世界では、「その遺跡に○○は確実にあるということは言えるが、他の遺跡には○○が絶対無いと言うことは言えない」のである。邪馬台国研究者と呼ばれる方には僭越《せんえつ》だが、考古資料の資料批判ができているかどうかが、論文や文章の価値を決めるのだと思う。

調査に携わった人たちの吉野ヶ里観

考古学の場合、実際にその現場を発掘した人にしかつかめない遺跡の価値がある。だから、調査担当者の発言は、責任もあるし、私たちは尊重して聞かなければならないのである。

長年、吉野ヶ里遺跡を掘り続けている七田忠昭の意見に耳を傾けてみよう。七田は、弥生時代中期後半以後、吉野ヶ里遺跡の中から首長を輩出《はいしゅつ》するのではなく、その地域の有力集落から、首長が吉野ヶ里にきて統治し、死後は再び自分のムラに帰って埋葬されたために、吉野ヶ里遺跡では後期の厚葬墓《こうそうぼ》（優れた副葬品や棺を持つ墓）がなく、その周辺の三津永田遺跡や横田遺跡に中国鏡が副葬された墓があると解釈している。こうした有り様が、『魏志』倭人伝に書かれた女王卑弥呼の都の様相と符合することから、吉野ヶ里遺跡が邪馬台国の有力候補地であると主張する（註47）【図6】。

長年吉野ヶ里界隈を地道に調査し続けた人の弁であるので、説得力はあるし、実際、七田が言うように、吉野ヶ里遺跡が邪馬台国（卑弥呼を擁立したクニという意味で）の候補であることに違いない。しかし、周辺の筑紫平野の遺跡の中に、吉野ヶ里遺跡と同等、あるいはそれ以上の規模をもって存在する遺跡がないとは断言できない。そして、現代の日本国総理大臣が、必ずしも大票田の地域から選出された代議士ではなく、小さくても絶対に当選する安定した政治基盤を持った地域から選出された代議士の場合が多いように、必ずしも大きな集落から、邪馬台国連合の首長が「共立」されるとは限らない。吉野ヶ里遺跡の構造が、『魏志』倭人伝の記述を追認するという研究は高く評価できても、その先にある吉野ヶ里遺跡＝邪馬台国説には、まだそこまでは同調できない。

高島忠平は、邪馬台国九州説の旗手とされている。吉野ヶ里遺跡が発見された頃には、『魏志』倭人伝記述と吉野ヶ里の構造を対比するなど（註48）、いち早く北部九州に邪馬台国を求める論を展開した【図7】。高島の邪馬台国論を整理し、九州説の根拠を見てみよう。①『魏志』倭人伝に記載された三〇国は、近畿説だとあまりに拡散するが、北部九州ではそのまとまりのなかで十分に考えられる。②卑弥呼の都は、『魏志』倭人伝の記述から見ると環濠集落でなければならないが、近畿地方にそれに該当する遺跡はない。③国際性が認められる遺構・遺物の発見が近畿地方にない。④巫女《みこ》として

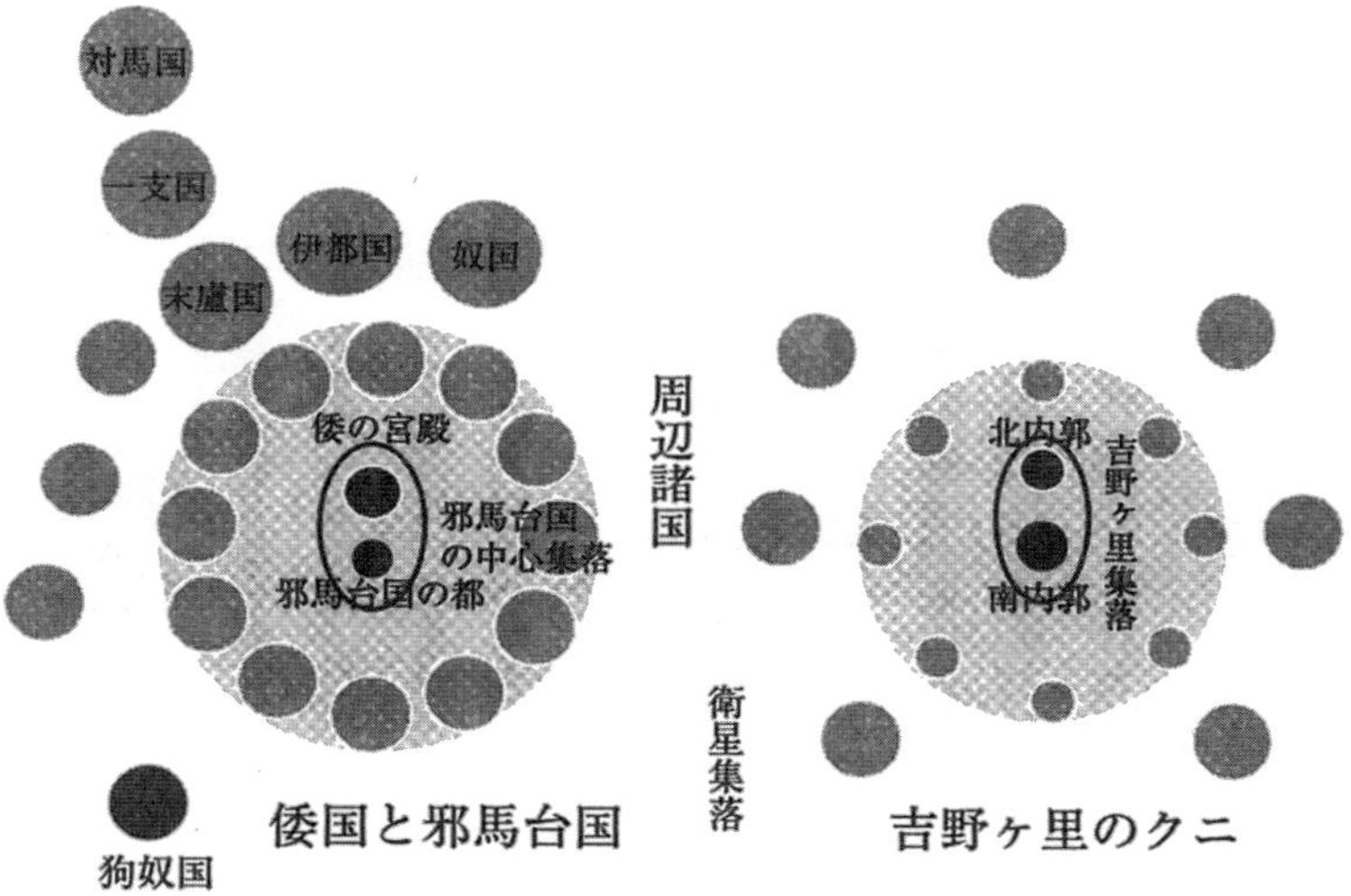

図６　七田忠昭が示す吉野ヶ里遺跡の構造概念図（註 47 より転載、一部修正）

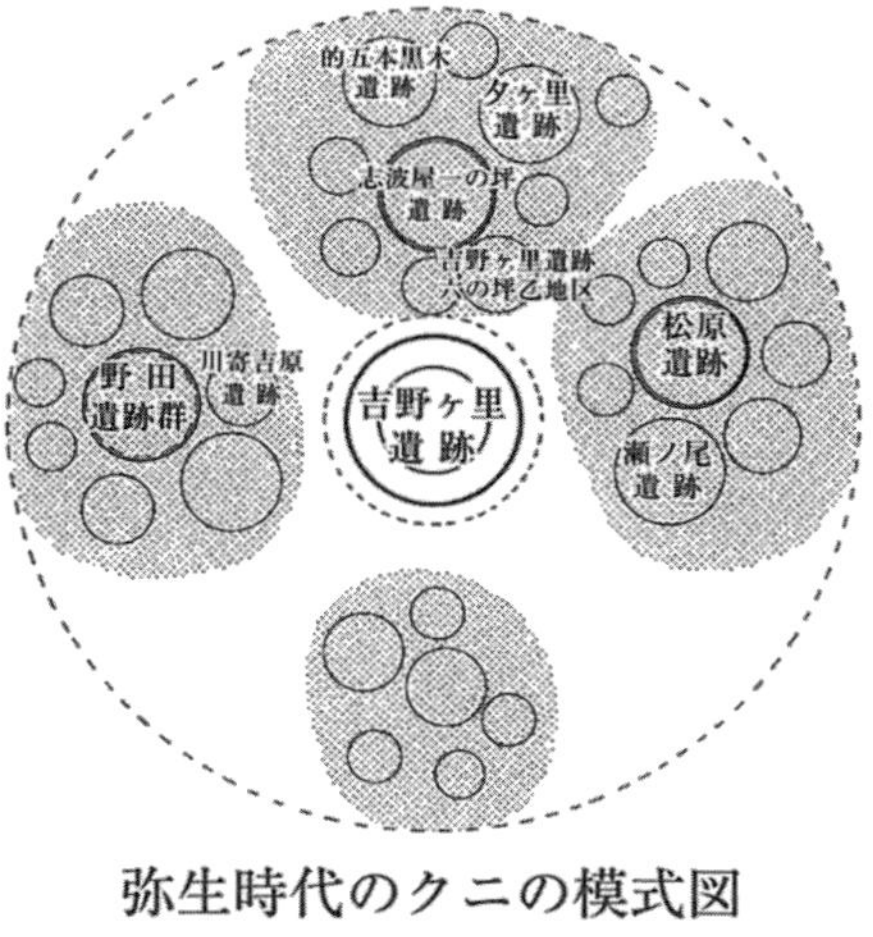

図７　高島忠平が示す吉野ヶ里遺跡の構造概念図（註 48 より転載、一部修正）

写真1　復元整備された吉野ヶ里遺跡（佐賀県教育委員会提供）
手前の建物群は倉庫、左奥の高い建物が北内郭にある「宮室」、右奥の高い建物が「楼館」、その手前に「城柵」が巡る。

の女王が誕生する考古学的背景が、北部九州以外では認められない。⑤卑弥呼の墓の記述である「径百余歩」は大げさな記述で信憑性がないので、九州説には不利な要件ではない。主たる論旨は以上のようなものである。（註49）

吉野ヶ里遺跡の発掘がなかったら、今でも沈滞傾向の考古学による邪馬台国九州説は、さらに窮地に陥っていたことだろう。遺跡を丸ごと調査するような大開発時代は、この日本ではもう来ないと思われる。九州説はいつまでも二つめの吉野ヶ里遺跡発見に頼ることはできないし、考古学による邪馬台国九州説の目指す方向は何か、別の道を求めなければならない。その一つの方向は、断片的にしか発掘されていない北部九州の大規模遺跡を再評価し、その価値を確認していくことではないだろうか。

第二章　近年の近畿説と九州説

第一節　纒向遺跡と邪馬台国近畿説

吉備で発達した墳丘墓

吉備《きび》地方では、岡山県南部を中心に、弥生時代後期に墳丘墓が出現・発達する。北部九州でも吉野ヶ里遺跡のように最近では各地に墳丘墓が確認され始めたが、吉備地方の墳丘墓が、北部九州の墳丘墓と違う点は、大型の墳丘墓や特殊器台が、後の前方後円墳や埴輪へと連続的に発展する点である。足守《あしもり》川下流の倉敷市楯築《たてつき》墳丘墓はその代表的なものである。(註1) 直径四〇メートルの円丘部に突出部が付き、全長約八〇メートルにも発展する。その墳丘には特殊器台があるが、それは立坂型―中山型―向木見《むこうぎみ》型―宮山型と進化を遂げ、高さ一メートルにもおよぶ大型の墳墓祭祀土器として埴輪に発展する。ヤマトに出現する最初の大型前方後円墳である箸墓《はしはか》古墳などにも、この特殊器台が使用されている。このことから、近畿地方で確立する古墳祭祀体系に、吉備の文化とその背後にある政治勢力が関与していた可能性がいよいよ強くなった。

さて、その吉備で発達する墳丘墓は、どんなに大型に発達しても、古墳とは一線を画すものとされてきた。吉備の考古学に精通した近藤義郎《こんどうよしろう》（一九二五～二〇〇九）は、墳丘墓段階では、まだ首長権の進展が弥生社会における規制の中にあるとして、定型化した前方後円墳としては、最古のものとされる箸墓《はしはか》古墳出現をもって古墳時代ととらえた。（註2）

最古の古墳とその土器

箸墓古墳とほぼ同時期に吉備では、最古の古墳に位置付けられる岡山市浦間茶臼山《うらまちゃうすやま》古墳が築かれる。箸墓古墳のちょうど半分（恣意的解釈とする意見もある）の全長一四〇メートルの規模で、前方部墳裾が、三味線の撥《ばち》のように開く特徴も箸墓古墳に似ている。吉備に限らず、古墳の発生を箸墓古墳段階、土器でいえば布留《ふる》式土器段階からととらえるのが、一九七〇年代までの大勢であった。

その頃までは、小林行雄らによって設定された、V様式と呼ばれる弥生土器の後には、古墳時代の土師器《はじき》である布留式土器が続くとされてきた。その中で、田中琢《たなかみがく》は、昭和四〇年（一九六五）に大阪府豊中市庄内《しょうない》遺跡出土土器の一群が、その両者の中間にある土器型式であるとする研究を発表した。（註3）この土器型式が庄内式土器である。田中はこの土器を最古の土師器としながらも、この段階では前方後円墳が出現していない点を指摘した。したがってその後、この土器を弥生土器とするのか、土師器とするのか、すなわちこの土器段階を弥生時代とするか古墳時代とするか、また、九州の土器との並行関係はどうなっているのか、年代はいつごろか、などの多くの問題が提起された。今から三〇年前、筆者が就職して間もない頃、当時太宰府町にあった九州歴史資料館（今は小郡市に移転した）の一室で、この土器をテーマとした「九阪研究会」が開かれた。まだ三〇名くらいしか出席者がいなかったが、本格的に九州と近畿の土器が突き合わされたことを思い出す。歴史を経ても、この問題はいまだに続いている。

代表的な論者のうち、政治的モニュメントとしての古墳出現時期以後を土師器と呼ぶ立場に立つ

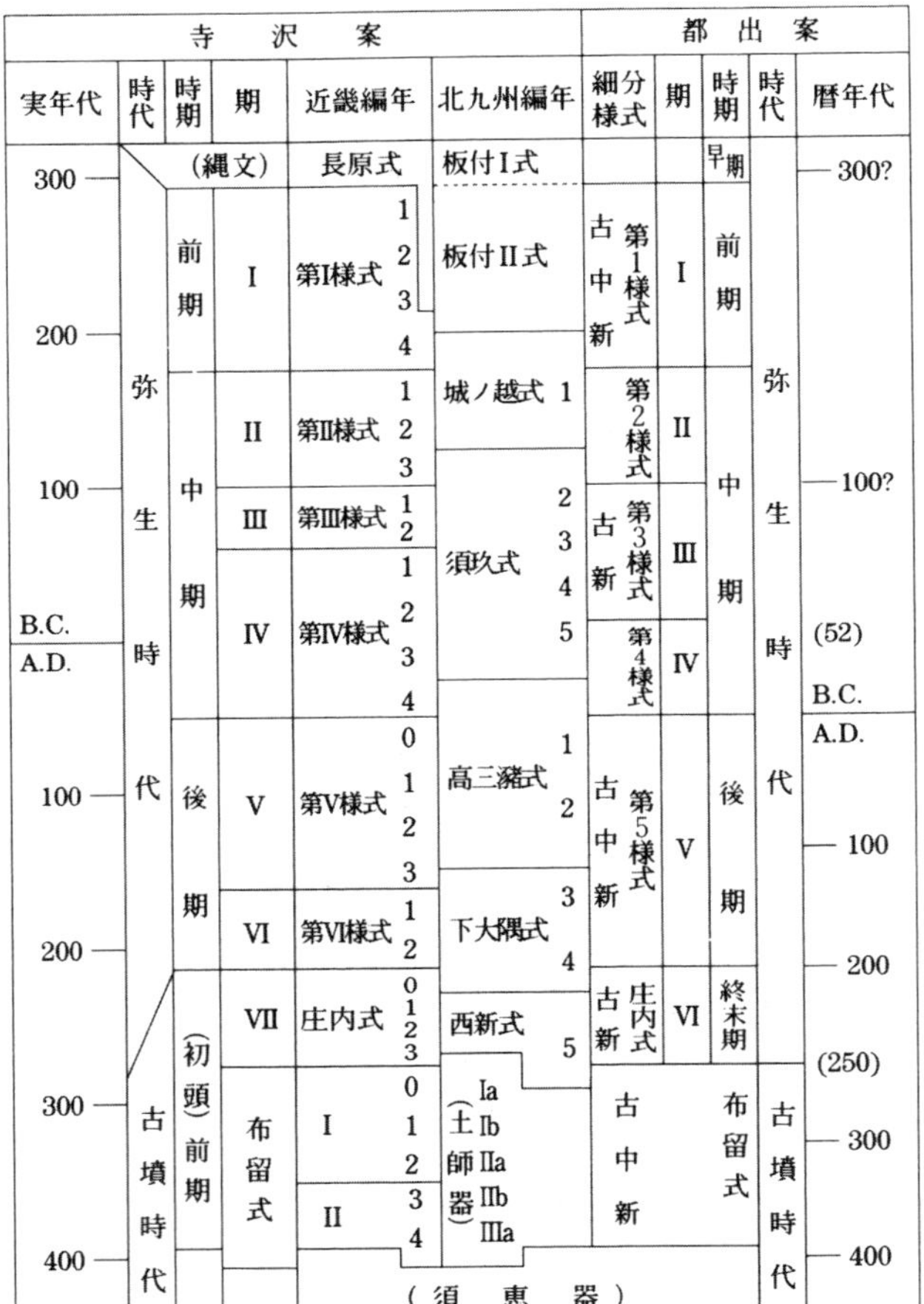

図８　寺澤薫・都出比呂志の弥生時代・古墳時代対照図

（註４より転載）

庄内式土器の時期の古墳（墳丘墓）に対し、古墳と認定して古墳時代の土器＝土師器と位置付ける寺澤説（左）と、古墳と認定せず弥生時代の土器と位置付ける都出説（右）の代表的な２論を図式化したもの。

都出比呂志《つでひろし》は、この庄内式土器期を弥生時代のⅥ期式とし、一方、すでに一定の規格性を有した古墳が全国に分布して、連合体制が確立していたと考える寺澤薫《てらさわかおる》は、庄内式土器を古墳時代初頭に位置付けた。近畿地方の研究者でも大きく二系統の考えがある。（註4）両者の意見を表に示しておく【図8】。

纒向遺跡の土器観

そうした中で、庄内式土器とその前後の土器を多量に出土した纒向《まきむく》遺跡の分厚い報告書が、石野《いしの》博信《ひろのぶ》・関川尚功《せきかわひさよし》によって昭和五一年（一九七六）に刊行された。（註5）それまで研究者には知られていた纒向遺跡が、一般の間でも全国的に有名な遺跡になったのは、それからである。当時その中の土器編年が話題になった。報告書刊行当時は、弥生土器Ⅴ様式の新しい段階から布留式土器までが、纒向1式〜纒向4式として編年されていたが、その編年作業を行った石野によって今は、纒向2式が二分されて、纒向1類〜纒向5類に編年されている【図9】。当時、口の悪い友人は、纒向編年は土器の図をトレース（薄い紙に上から形をなぞること）して、それらを重ねて光にかざし、違いを見なければ、その違いはわからないと言っていた。それほど微妙な土器編年であり、近畿地方以外の人では理解できないところも多かったが、今では、長年の研究蓄積か、あまり苦もなくその編年によっている。土器の細分は、やれるときにやっておれば、いずれ必要なものは残り、必要でないものは淘汰される。纒向編年は生き残り、必要だったことを証明している。

この土器編年は多くの研究者から注目を受けた。弥生時代から古墳時代の境の土器が、順序良く並

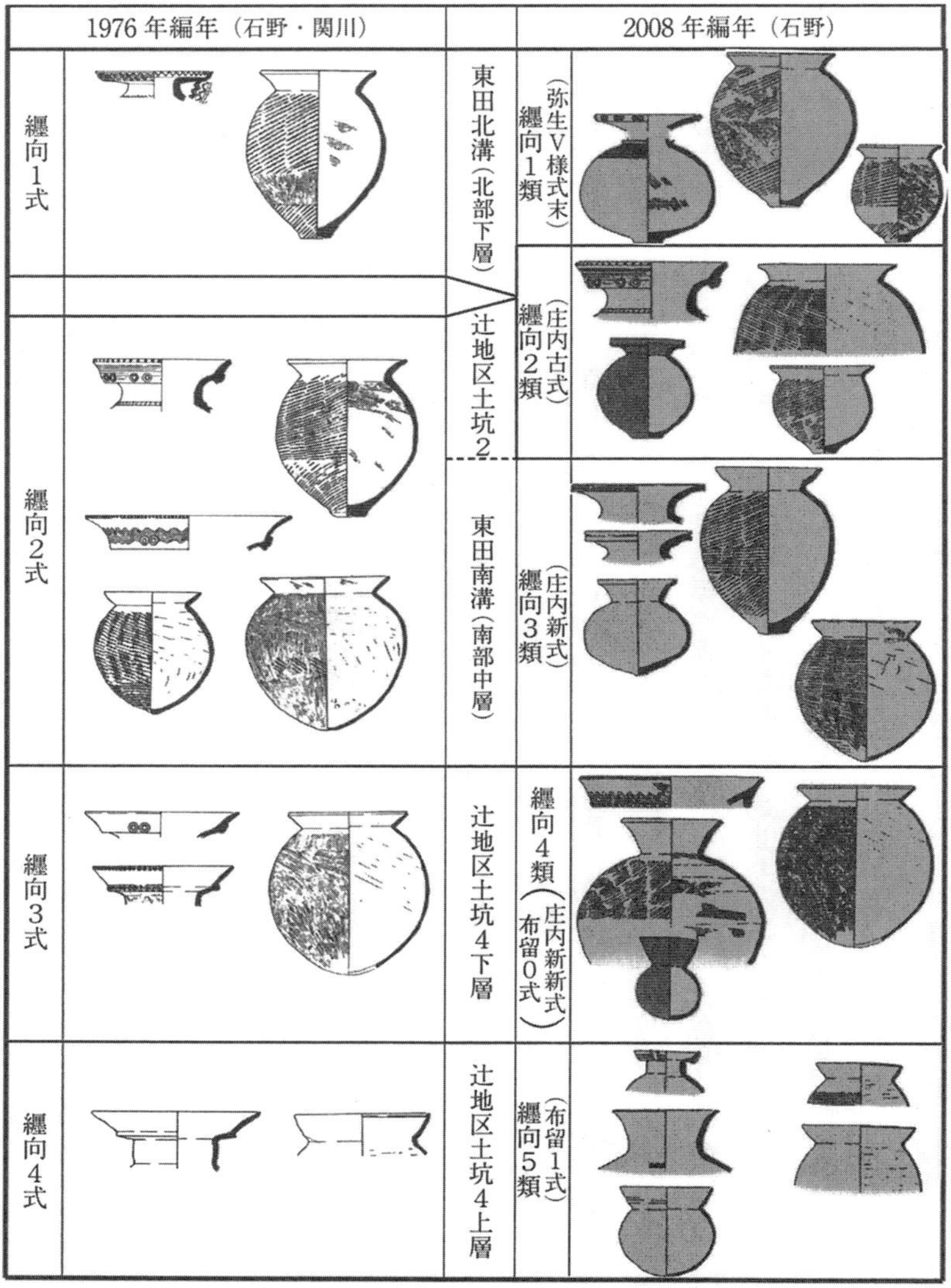

図9　石野博信による纒向遺跡土器編年図

左は1976年の編年、右は2008年の編年をそれぞれ抜粋して図化した。

ぶというだけでなく、まさしく邪馬台国問題や国の発生に関わる中心遺跡での土器編年だからである。その報告書の中で、纒向遺跡土器編年とその年代観が語られ、石野は、纒向遺跡の庄内式土器の実年代を三世紀の初頭から中ごろに当てた。当時古墳時代の始まりが三世紀末とされていた中で、この年代観は古墳の始まりを一挙に半世紀以上さかのぼらせることとなり、石野説は多くの議論を呼んだ。この考えは、卑弥呼朝貢の景初三年（二三九）よりも、かなりさかのぼるわけで、特に近畿地方の若手研究者に大きく影響し、庄内式土器に後続する布留式土器開始年代も引きづられる形でさかのぼり、結局、卑弥呼朝貢の時代は古墳時代にせざるをえないという意見も近畿地方では強くなってきた。その後、箸墓古墳に伴う土器型式は、布留式土器の最古段階ころという認識ができて、石野も箸墓古墳は卑弥呼の墓ではなく、そのあとの宗女壹与《いよ》の墓としているが、その真偽はともかく、卑弥呼朝貢の景初三年は、箸墓古墳成立以前という説が強くなっている。つまり「倭国大乱」後の女王卑弥呼が共立され、活躍する段階までの邪馬台国時代は、庄内式土器段階に当たるというのである。

考古学研究者の古墳開始時期の年代は、最近さかのぼる傾向にある。これは年輪年代法によって、纒向石塚古墳・勝山古墳周濠から発掘された布留〇式土器に伴う木材が、西暦二〇〇年頃に伐採されたものと鑑定されたことも影響している。また、国立歴史民俗博物館のチームが行った炭素14年代測定では、纒向遺跡の庄内1式土器が二世紀に、庄内3式土器がおよそ西暦二〇〇年頃に、布留1式土器が三世紀後半とされ、箸墓古墳の年代は二四〇年から二六〇年代と推定された。(註6)

前方後円墳かどうか、議論が分かれる纒向石塚古墳と同じタイプの纒向型前方後円墳を「前方後円墳」として、その発生時期を一八〇年頃とする意見もあるが、各研究者が共通して古墳時代の土器とみなす布留式土器や前方後円墳最古式の箸墓古墳の年代は、古くても二四〇年ころ、新しいと二八〇年頃とみる意見に集約される。

この時期は、『魏志』倭人伝の卑弥呼死亡の記事から見ると微妙な時間的関係にあるが、『魏志』倭人伝の「大いに塚を作る」が、近畿地方の前方後円墳を指しているという考えは根強い。

纒向型前方後円墳の提唱とその影響

時代は漠然としながらも、箸墓古墳に先行する「小規模古墳群」が、寺澤薫・橋本輝彦《はしもとてるひこ》らによって着目し始められたのは一九七〇年代後半からである（註7）。寺澤は、古墳が定型化する前方後円墳の流布以前にも全国に展開する古墳の一類型を示し、それに「纒向型前方後円墳」という名称を冠し、それらの出現にヤマト王権による全国制覇の萌芽が認められると主張した（註8）【図10】。

纒向型前方後円墳は、奈良県桜井市にある纒向遺跡群の中にある纒向石塚古墳、纒向矢塚古墳などを標識にしたもので、邪馬台国問題に絡んで、九州で吉野ヶ里遺跡が注目を集めた同じころ、近畿地方でこの一群の古墳群が注目を集めた。それを古墳と呼ばず（弥生）墳丘墓という人がいるほど、古墳発生期の微妙な時代的位置を占める古墳である。最も古いとされる纒向石塚古墳から発掘される土器は、いわゆる纒向式土器である。ただし、どの段階の土器が、この纒向石塚古墳のものか、様々な意見がある。古くさかのぼらせる考えとしては石野のように庄内式成立直前、すなわち石野の年代観によるV様式最後の段階である三世紀初頭とするもの[註9]から、寺澤のように、布留〇式、すなわち三世紀末という意見[註10]まで幅がある。いずれにしても、その時期が『魏志』倭人伝に書かれた邪馬台国の時代に相当することから、邪馬台国近畿説への大きな問題を提起したのであった。

寺澤の定義する纒向型前方後円墳とは、①全長・後円部径・前方部長の比率が三対二対一であること、②後円部は偏球形・倒卵形・不正円形であること、③後円部から前方部が緩やかなスロープをなすこと、④周溝を有す場合は狭小であること、などである【図11】。

寺澤は、この一連の古墳群に対して躊躇《ちゅうちょ》なく「纒向」の名を冠しているが、その理由は、ただ、この型式の古墳が、纒向の地

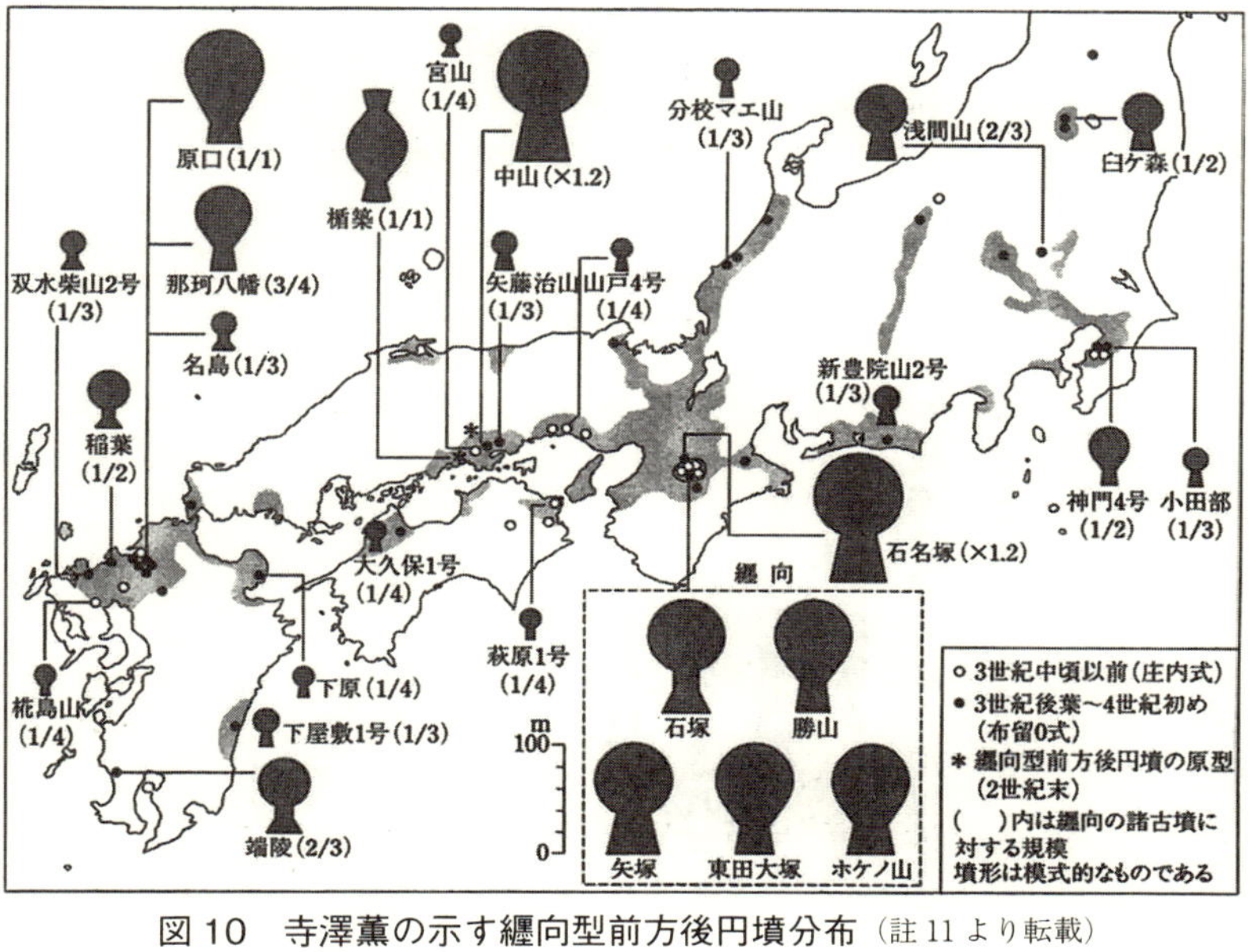

図10　寺澤薫の示す纒向型前方後円墳分布（註11より転載）
2000年に発表されたものであるが、その後2008年の講談社学術文庫版では改訂した図が掲載されている。

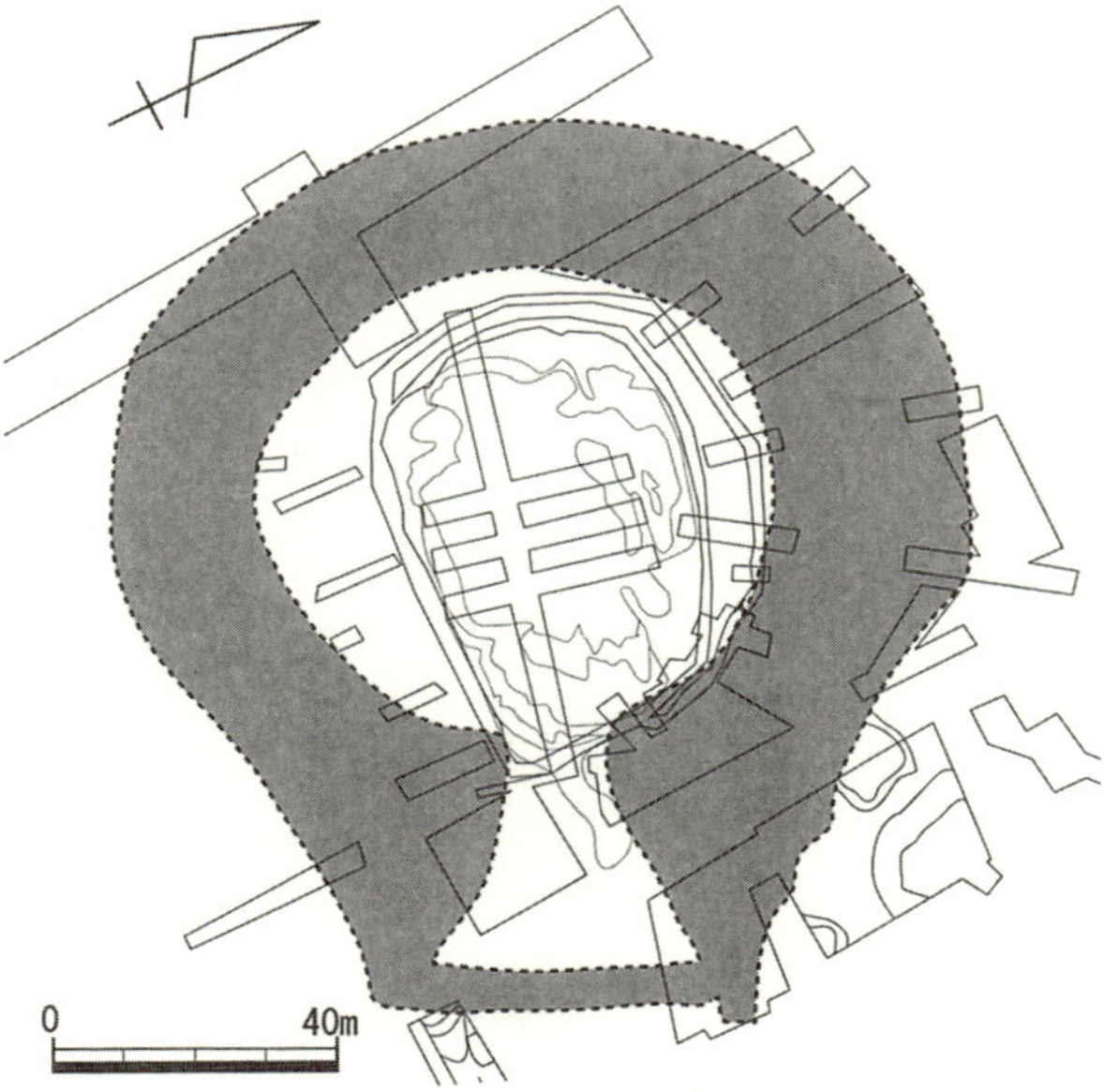

図 11　纒向石塚古墳全体図（1／2,000）

纒向石塚古墳は 2006 年までの調査で全長 93 メートル、後円部径 64 メートル、前方部幅 32 メートル、くびれ部の幅 15 ～ 16 メートルとなることが明らかになった。（纒向石塚古墳第 9 次調査　―纒向遺跡第 144 次発掘調査の概要―、2006 年 3 月 25 日（土）桜井市教育委員会をもとに作成した。）

で発見されたからだけではなく、この纒向の地にある初期ヤマト政権の中枢たる纒向遺跡との政治的・祭祀的関係のもとに成立したところによると考えたからである。（註11）

日本各地では、発掘調査の波が今までにないスピードで押し寄せ、墳墓研究においても、墳丘墓と定型化する前方後円墳の中間的な墳墓が相次いで発見されていた。寺沢が集成した纒向型前方後円墳は、庄内式土器段階から布留式土器初期段階までの間、南は鹿児島から北は会津まで示されている。

私の纒向型前方後円墳観

北部九州でも纒向型前方後円墳とされるいくつかの古墳がある。代表的なものが小郡市津古生掛《つこしょうがけ》古墳や福岡市那珂《なか》八幡古墳、名島《なじま》古墳などであるが、津古生掛古墳は、その出土土器から庄内式～布留〇式土器段階、福岡市那珂八幡古墳、名島古墳は時期が不明だが、布留式土器段階にまで下ることが予想され、両古墳から三角縁神獣鏡が出土していることも、年代を考える上で傍証になるだろう。

筆者も纒向型前方後円墳と呼ばれる小郡市の津古生掛古墳の調査に関わった。出土する土器は、庄内式土器に一部入るという説もあるが、筆者は最古段階の布留式土器と見ている。いずれにしてもその時期前後のもので大勢は変わらないだろう。発掘当時、ちょうど纒向型前方後円墳が話題になっていて、タイムリーな調査に、新聞は「日本最古の前方後円墳」（朝日新聞一九八六年八月一七日）と書き、多くの見学者でにぎわった。この発掘を機会に筆者が、筑紫平野の同時期の古墳をまとめたところ、庄内式土器段階から布留式土器初期段階まで、津古生掛古墳だけが特異な存在ではなく、定型化していない墳墓が多数あることを知った。墳丘はほとんどないが、立地の関係から見かけ上の高い古墳や墓域を主に溝で区画した古墳、また、墳形もいわゆる纒向型前方後円墳と呼ばれるものや方形周溝墓、前方後方墳、前方後方形周溝墓など

写真２　津古生掛古墳出土方格規矩鳥文鏡（小郡市教育委員会提供）３世紀の初めころ中国で作られた鏡と考えられる。

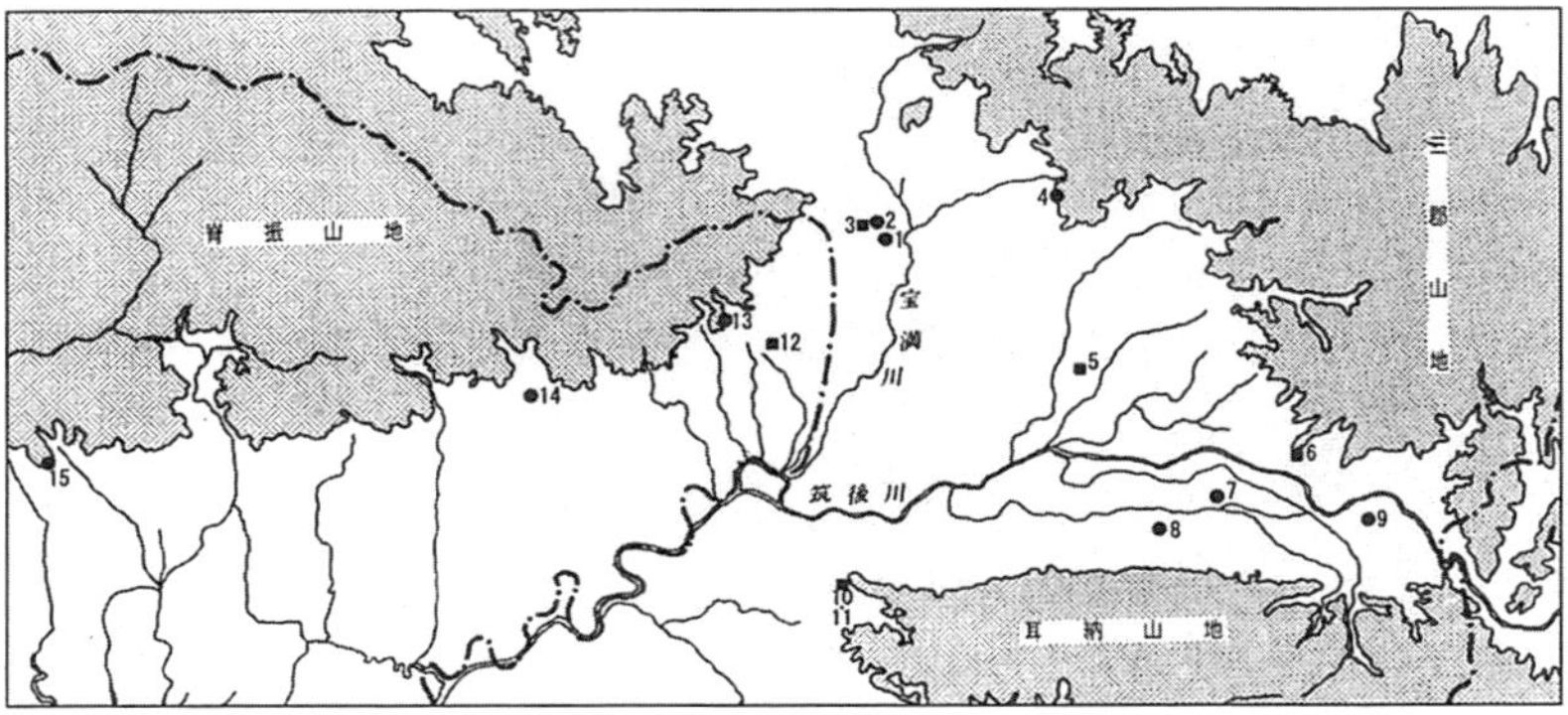

番号	遺跡名	墳形	規模（m）	類型	主な副葬品
1	津古生掛古墳	円＋造り出し	全長 28	纒向型前方後円墳	方格規矩鳥文鏡
2	隈西小田第 10 地点	円	直径 21	円墳	鉄鏃
3	津古片曽葉遺跡	方	一辺 11	方墳	
4	持丸古墳	円＋造り出し	全長 25	所属類型なし	
5	大願寺遺跡	方形周溝墓	一辺 18	方形周溝墓	三角縁神獣鏡？
6	外ノ隈遺跡	前方後方墳	—	前方後方墳	画文帯神獣鏡
7	生葉 1 号墳	三重周溝墓	64 × 59	所属類型なし	
8	竹重遺跡	前方後方形周溝墓	全長 21	前方後方形周溝墓	
9	田島南遺跡	円	直径 25	円形周溝墓？	
10	祇園山古墳	方	一辺 25	方墳	三角縁神獣鏡？
11	祇園山遺跡外周 1 号甕棺	甕棺	—	甕棺墓	画文帯神獣鏡
12	赤坂古墳	前方後方墳	全長 24	前方後方墳	
13	西一本杉 ST008	円	直径 20	円墳	鉄鉇
14	吉野ヶ里遺跡	前方後方形周溝墓 方形周溝墓	最長 26	前方後方・方形周溝墓	
15	寄居古墳群	方	一辺 6 ～18	方墳他	方格規鉅四神獣鏡・鉇

図 12　筑紫平野の定型化以前の墳丘墓・古墳

北部九州の編年で庄内式土器並行期から布留 0 ～ 1 式土器並行期までの主な墳墓の墳形と主な副葬品を示した。

様々な形状をしたものがある。そして、そこから出土する遺物は「纒向型前方後円墳」とされるものより劣っているかというとそうではないのである。

その津古生掛古墳がある筑紫平野だけを見ても、津古生掛古墳の方格規矩鳥文鏡（写真２）をはじめ、朝倉市杷木町外《そと》ノ隈《くま》前方後方墳（画文帯神獣鏡出土）、久留米市祇園山古墳外周一号甕棺（画文帯神獣鏡出土、中心の箱式石棺からは、三角縁神獣鏡が出土したとする説もある）、朝倉市平塚大願寺方形周溝墓（三角縁神獣鏡出土？）などがあり【図12】、福岡平野でも福岡市藤崎遺跡方形周溝墓、筑紫郡那珂川町妙法寺二号前方後方墳（いずれも三角縁神獣鏡出土）などがある。

多くの墳形におけるバリエーションを有することが、この時代の北部九州の墳墓の特徴である。その中にあって、大和盆地の纒向型前方後円墳に似たものだけを抽出して、纒向型前方後円墳の拡散によるヤマト王権の優位を説くことは、少なくとも北部九州に関しては論理的ではないと思う。

教科書＝歴史教育の邪馬台国

近年、高校教科書の中で注目する記述があった。それには、「邪馬台国の中心部とされる候補地の一つに、奈良盆地の東南、三輪山のふもとの纒向遺跡がある。この遺跡は巨大な運河などの土木工事がなされ、大量の土器が出土し、政治的で大規模な集落である」とある。(註12)

どの教科書でも邪馬台国は、弥生時代の範囲に入っていて、古墳時代とする考えは傍流として書かれている。しかし、現在、考古学の世界では、邪馬台国を弥生時代とするか古墳時代とするか意見が分かれている。いつの日か邪馬台国が、古墳時代の項目で扱われる時代が来るかもしれないが、私たちが今理解しておかなければいけないことは、邪馬台国時代、特に卑弥呼朝貢の西暦二三九年前後が、日本歴史の中でどういう社会だったのかということである。そのためには弥生時代と古墳時代の境をどうとらえるかということが重要である。

邪馬台国時代は弥生時代か古墳時代か

整理してみると二つの要素の組み合わせで次のように言えるのではないだろうか。

最初の要素は、近畿地方だけの問題であるが、纒向型前方後円墳を古墳ととらえるか、つまり纒向型前方後円墳が成立した庄内式土器段階を弥生時代ととらえるか、古墳時代ととらえるかである。

前に述べたように、かつて古墳時代開始の年代観は、西暦三〇〇年頃であった。それは古墳に副葬された中国鏡の製作年と伝世期間の推定から出されたものである。そして、その前後の土器は弥生時代の第Ⅴ様式から布留式土器に連続すると考えられていたために、弥生時代と古墳時代の境の混乱はなかったのである。

しかし、その間を埋める庄内式土器の存在が明らかになった。この庄内式土器が、弥生時代に属すものか、古墳時代に属すものか、（卑弥呼朝貢の時代の）邪馬台国が、纒向遺跡であって、この庄内式土器段階のものであるとすれば、この時代を弥生時代とするか、古墳時代とするかは、近畿地方の中だけで決めれば済む話である。

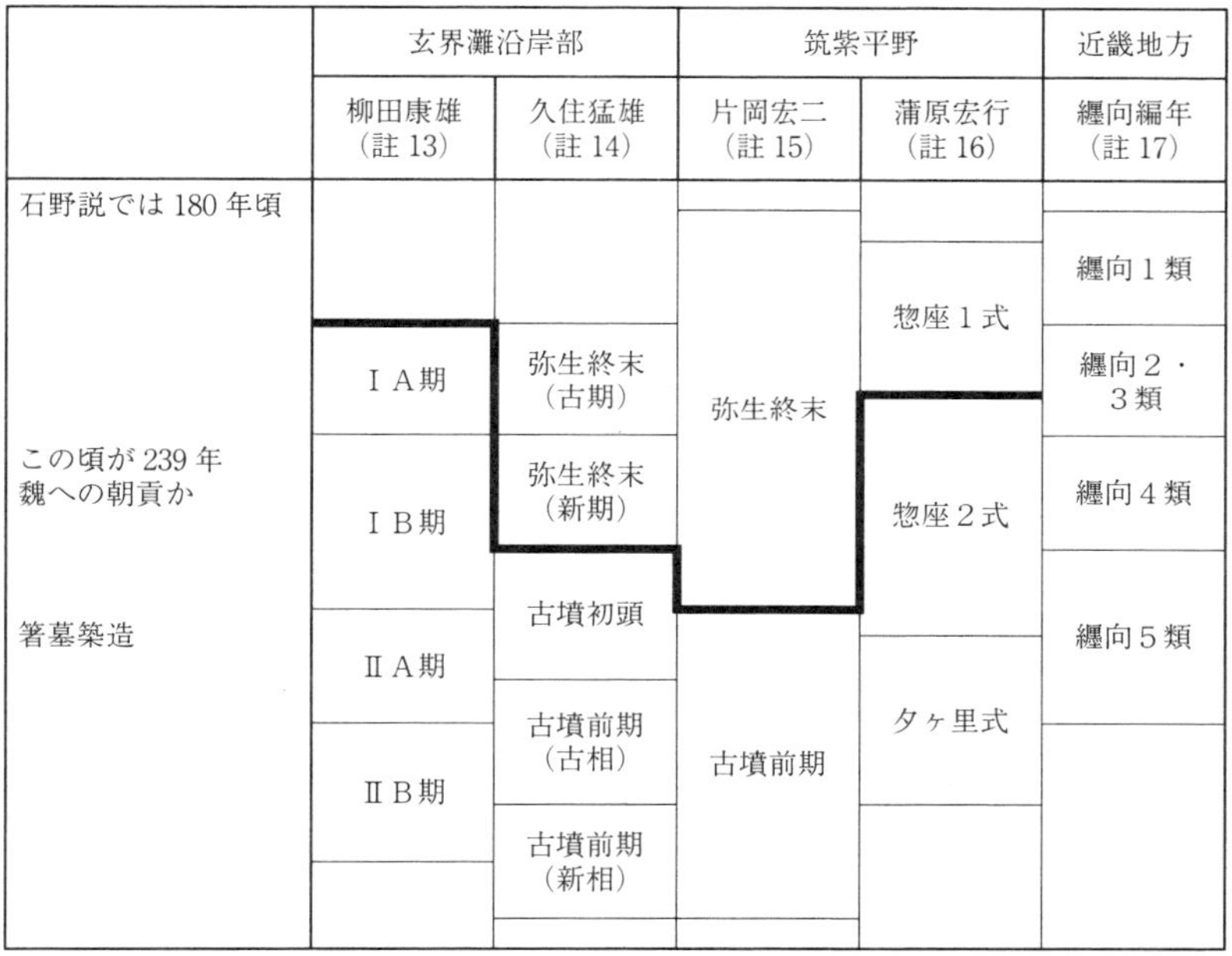

図13　九州と近畿の弥生時代終末〜古墳時代初頭土器型式関係図
太い線が、各研究による弥生時代と古墳時代の境。多くの研究があるが、九州・近畿地方を問わず弥生時代と古墳時代の境に齟齬がある点を示した。

ところが、もう一つ厄介な要素がある。それは地域差である。特に九州説に関わることである。庄内式土器に並行する段階を北部九州では、弥生時代というのか、古墳時代というのかである。近年の膨大な土器資料は、精緻な編年によって庄内式段階に並行する北部九州の土器段階を明らかにしつつある。しかし、仮に完璧に近畿の土器型式と北部九州の土器型式の並行関係がつかめたとしても、さて、それを弥生時代と呼ぶか、古墳時代と呼ぶか、は研究者によって違うのである【図13】。

近畿説の方と議論していても、同じ時期を近畿で邪馬台国は古墳時代といい、北部九州では弥生時代という事態が出てくるのである。そうした行き違いを防ぐために、個々の遺跡の解説などを行う際は、具体的な土器型式名をあげているのであるが、この型式名で説明すると、一般の方のみならず、研究者でも専門分野が少しずれてしまうともうわからなくなる。そこで、どうしても「古墳時代初頭」であるとか「弥生時代終末」などという表現をすることになる。

それでは、近畿地方で庄内式土器段階を弥生時代と呼ぶか、古墳時代と呼ぶか、どちらかに決めてしまい、北部九州はその並行関係で同様に弥生時代か古墳時代に決めてしまえばよいのではないかと思われるかもしれない。

ところが、それでも問題は簡単に解決しないのである。今では当たり前のように使われる時代区分も、その歴史は新しく、デンマークの考古学者トムセンが一九世紀に、キリスト教以前を石器時代・青銅器時代・鉄器時代の三時期に区分することを提唱したのが始まりであり、その後多くの歴史学者が時代の画期を求めて時代区分が進んだことは、考古学を学んだ人は誰でも知っている。近畿地方で、庄内式土器を弥生時代に含める側も含めない側も、その時代に、どこまで後のヤマト王権につながる政治体制ができていたのか、その評価が割れるために、人によって弥生時代と呼び、古墳時代と呼んでいるのである。

さらに、この北部九州では、その政治的影響を受けて、寺澤が提唱する纒向型前方後円墳に象徴される政治的連合体制、あるいは都出が提唱する「前方後円墳体制」に組み込まれる事態になっていたのかどうかによって、弥生時代か、古墳時代かとする意見に分かれてしかるべきなのである。

さて、ここで筆者の立場をはっきりさせておきたい。筆者は、邪馬台国時代を庄内式土器並行期に当てる考えには賛成する。しかし、その段階では、まだ九州には大型の銅矛・銅戈を用いた祭祀が行われていて、北部九州勢力がヤマト王権（が成立していたとしても）に追随したという証拠は見出せないのである。当然、政治的にもヤマト王権に追随せず、この地域だけで完結した政治体制を有していたと考えている。そのため、北部九州では邪馬台国時代は弥生時代の段階で良いと考えている。

注目される纒向遺跡の発掘

纒向遺跡の出現時期は、庄内式土器の開始、寺澤によると三世紀初頭とされている。そして徐々に巨大化し、庄内式の新しい段階から布留式の古い段階をピークにして、その後、布留1式を最後に、ほとんど生活遺構がなくなる。布留〇式期には、爆発的に拡大し、寺澤によるとその規模は一・五キロ四方の巨大な都市になるという。

平成二一年（二〇〇九）、その纒向遺跡第一六六次調査で、四棟の大型掘立柱建物が発掘されたことは記憶に新しい。建物群は少なくとも三棟が主軸を揃え、一部は柵列で囲まれるなど、その整然と計画的に配置された状況が、今まで近畿地方で発見されていないものであることから、邪馬台国問題と絡んで大きく報道された【図14】。しかし、まだ、大型掘立柱建物の時期を決める証拠は出ていない。

邪馬台国との関係について、当然、考古学の側からも、邪馬台国近畿説の有力な発見とする声もあるが、その反対論もある。それをまとめると、時期を決める土器がせいぜい弥生時代終末から古墳時

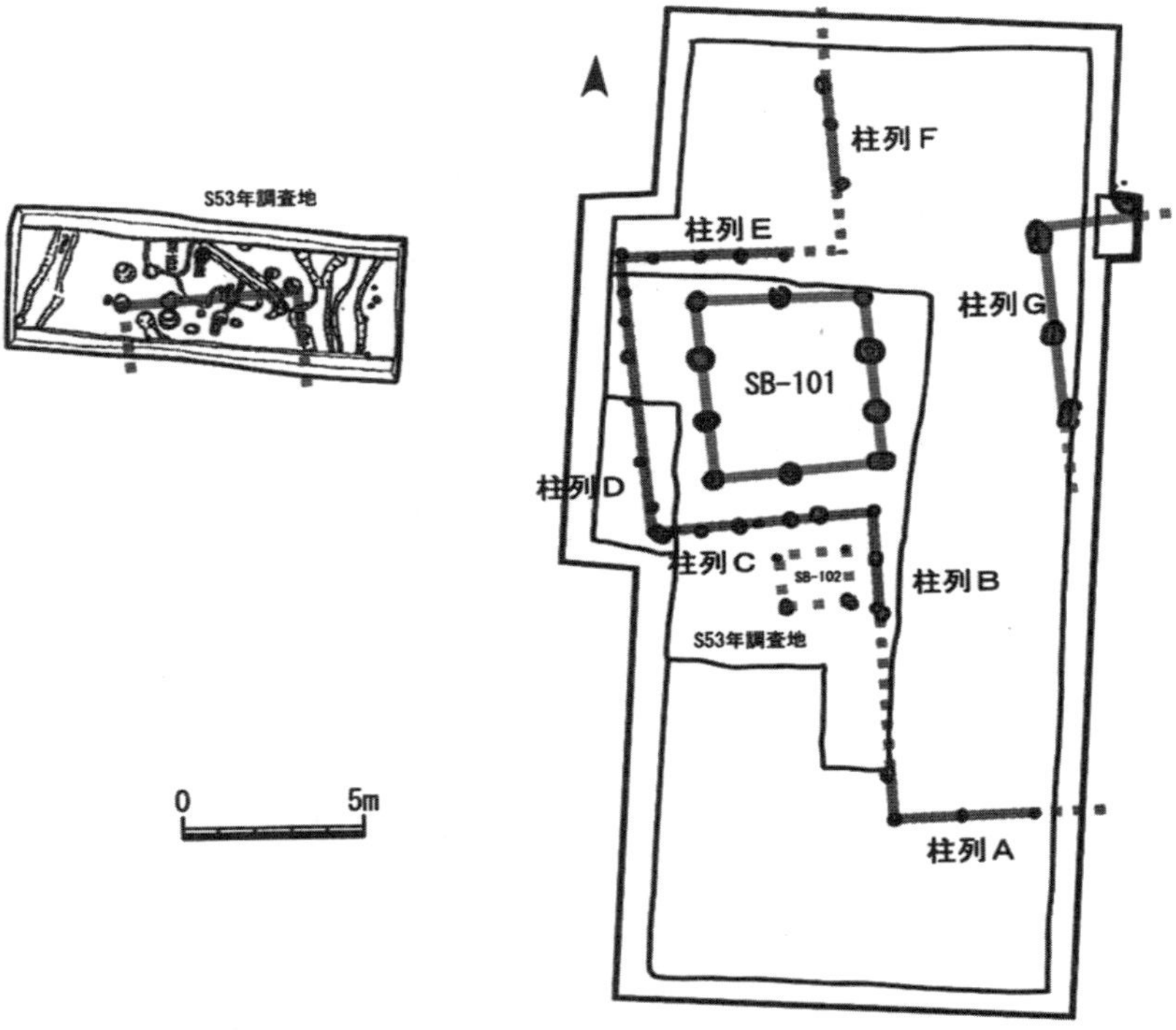

図14　纒向遺跡大型掘立柱建物の配置（1／300）（註18より転載）
2009年までの調査成果で、今後新たな調査でさらに建物の実態が明らかになっていく。

代初頭という幅の中にあるのに対し、どうして弥生時代にさかのぼって邪馬台国の時代に限定できるのか（森浩一）、そもそもこの纒向遺跡の時期は、邪馬台国のあった時代より下る四世紀のもので、『魏志』倭人伝に記述のある卑弥呼の宮殿の記述は、近畿に例のない環濠集落のほうこそ相応しく、纒向遺跡の掘立柱建物群は、時代も遺構の内容も邪馬台国論と無関係である（高島忠平）、などである。

一見、多くの研究者の目が向いて、研究が進展している感のある纒向遺跡でも、まだ解決していない問題は多い。

第二節　考古学九州説の反省点

クニはどのように解釈されてきたか―「國」と「クニ」の意味

『漢書』地理志以来、古代中国史書が「分かれて百余國をなす」「三十余國」の「國」を「国家」の概念でとらえていたかと言うとそうではない。しかし、「倭國」の一地域ではなく、統一されて一国家をなす以前の独立性の強い単位でとらえていたことが、敢えて「國」と表現したゆえんであろう。記紀批判のところでも登場した水野祐は、「國」という字義を解説し、それが領土を基本に統治された体制を意味するという理由から「国」という文字で表わす場合には、「国家」すなわちStateという意味で用いられているとした。[註19]したがって、歴史書には「國」と表記されていても、弥生時代の統治の実態は「クニ」、つまり「国家」Stateではなく、「クニ」Countryとして区別して見るべきであろう。これに従って、筆者はこの本では「クニ」をカタカナで表記し、漢字で「国」とは書かない。ただし、「伊都国」「奴国」のように『魏志』倭人伝の記述にあるものなどは、カタカナ表記にしなくても、多くの人がその姿を理解しているのでそのまま文献の表記に従うことにする。

筆者たちが携わっている文化財行政の仕事の一つに、開発に対する事前審査という仕事がある。土木・建築業者や開発担当部局の行政職員が、毎日窓口に来て、自分が工事にかかろうとする場所に遺跡がないかどうか、遺跡がある場合にはどのように対応するかを尋ねに来る。その時に役立つのが、遺跡の所在・範囲・履歴などを示す遺跡分布地図である。

遺跡分布地図を見ると、どこまでも永遠に広がる遺跡などない。必ずどこかで切れるのである。隣の遺跡との距離が短かければ、遺跡どうしの関係が深いことが予想される。そしてそれらの集落が集中すれば、遺跡群として一つのまとまりをなす。今度はその遺跡群を見てみると、これもどこかで大きく途切れるのである。その途切れたところが開発予定地であった場合には、「遺跡はない」とみて、文化財調査の対象から外すのが常である。考古学的に『魏志』倭人伝のクニに迫る方法論としては、こうした大きな遺跡のまとまりを抽出することが有効である。こうして抽出された遺跡群が、クニの可能性のあるものである。

そもそも中国では「国」をどのように考えていたのだろうか。それを知る手がかりのひとつが「国」の古字「國」にある。「國」という漢字を分解すると「口」と「或」になる。「口」は領土の四至を示している。私たちもしばしば略字として、「国」を「口」と書くことがあるが、古代中国でもそういう使われ方をしていたらしい。次に「口」の内側にある「或」であるが、これもふたつに分解され、「戈」と「口一」になる。戈は銅戈《どうか》の戈の字で訓読みではホコと読む。いうまでもなく武器の一種である。「口」の中に「戈」が入ることにより、国の領土は武器を持って守るということである。さらに「戈」の内側には「口一」が加わる。「口」はやはり領土を指すが、その上下にある「一」は、その「口」

を守る防御壁、すなわち都市を囲む城壁のようなものである。

国という漢字は、武器を持って国境を守るべき領土を意味しているのである。

中国のように、国の境を決める万里の長城のような構造物、あるいは都市を囲む防衛施設があるのであれば、それらは遺跡範囲の限界として確認できるのだが、日本の弥生時代遺跡の中で、国の領域を決める施設の存在はまだ見つかっていない。弥生時代の「クニ」は少なくともクニどうしの間で取り決めた境をもって、領土を規定するものではなく、自然に遺跡群（当時の集落）が希薄になったところが漠然として境という認識を持つ程度であったと思われる。

西谷正は、「クニ」とは、クニの中心集落とその衛星都市的な遺跡群で構成されたものとしている[註20]が、筆者もその考えに賛成する。「クニ」そのものを指すときは、ほとんど中心集落と近接集落に対して使用されていたのではないだろうか。時代が下って、記紀や風土記の記述でも、縣《あがた》や郡《こおり》の南などと使用されるそれらは、郡家《ぐうけ》（郡役所）そのものを指す場合が多くある。たとえば筑紫君磐井《ちくしのきみいわい》の墓である岩戸山古墳の所在地を示す表現は「縣の南二里」である。これは郡境から南に二里という意味ではなく、郡家からの方位と距離を示している。時代は違うが、『魏志』倭人伝のクニも、範囲を指すのではなく、クニの中心集落とその近くのムラムラを指すものと考えられる。

クニの誕生

弥生時代のクニの原形は、血縁関係に基づく集落であった。筆者は以前、ムラができるプロセスを

次のように考えた。(註21)

弥生時代は水田稲作農耕に代表される、大陸（朝鮮半島）伝来の渡来集団（「渡来系弥生集団」という）による新たな社会が生み出したものである。そこには、在来の縄文時代以来の集団（「縄文系弥生集団」という）もいたはずであるが、生産手段の違いから、棲《す》み分けは可能であった。渡来系弥生集団は、未開発の土地を次々に農耕地として開発し、集落と人口も急激に増加し、起点となった集落周辺に新たに集落を作り、一見して独立した丘陵上に別々に営まれた集落のようでありながら、実際は濃い血縁関係によってつながった大きな集落を作っていった。その地で生産地が足りなくなると、その集団の一部は別の土地に移住し、また同じように、土地を開発して、人口と集落の拡大を繰り返すのである。

このようにして、集落を形成していく中で、まとまった遺跡群が、さらに別のまとまりのある集団と政治的・経済的関係を持たざるをえなくなる事態が生まれる。それは、治水であったり、新しい農耕地の開発が原因である。この社会関係が、より広い範囲に及び、親族としての血縁的関係を超えて、政治的・社会的関係へと発展した時に、初現的な「クニ」が誕生する。

「クニ」から「國」へ

日本の国の成立を日本史のどの段階と考えるのか、政治史・経済史・外交史それぞれの分野でも様々な考えがある。早くは、前方後円墳の成立を中国の冊封体制《さくほう》（中国皇帝と周辺国々の君臣関係による統治大系）との比較から、中央政権による地方豪族の領地安堵の証とする西嶋定男《にしじまさだお》（一九一九〜

一九九八）の説[註22]があるが、近年の考古学的研究では、前方後円墳築造を一元的な政治秩序とみて、日本が国家段階にあったとする都出比呂志の前方後円墳体制の提唱が多くの支持を得ている[註23]。

古墳時代を「私有財産制と収取＝支配関係に基づく最初の『階級社会』を形成するに至る」段階ととらえる考えは、戦後間もなく藤間生大《とうませいた》[註24]、渡部義通《わたなべよしみち》[註25]（一九〇一～一九八二）など唯物史観の研究者によって提唱され、その前段にある弥生社会の崩壊をもたらした根本的な原因が、北部九州においては、すでに階級の矛盾を引き起こしていたことが、墳墓の調査などによって検証できるとする。近畿地方で箸墓古墳のような超大型古墳が突然出現する現象を、近畿地方弥生社会の崩壊の中から説明することは難しい。そういうところに、邪馬台国東遷説をもって説明しなければならない背景があるのかもしれない。

　先に「國」は、領土を基本に統治された体制を意味するものと述べた。そうすると「國」には、そのリーダーがいて、そのリーダーを頂点にした統治組織が制度として整っていなければならない。そのリーダーの墓が前方後円墳であり、その出現を持って弥生時代と古墳時代を分けるのである。

　そのリーダーが突出した権力を持つことを共同体成員が阻止する意識、これを藤間生大は「共同体規制」と呼んだが[註26]、それが機能している段階が、弥生時代の本質であり、そこには「國」は誕生しておらず、「クニ」段階であったといえる。

　弥生時代は数百年続くが、その中でも初現的なクニは、やがてより大きな範囲で、政治的・経済的に統合されていきながら発展していく。発展とは、領域もそうであろうが、組織の体系化、制度の確立などあらゆる面での成熟を意味している。

ここで中国の文献が、倭国をどのように書いているか見てみよう。

「楽浪海中に倭人あり。分かれて百余国となる。歳時をもって来たり献見すと云う」（『漢書』地理志）

「倭人は帯方の東南大海の中にあり、山島に依りて國邑をなす。旧《もと》百余國。漢の時朝見する者あり、今、使訳通ずる所三十國」（『魏志』倭人伝）

中国側の文献が、当時の倭の状況を網羅しているとは限らないし、そこに重要な歴史事象が欠落している可能性は当然想定しておかなければならない。単純に前漢時代の倭国の数が百余國、三国時代には三十國に表現されているのは、漠然とした数字であるとか、本当の国の数と「使訳通ずる」国とは違うとするなどの意見もあるが、しかし、それでも、中国側の史料は、倭を丹念に調査した情報である。ここは、「倭人のクニ数＝使訳通ずる所」とみて、数百年の間に統合が行われた結果とみてよいのではないだろうか。

『魏志』倭人伝の「國」は「クニ」

さて、そこで邪馬台国は「クニ」か「國」かという問題に戻る。邪馬台国は、一朝一夕に誕生したのではない。

今回の本は、考古学を中心にして邪馬台国を論じることに重点を置いているので、その考古学的事象と文献がどの程度整合するかという点を見るのも一つの視点である。

『魏志』倭人伝、あるいは『後漢書』東夷伝によると、直接、邪馬台国につながる歴史は、「桓・霊の間、倭国大いに乱れ」に始まる。「邪馬台国時代」という時代が認められるとすれば、この「倭国大乱」以後がいわゆる邪馬台国時代であると考えてよいだろう。『魏志』倭人伝では、「倭国大乱」により荒廃した中で「男子を似って王と為し」たが、国はまとまらず、諸国が「共に一女子を立てて」国を治めたとある。つまり、邪馬台国の支配権確立はその直前にあった「倭国大乱」から導き出されるのである。

それでは、「倭国大乱」というテーマで考古資料を見てみよう。弥生時代のある段階から戦いの痕跡が急激に増える現象が見られるのかと言うと、そうとばかりは言えない。橋口達也は、福岡県糸島市新町遺跡の例などをもって戦いは、農耕が日本へ入ってきた縄文時代晩期（弥生早期）にはすでに始まっていたと主張する。(註27)「倭国大乱」の問題は、戦いの有無ではなく、その戦いの質が、ある段階から急に変わるのかどうかということであろう。

その質とは何か、それは「國」という字義において説明したように、当時の倭国のクニグニが地域の主導権をめぐって、小競り合いを繰り返す程度のものではなく、大きな連合を作ったクニが、対立するやはり大きなクニ連合と、長期的な政権獲得をめぐって覇権を競うものであろう。しかし、文献記述はともかくとして、考古学的資料によって構築される弥生時代後期後半までには、そのような規模の戦争が、北部九州と近畿地方との間に起きたことを証明する直接的な考古学的資料はない。

そのような規模の争いが起きたのは、『魏志』倭人伝にいう正始八年（二四七）で、「倭の女王卑弥呼、狗奴國の男王卑弥弓呼《ひみくこ》と素より和せず。相攻撃する」ときだった。

卑弥呼が、狗奴国との戦いに臨むために魏に朝貢したのは、正始八年の八年前である。その時、卑弥呼は魏から「詔書《しょうしょ》・印綬《いんじゅ》（印とそれを下げる紐）」を授かり、さらにその六年後には、倭の難升米に黄幢《こうとう》（黄色の旗さし）を賜い、それを背景に狗奴国と争った。卑弥呼以後、『晋書』起居註に秦始《たいし》二年（二六六）に、倭の女王の使者が朝貢した記述がある。これを壹与に当てる考えが強い。とすると、秦始二年の壹与朝貢も、来るべく大きな戦いに備えての布石ではなかっただろうか。その戦いこそ、東瀬戸内を巻き込んだ近畿地方勢力との戦いであって、時期は三世紀後半である。三世紀末に急激に北部九州では近畿系の土器、それも寺澤のいう布留〇式土器の流入やその土器を伴う古墳や新しいタイプの住居も見られるようになる。一方、北部九州弥生文化を象徴する銅矛祭祀も終わる。この時代以後、少なくとも北部九州が近畿地方に中心をおく政権の強い影響を受けるようになったことは間違いない。

クニ分布図はいつの時代のものか

北部九州のクニを示す時によく使われる図がある。これは、吉野ヶ里遺跡が発掘され、邪馬台国九州説が論じられるようになったころからよく使われるようになった。図を使う人によって微妙に違うが、おおかた似たようなものである【図15】。

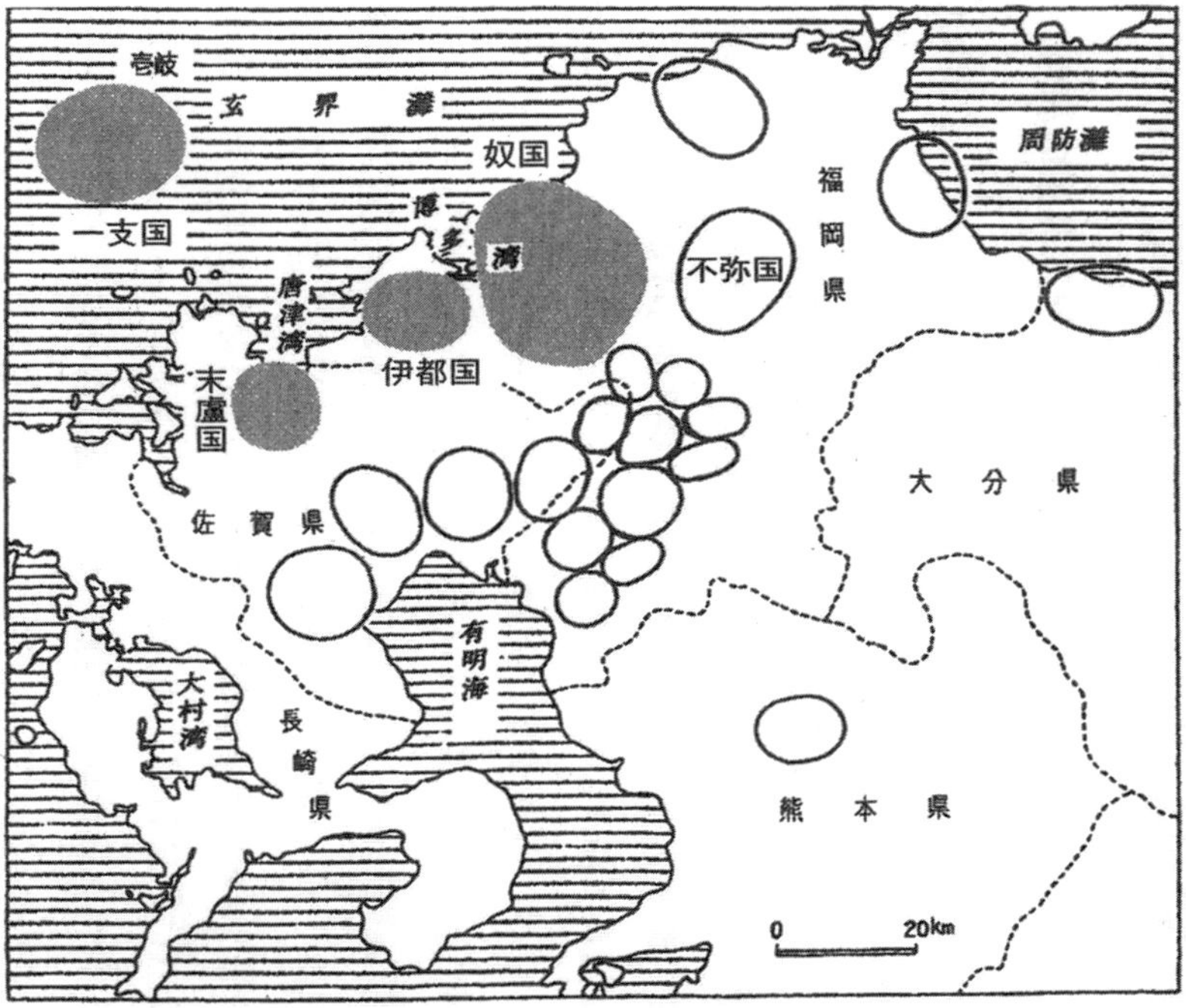

図 15　弥生時代のクニを想定した位置図（註 29 より転載、一部改変）
ここでは、西谷正のものを示したが、高島忠平・高倉洋彰などにより同様の図が作成され示されている。

　第一章第三節で述べたように、このようなクニ範囲を示した最初は、宮崎康平ではないかと思うが、後の考古学者も、弥生時代の著名な遺跡群を中心にして平野単位、水系単位あるいは律令《りつりょう》体制下（七世紀後半以後）の郡単位で、囲んだものと思われる。この概数が三〇くらいであることから、高島忠平は、これが邪馬台国に書かれた三〇国だという。（註28）そしてこの図は、一般の人にもわかりやすく、弥生時代当時の著名な遺跡を中心に表わしていることもあって、様々な場面で、弥生時代の北部九州のクニグニを示すものとして扱われてきた。

ところが、この地図の欠点は、弥生時代の前期も中期も後期も一緒になっているところである。つまり、弥生時代を総合的に論じる際には有効かもしれないが、もしも邪馬台国時代だけのことを扱おうとすると、弥生時代後期の状況を正確に反映しているものではないということになる。その一例として嘉穂盆地の中心地飯塚付近を見てみよう。（図15の不弥国？）ここは前漢鏡一〇面を出土した弥生時代中期の立岩《たていわ》遺跡の存在が大きく影響して、一つのクニとして括られている。ところが、弥生時代後期の邪馬台国時代には、遠賀川沿いに下大隈《しもおおくま》遺跡などが点在するもののほとんど見るべき遺跡がないというのが実態である。このことは後の一四一頁と図35で詳しく述べる。

ちなみに、ここは不弥国の有力地で、図によってはここに「不弥国」の表示が付くものもある。よく知られている立岩遺跡は、卑弥呼が即位したとされる二世紀末からは二〇〇年も古いものである。だからと言って、弥生時代後期後半から古墳時代初頭にかけてのクニを、現段階で正確に示すことが可能かというとそれも不可能である。しかし、少なくとも前期と中期と後期をまぜこぜにした図にとらわれるよりは良いのではないだろうか。

そこで、もう一度筆者なりに弥生時代後期に限って有力遺跡群を括ってみた図が次の図である【図16】。

邪馬台国時代の北部九州のクニグニ

ここでは『魏志』倭人伝のことを忘れて、純粋に考古学的な見地からその政治経済圏・文化圏を

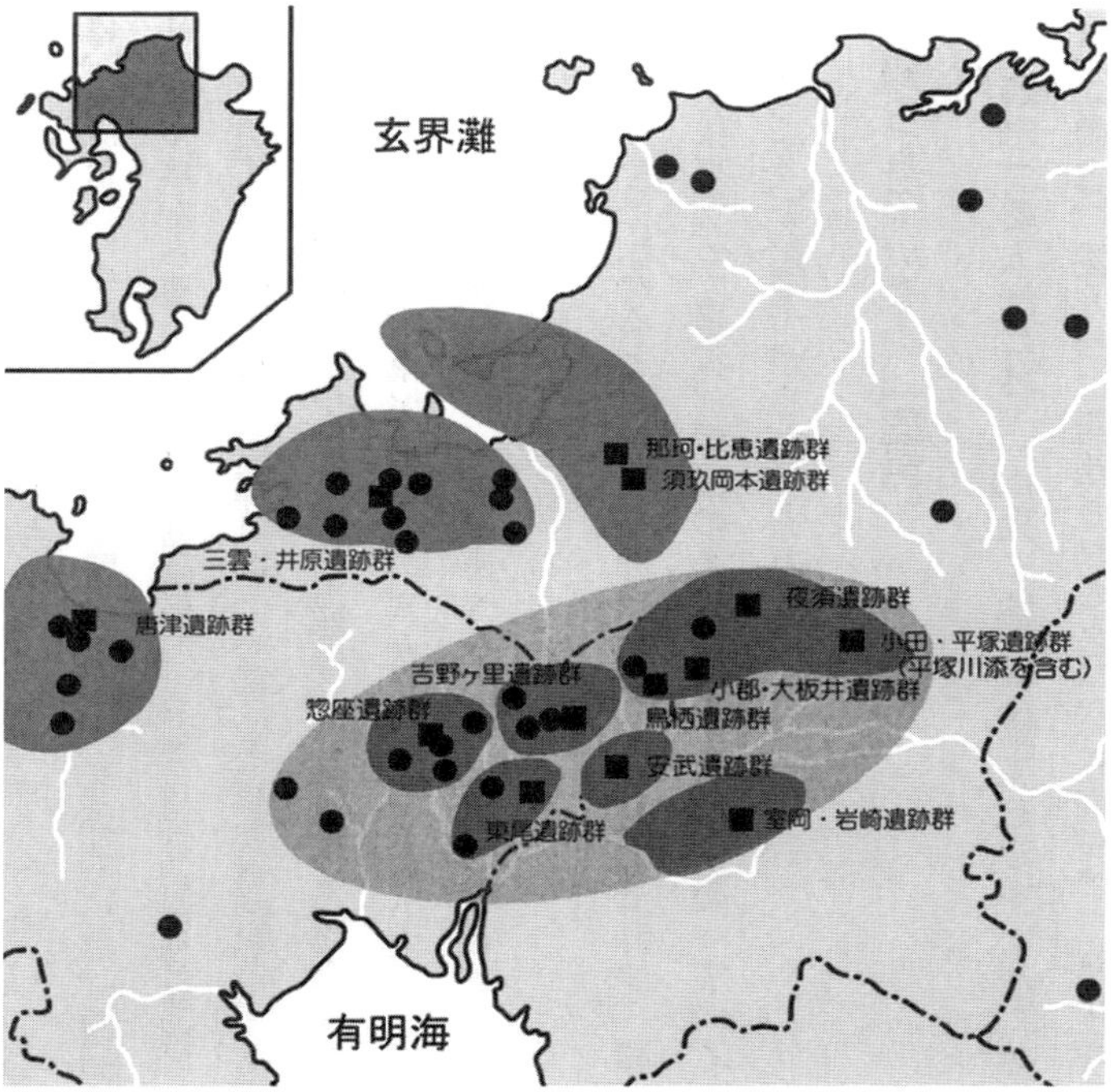

図16　弥生時代後期のクニ想定図

■は主要な遺跡、●は後漢鏡を出土した主な遺跡、濃いアミは地域的連合、うすいアミは地域的連合がさらにまとまった政治的連合を示す。

括ってみよう。括る基準として、何かを優先的な判断材料にしたのではない。環濠《かんごう》や大きな集落遺跡の調査事例や後漢鏡などの出土品、土器が似ている似ていないなどを総合的にみた。現在は開発が少なくて発掘調査が進んでいなくても、弥生時代には、優れた集落があった可能性もある。そうしたものをすべて客観的に示すことはできないが、できる限りの範囲を示すことにした。

図16の分布図からは二つの傾向が見て取れる。一つの傾向は、玄界灘側の遺跡群にある。唐津市周辺、糸島平野周辺、福岡

平野周辺では、それぞれが独立してまとまりをなしているということである。遺跡の立地する平野が山などの障壁によって区切られているからである。もう一つの傾向は、筑紫平野にある。ここでは、遺跡群間の間隔が狭くて隣接する。具体的には、西側から、佐賀市北部付近の遺跡群（惣座《そうざ》遺跡群）、それから東に吉野ヶ里遺跡群、鳥栖《とす》市周辺の遺跡群（藤木《ふじのき》遺跡を中心とした鳥栖遺跡群）、宝満川中流右岸の小郡市付近の遺跡群（小郡・大板井《おおいたい》遺跡群）、筑前町夜須《やす》付近の遺跡群（夜須遺跡群）、朝倉市中央部の遺跡群（小田《おた》・平塚遺跡群）、筑後川下流右岸久留米市安武《やすたけ》付近の遺跡群（安武遺跡群）、みやき町東尾付近の東尾遺跡群、八女丘陵の室岡《むろおか》・岩崎遺跡群などである。なお（　）のこれらの遺跡群名称は、これから文章を述べるにあたって筆者が一部勝手に呼んでいるものもあるので了承をお願いしたい。

このようにみると、筑紫平野に林立する有力遺跡が、相互にネットワークを有していたことが考えられるのだが、事実、環濠のネットワークを手繰っていくと、確かにそれらの遺跡が連携を持って成り立っている様子がうかがえる。

知られていない「国邑」

『魏志』倭人伝には、「山島に依りて國邑をなす」と「国邑《こくゆう》」という言葉が出てくる。吉野ヶ里遺跡は、『魏志』倭人伝に記述されるクニグニの中で、具体的なクニ名は比定されていないものの、どこかの国邑であることは疑いない。それではその「国邑」とはいったいなにか。

従来「国邑」はクニとムラ、あるいはクニの中のムラムラと理解してきたが、近年では、「国々のみやこ」という解釈が注目を集めている。

吉野ヶ里遺跡が注目された経過は、前にも述べたが、吉野ヶ里遺跡のように丘陵全体を発掘できて、その成果をあらわにできたものは他にない。であるから、もし他の遺跡でも丘陵全体を丸裸にする機会があれば、吉野ヶ里遺跡と同等の価値を持った遺跡が出現しても何ら不思議ではない。

私たちのように発掘現場に携わる者は、遺跡の一部を掘っただけでも、この遺跡はとてつもない価値がありそうだというのが感覚的にわかる。それは住居跡の密集具合であったり、全体的な地形であったり、環濠が、とてつもなく大きかったりすることによってわかるのである。

おこがましい話であるが、昨平成二二年（二〇一〇）、そのような遺跡を世に出そうと考えたことがあった。その地域の調査の先頭に立っている文化財行政担当者に、その地域を「国邑」という視点でまとめる作業をお願いした。(註30)そのうちのひとつ、朝倉市小田・平塚遺跡群は、驚くことに想定される遺跡規模は、四五〇ヘクタールになるという。奴国の国邑である須玖遺跡群よりもはるかに大きな規模である。大きさに驚く一方、いまだわからないところもある。末盧国の国邑は桜馬場《さくらのばば》遺跡付近と考える説が強いが、もっと奥に入った千々賀《ちちか》遺跡をあげる説もある。確かに面積は一五ヘクタールあって、唐津平野最大の規模である。一般的に考えられることが、実は地元では違っていることに、改めて不勉強を悔いる次第である。

邪馬台国八女説、あるいは山門郡説は明治時代以来根強くあるが、遺跡の実態はよくわかっていない。そうした中で、八女地方では近年丘陵を東西に貫通する道路や工業団地の調査が行われ、その中心部である八女市室岡遺跡群の実態が徐々にわかってきた。文献史学だけが、先走りしすぎた邪馬台国八女説の考古学的裏付けがやっと始まったところである。それにしても、八女市室岡遺跡群には、三重の環濠が確認されていて、その環濠部だけで、南北長約四八〇メートル、東西長約三〇〇メートルで約一四ヘクタールにもなるそうである。遺跡規模は、考古学的にも当時の大集団の存在を予想させる。また、山門郡中心部でも近年藤の尾垣添《かきぞえ》遺跡などの調査により山門遺跡群の一部がやっと顔を見せ始め、想像以上に規模の大きな遺跡の存在が明らかになりつつある。

このような遺跡は断片でしかわかっていない。北部九州の弥生時代後期遺跡は、考古学的にはもっと評価されてしかるべきであろう。

邪馬台国甘木説を考える

平成二二年三月、福岡県教育委員会では、邪馬台国はどこと思うかという、いわゆる人気投票を行った。もちろん福岡で行ったわけであるから、地元びいきになるのは致し方ない。約千人の回答者の中でいちばん多かったのは、甘木・朝倉地域（一三一票）、以下博多湾沿岸（一〇二票）、吉野ヶ里遺跡（八六票）、筑後御井地域（八四票）であった。この結果について、西谷正は「考古学からは吉野ヶ里遺跡を除くと、他の三つの候補地にはいずれも極めて顕著な遺跡・遺物があるわけでもなく、マスメディアに著名な研究者の影響が大きく反映しているように思えてならない」と評した。(註31)

人気ナンバー1の甘木説は、平塚川添遺跡の調査、そして安本美典《やすもとびてん》の大和と朝倉の地名・位置関係が似ているという説によるところが大きい（註32）。

平塚川添遺跡が、本当にこの地域の「国邑」かという点について、先に考えてみよう。

平塚川添遺跡について、調査担当者の川端正夫は次のように言う。「段丘の西側で工業団地の開発に伴って大規模に調査された平塚川添遺跡・平塚山の上遺跡は、その立地条件から見て、この遺跡群を載せる段丘下の西縁に形成された張り出し集落であり、言わば『新耕の地』と推測される」。この言葉は意味深長である。川端が言うように「小田道《おだみち》遺跡・小田集落遺跡・小隈《おぐま》夏山・松山遺跡周辺など、段丘南部の当遺跡群の中枢部を推測させる場所には、現在まで広範囲の発掘調査が及んでおらず、大規模工場の立地など、様々な条件から、遺跡群の全体像を描くことができない状況」であるが、やはり、この台地全体こそが、朝倉地域東部の「国邑」候補最有力地であろう。

写真３　復元された平塚川添遺跡

手前には７重に巡る堀があり、その肩には柵列が巡る。中央左には並び蔵の建物が見える。

それでは、どうしてこのように、平塚川添遺跡が邪馬台国甘木説の有力候補になってしまったのかと言うと、多くの人が目の前に現れた大古代遺跡に圧倒され、過大評価につながったところがある。

安本の地名類似説については、地理学のほうからの批判も耳にしない。しかし、地名というものは、その起源について文献の裏付けがない限り、その地名がどの時代にまでさかのぼるのか検証することは、ほとんど不可能である。

地名の類似を説明できるのは、邪馬台国よりももっと存在が確実な朝倉橘広庭宮《あさくらのたちばなのひろにわのみや》であろう。福岡県朝倉市は、斉明天皇六年（六六〇）に、唐・新羅連合軍によって滅んだ百済救済のために、斉明天皇自らが、翌年、朝倉橘広庭宮に遷した地である。この地に国の中心となる宮を作る大事業が行われた影響は、計り知れないものがある。当然、周囲の土地にもその影響が及んだはずである。朝倉宮を中心として位置関係において、ヤマトの地名と類似した地名を配したことは十分にありうる。筆者は、地名の類似が、朝倉宮造営を契機としたものと考える。

第三章　『魏志』倭人伝と考古資料

第一節　『魏志』倭人伝の方位の正しさ

倭人の方位とは

航海民や漁民にとって、方位を見失うことは死活問題である。そのため、太陽や星の動きは熟知しておらねばならず、「北」という言葉を使わなくても、北極星が出ている方向を行動の基準とする等の知識を持っていたはずである。航海民や漁民が指す「北」というのは、精度が高いものでなければならない。

一方で、陸上で生活する農耕民にとって、太陽が昇る方向はおよそ東、沈む方向はおよそ西、という曖昧《あいまい》な方位観があれば良い。真北がどちらかといった正確な方位はあまり必要ではない。もっとも、邪馬台国時代からかなり後の七世紀頃からは、寺院や宮殿など、大掛かりな都市計画による建物群建設には正確な方位の概念が用いられる。それは、広範囲に造られる建物どうしを、計画的に配置しなければならない理由からである。そのために、中国や韓半島から方位測定に関係の深い天文学が導入される。正確な方位に基づいた建物群は、最初、近畿中枢《ちゅうすう》部に出現し、やがて地方にも波及する。纒向遺跡の大型建物が正確な方位に基づくという意見があるが、絶対的な方位を意図したものではない。この点は後で述べることとする。

古墳時代には、地方でも横穴式石室の開口部は南にあるというのが一般的である。それでは、どの開口部も、完璧《かんぺき》に南を向くかというとそうではない。開口している方位は、おおかた南であって、方位に多少の差があっても、さしたる問題はない。実際の群集墳の方位を見れば明らかである。

弥生時代の人々にとっても、精度の高い方位は、それほど重要なものではなかったと思われる。しかし、近年の発掘調査によって、主に宗教的な意味を持つ遺構において、方位あるいは方向性が重要な役割を果たしていることがわかってきた。ここで、**「方向」**と**「方位」**を使い分けておこう。「方向」とは、どちらの山の向きであるとか、どちらの道に続く向き、などという相対的基準としておく。また「方位」とは、その「方向」が、もう一つ進んだ段階で「北」であるとか「N―〇度―W」などで示す絶対的な基準としておこう。弥生人の感覚は、「方向」の段階にあると言ったほうが適格である。

邪馬台国時代は後回しにして、地形に関係なく弥生時代の住居が同じ方向を向いて建てられている遺跡はかなりある【図17】。あるいは、木棺墓・甕棺墓でも主軸方向を一定に保って作られている例もある【図18】。しかし、このような例は、小範囲での秩序を保つ造作であって、それ自体が政治的な意味を持つことはない。ところが、弥生時代中期後半に祭殿とか神殿と呼ばれる大型掘立柱建物が出現するに及んで、その設置場所に「方向」の観念が働き始めたことがわかる。

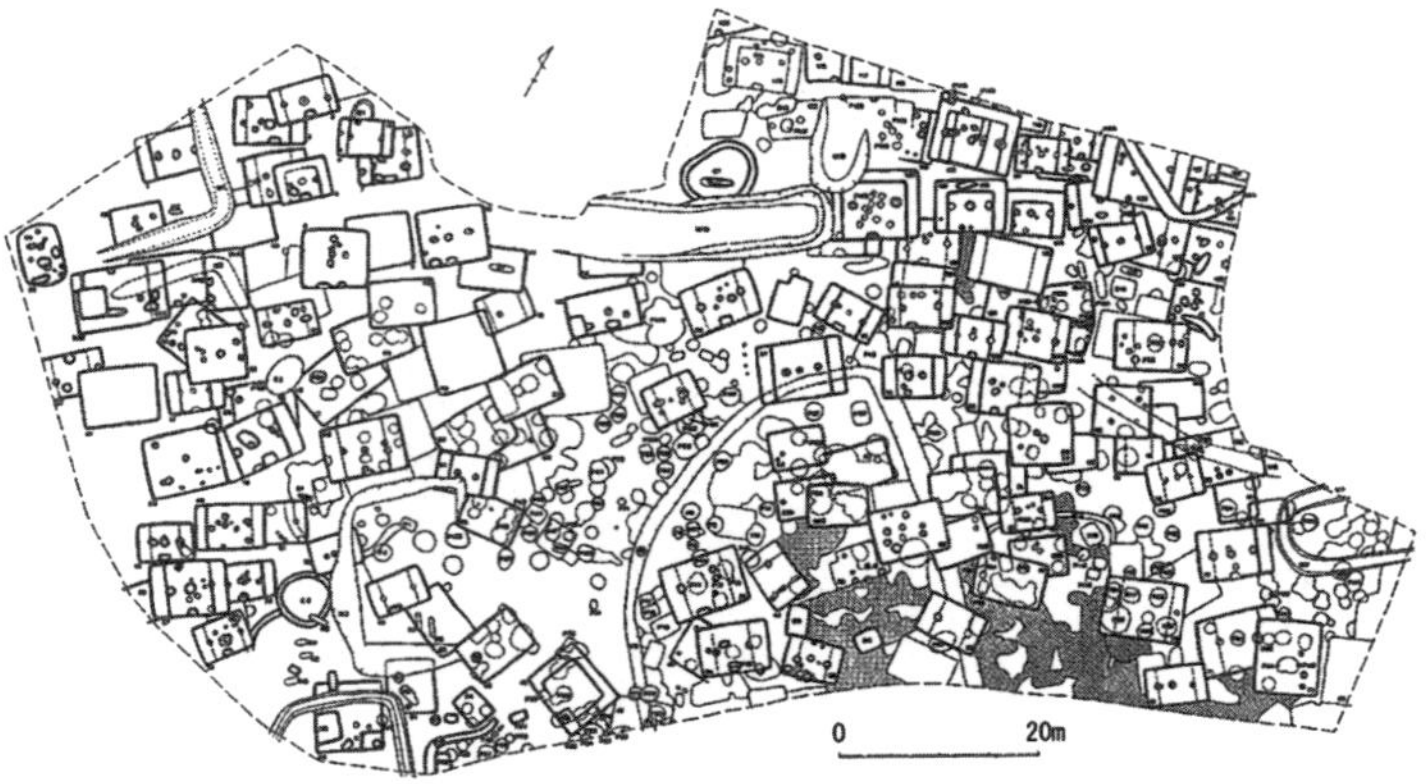

図 17　福岡県大刀洗町本郷畑築地遺跡の遺構配置図（1 ／ 1,500）（註 1 より転載）
遺跡は広い台地に作られている。1990 年に圃場整備事業で発掘された。弥生後期～古墳時代初頭のベッド状遺構を持った住居跡が約 150 軒密集しながら、北東―南西方向に主軸を揃えて建てられている様子がわかる。

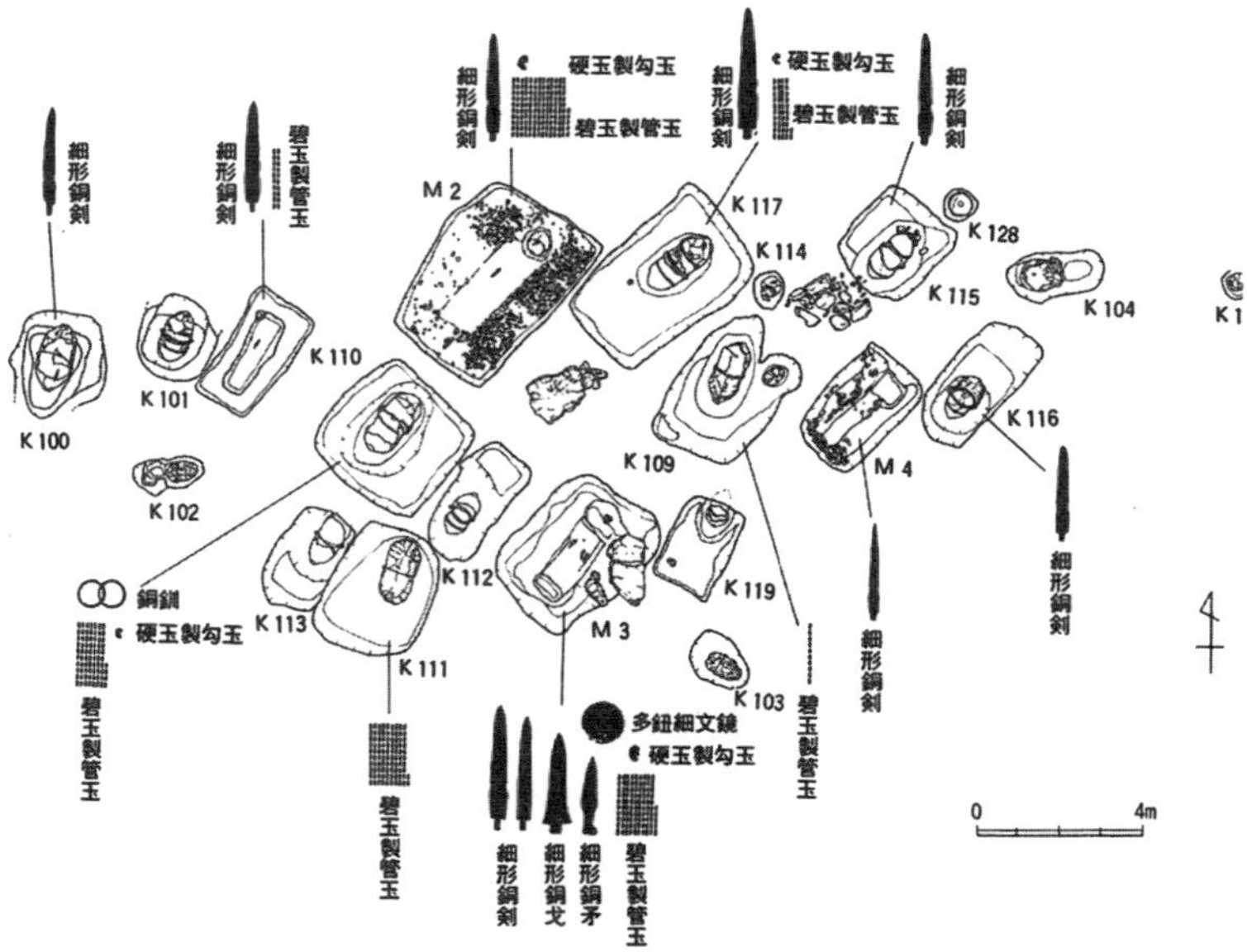

図 18　吉武高木遺跡全体図（1 ／ 300）（註 2 より転載）
木棺墓・甕棺墓が頭位を北東側におき、北東―南西方向に主軸を揃えて営まれている。

方向を意識した実例

弥生人が方向を明らかに意識している例をいくつかあげてみよう。

最初にあげるのが、鳥栖市柚比《ゆび》本村《ほんむら》遺跡である（註3）【図19】。この遺跡の一区南東部の甕棺墓群と周辺の建物群・祭祀の配置は明らかな方向性を持っている。墳墓群は、約一七メートル×二二メートルの区画があり、弥生時代中期初頭の大型木棺墓が最初に造られ、その後、後期初頭までの間に甕棺墓四一基、石蓋土壙墓《いしぶたどこうぼ》二基が次々に作られる、地位の高い人々だけを葬った墓である。これを私たちは「特定集団墓」と呼んでいる。木棺墓は長さ七メートル以上、幅三・七メートルの大きな穴に割竹型木棺を入れたもので、中には細形銅剣が副葬されていた。続く中期前半には、四基の甕棺から各一本ずつの銅剣、中期後半には二基の甕棺から各一本ずつの銅剣が発掘

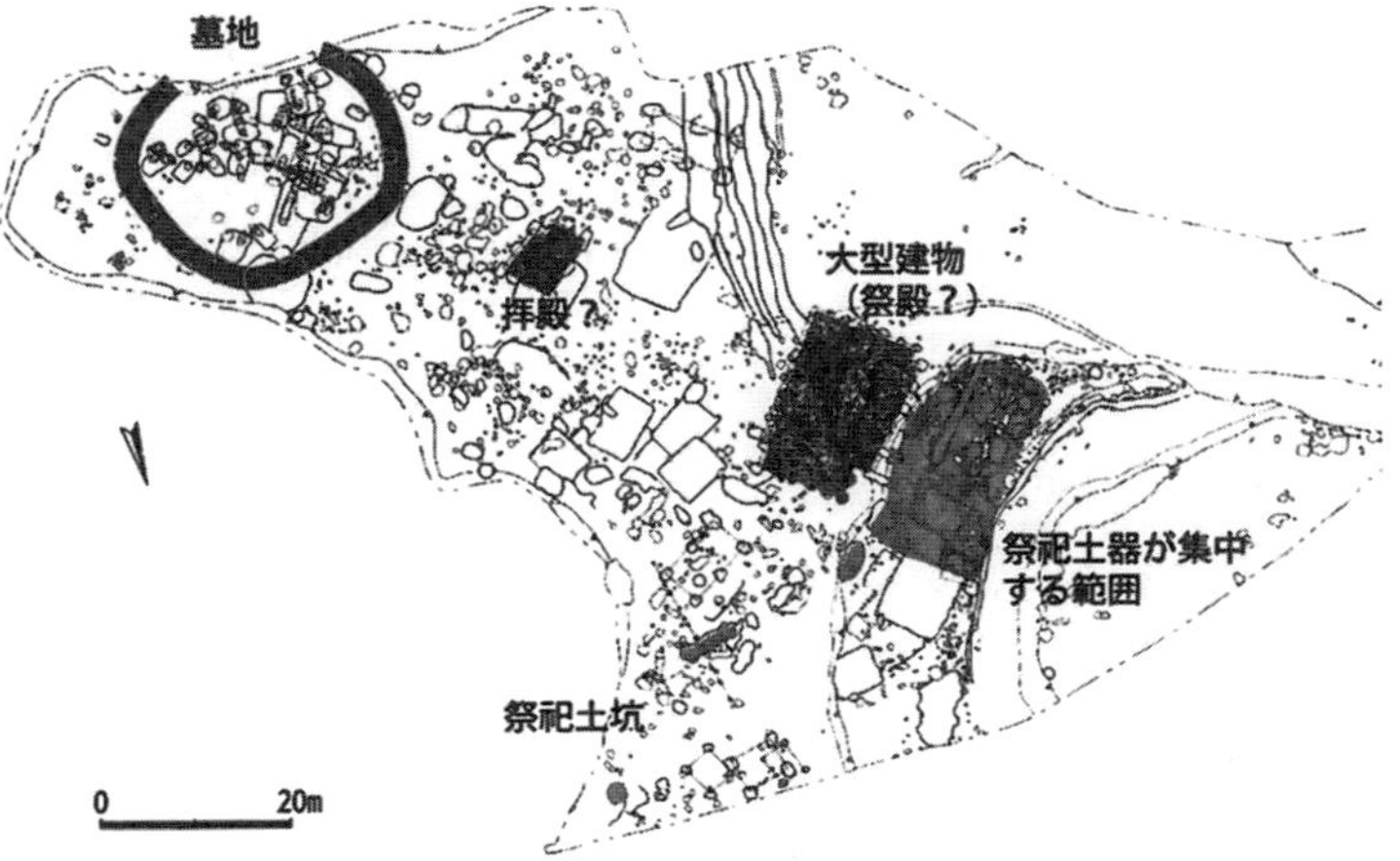

図19　佐賀県柚比本村遺跡建物・墓地配置図（1／1,500）（註3をもとに作成）
墳墓のうち最初のものは弥生時代中期初頭の木棺墓で以後、後期初頭まで甕棺墓が作られる。
拝殿は時期不明。神殿は中期後半から後期初頭の時期に5棟4回の建て替えがある。

された。特に中期前半の甕棺（一一三七号）から出土した赤漆玉鈿装鞘《あかうるしたまでんそうさや》銅剣は、美術工芸史的にも貴重な発見となった。

この墓の中心から北西側に約三〇メートルのところに一間×二間の小型掘立柱建物があり、さらにその北西側三〇メートルに大型の掘立柱建物がある。この建物は四回も建て替えられたことがわかっている。最大の建物では、約一七メートル×一〇メートルの規模があり、その広さは約五〇坪にもなる。

図を見てもわかるように、墓地―小型掘立柱建物―大型掘立柱建物が、墓―拝殿―祭殿の関係で、一直線に等間隔に配置され、ひとつの方向を意識して営まれたことがわかる。

次にあげる、邪馬台国時代の著名な環濠集落である吉野ヶ里遺跡では、弥生時代中期に造られた南北墳丘墓を結ぶ直線が、雲仙普賢岳《うんぜんふげんだけ》を指しているとされ、さらに「A」字形をした北内郭の中心軸は夏至《げし》日出―冬至《とうじ》日入を向くとされている（註4）【図20】。また、北内郭のほぼ中心部の溝の中、埋まりかけた溝を掘りこんで、北内郭の大型建物を造る際の鎮壇具《ちんだんぐ》として銅戈が埋められていた。銅戈の埋納位置は北内郭のまさに主軸上にあり、銅戈の鋒《きっさき》（先端）方向は、夏至の日出方向である。

吉野ヶ里遺跡では、大規模な発掘調査によってダイナミックな遺構の方向関係がわかってきたが、多くの弥生時代の集落でもそうした方向性をもとに重要な建物が築かれていた可能性がある。

昭和四〇年（一九六五）に発見された平原遺跡では、東西約一四メートル、南北約一〇・五メートルの方形周溝墓の中に、割竹形木棺が埋葬され、そこから超大型内行花文鏡五面を含む大量の鏡が発掘さ

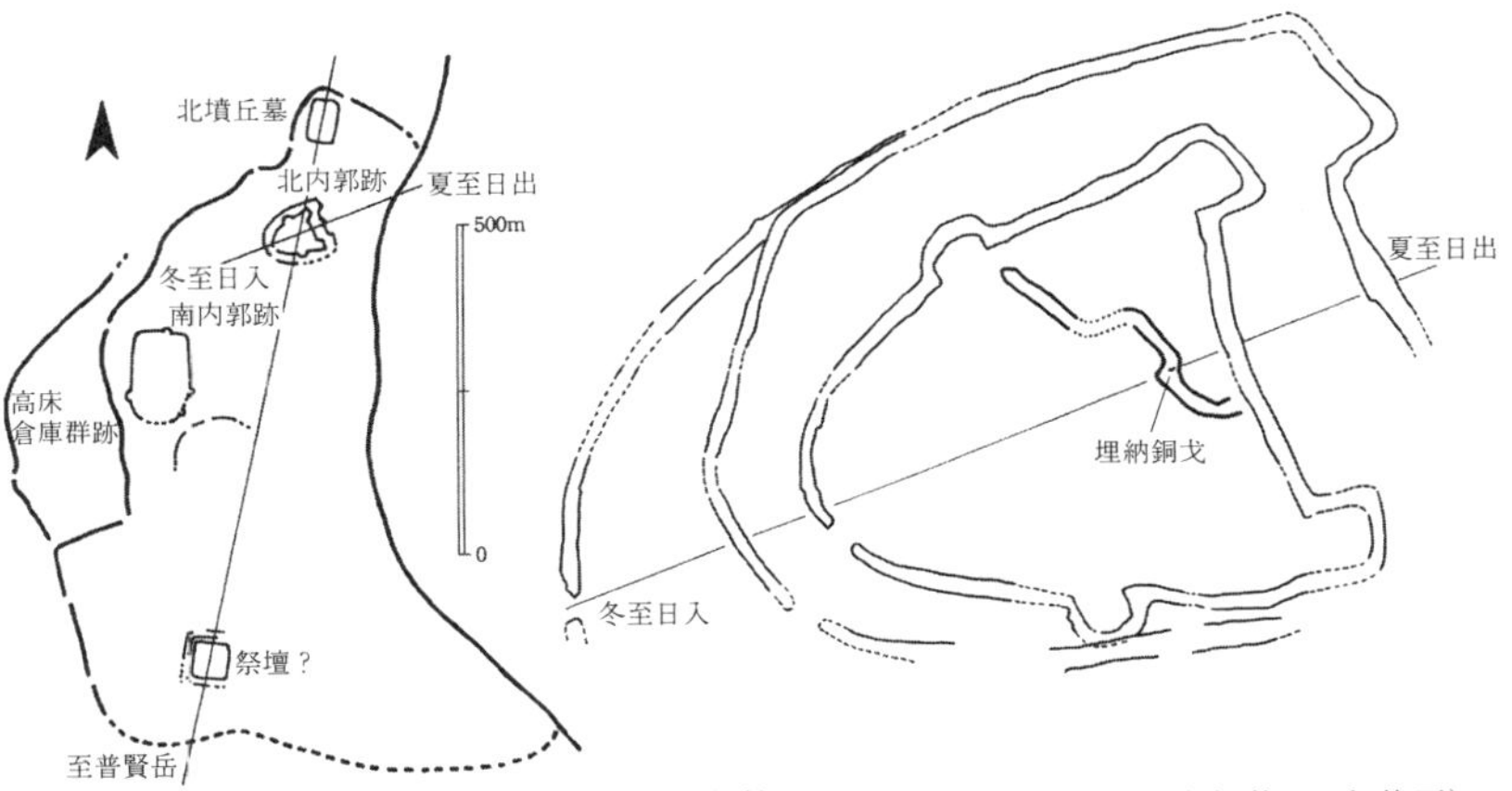

図20　吉野ヶ里遺跡の各遺構が示す方位（1／20,000）（図左は註4を転載、一部修正）
南北にある墳丘墓をつなぐとその延長線上に雲仙普賢岳がある。A字形をした北内郭の中心軸は夏至日出―冬至日入を向く。銅戈の埋納位置はその主軸上にあり、その鋒方向は夏至日出方向を向く。

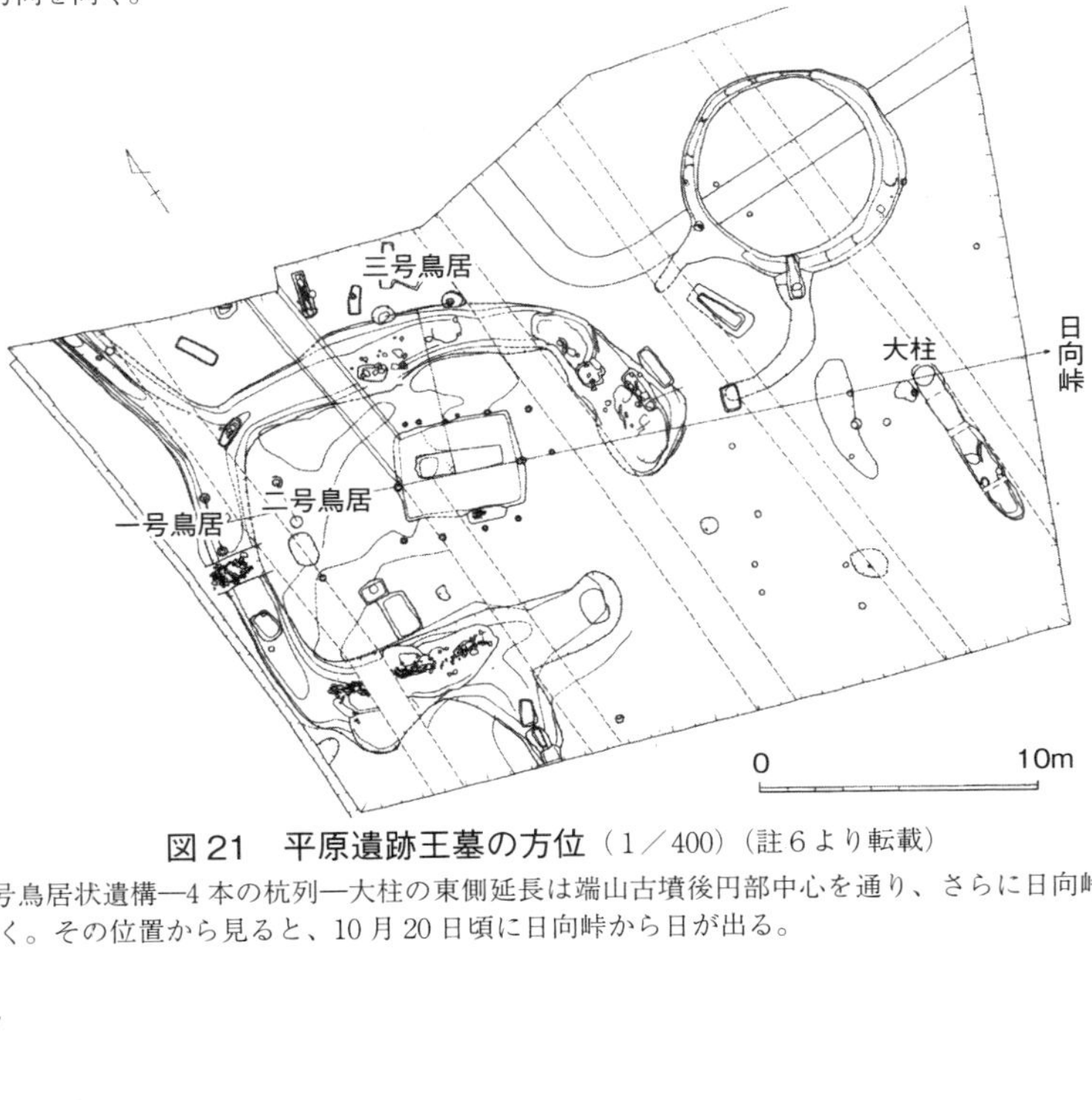

図21　平原遺跡王墓の方位（1／400）（註6より転載）
1号鳥居状遺構―4本の杭列―大柱の東側延長は端山古墳後円部中心を通り、さらに日向峠を向く。その位置から見ると、10月20日頃に日向峠から日が出る。

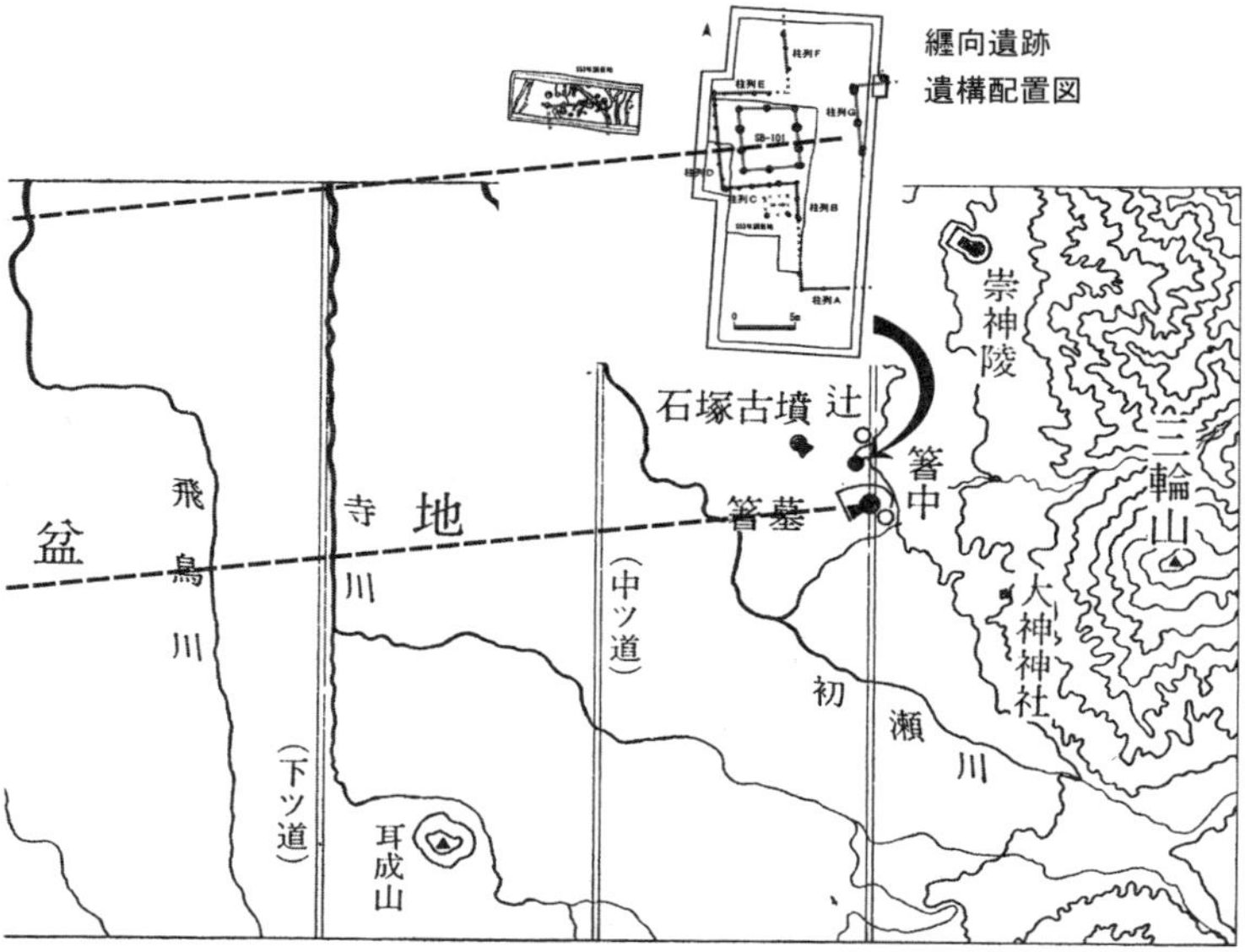

箸墓の方位関係図（1／100,000）
発掘された纒向遺跡の建物群の主軸方位を
なっていることを示した。

れた。[註5] その時には、主体部である割竹形木棺墓の主軸が、日向《ひなた》峠を向くと説明されていたが、その後、平成一〇年（一九九八）、前原市教育委員会が再発掘調査した際に、墓の東に大柱を立てたと思われる痕跡が再確認され、方位に関しては、柳田康雄によって、新たな説明が加えられた[註6]【図21】。すなわち、埋葬施設の西北西にある「一の鳥居」―原田大六のいう「モガリノミヤ」の両棟持柱《むなもちばしら》の四個の柱穴―大柱が直線状につながり、その延長に日向峠がある。そのために一連の遺構を太陽信仰に関係するとする説もあるが、どういう思想があったかわからないとしても、墓と柱と日向峠の位置関係は重要である。

方向を意識したものは九州だけではない。纒向遺跡では、平成二〇～二一年

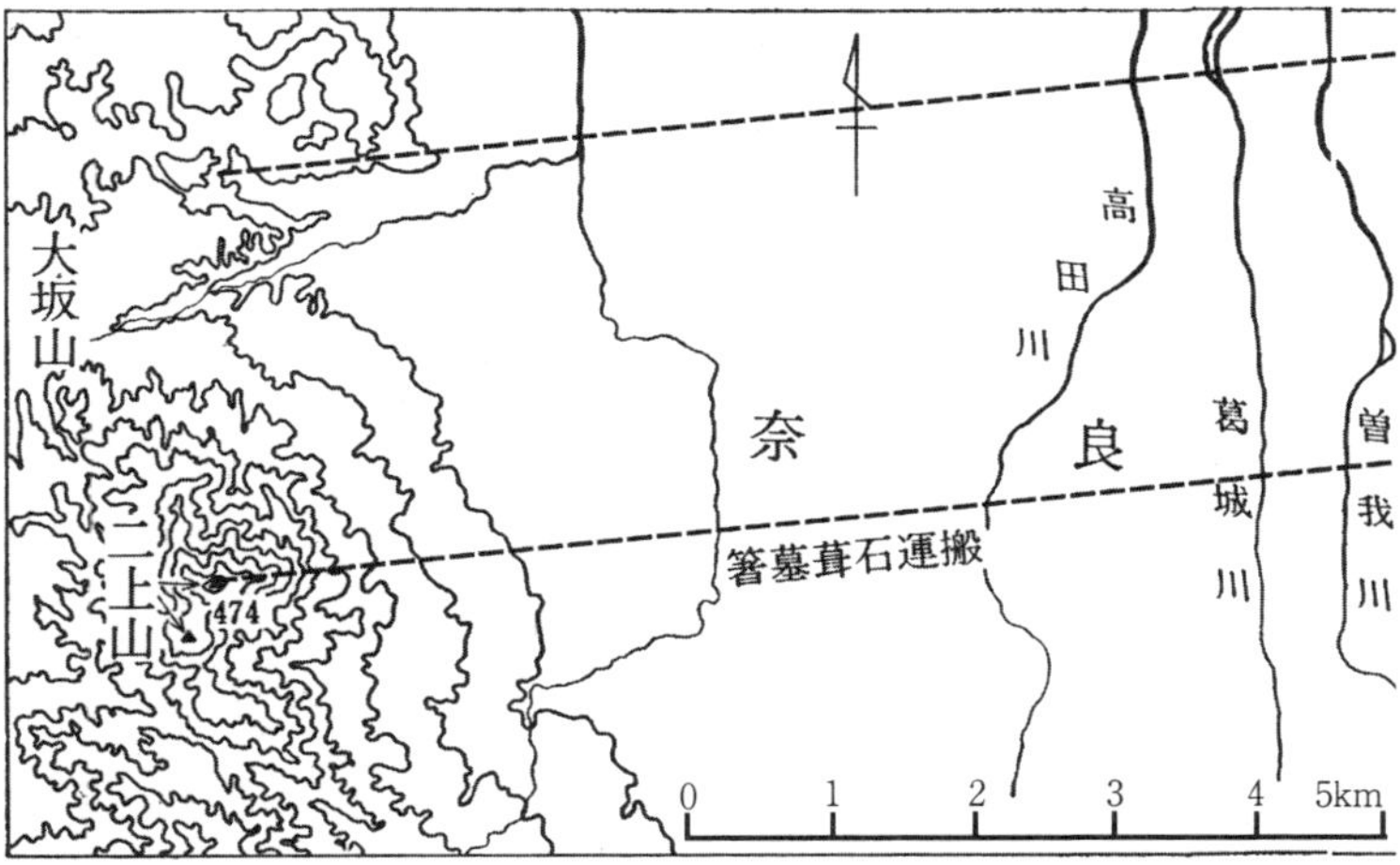

図22　纒向遺跡建物群と二上山・
原田大六が註７で作成した図をもとにして、
図に重ね合わせるとその方向が平行関係に

（二〇〇八〜九）の調査で、一棟の大型建物とその主軸に合わせて並ぶ三棟の建物群が発見され、その一部は柵列に囲まれていることがわかった【図14】。計画的に配置され、整然と並ぶ姿は、近畿邪馬台国論の最有力候補地での発見であるため、多くの注目を浴びた。この建物群の西側を正面とすると、その正面にあるものは何か。それをたどってみると信仰の山、二上山《にじょうさん》に向かう。二上山を見極めてこの建物が作られるとすると、その発想は北部九州でみられる「方向」観と同じであり、必ずしも纒向遺跡が特殊なものではないことを物語っている【図22】。

纒向遺跡の方位と箸墓古墳の年代

近畿邪馬台国論者の中には、纒向遺跡

大型建物群の主軸が東西南北を向いていることを従来の方位観と異なった点をあげる方もいるが、第一六六次調査の現地説明会資料によると、正しい南北方向とはずれがあり、建物の桁方位は、北を向いて四～五度西に傾く。北部九州の大型掘立柱建物や墳墓が、正南北に基づいてその方向を決めるのではなく、山立《やまたて》など自然地形をもとにしている点と同じと考えてよいのだろう。

建物どうしの主軸方向は、西を向いて四～五度南となる。そうすると二上山《にじょうさん》北麓が指標となっていたと考えられる。纒向遺跡からやや南にある箸墓古墳から見る二上山の雄岳《おだけ》・雌岳《めだけ》は、平原遺跡の方向の指標となった日向峠に通じるところがある。

筆者は今回の発見が、逆に建物の時期を箸墓古墳築造時期に下らせる可能性を示したのではないかと考えている。というのは、箸墓古墳と二上山には深い関係があるからである。『日本書紀』崇神《すじん》天皇十年条には次のように書かれている。

乃《すなは》ち大市《おほち》に葬りまつる。故、時人、其の墓を號《なづ》けて、箸墓《はしのみはか》と謂ふ。是の墓は、日は人作り、夜は神作る。故、大坂山《おほさか》の石を運びて造る。則ち山より墓に至るまでに、人民相踵《あひつ》ぎて、手遞傳《たごし》にして運ぶ。

箸墓を造るときに、大坂山から箸墓まで人間の列ができて、手渡しで石を運んだというのである。奥田尚《おくだひさし》の研究によって、箸墓古墳の後円部墳頂には、実際に、この大坂山（二上山）南側一角の二上山系安山岩が積まれていることが判明している。(註8) 神話の中に、二上山の石を使用したという事実が記憶されているのである。

箸墓古墳と纏向遺跡の建物群との関係は、エジプトのピラミッドコンプレックスを思い出させる。墓であるピラミッドに使われた石を運びこむ荷上げ場所は、後に河岸神殿となる。原田大六は、二上山と箸墓の関係を図にしたが、その方向は、今回の大型建物の正面方向と一致するのではないか。そうすると、この大型建物群は箸墓の造営に関係する、もっと述べれば、この大型建物群の建てられたのは箸墓の石材搬入と関係し、その年代は、箸墓古墳造営と同時といえるのではないだろうか。遺物の出土、遺構の切り合いによって大型建物群の確たる時期決定の証拠がほしいところである。

弥生人の方向観と『魏志』倭人伝の記述

ここまで、いくつかの重要な遺跡を取り上げて、その中の主要な建物が、一定の方向性を持って配置し造られている様子を見てきた。建物・施設造営が計画性を持つということは、その社会全体の秩序を保つ権力の誕生と関わると言えるのだが、ここでは、弥生人の思想の中に「方向」という概念があったことを確認しておいて、次の問題に進もう。

それではこの弥生人の「方向」は、中国人が書いた『魏志』倭人伝に著される絶対的な「方位」と同じものであろうか。結論から述べればそうとは言えないだろう。『魏志』倭人伝に書かれる方位は、あくまでも「南」「南東」などといった絶対的な基準を示しているものであって、弥生人の用いた「雲仙普賢岳の方向」などといった相対的な方向とは違うのである。

筆者は、考古学から邪馬台国問題を考えるにあたって、『魏志』倭人伝に示される「方位」の問題に「道」が大きく関わると考えた。

『魏志』倭人伝に記載される邪馬台国までの道のりは、方位は九州説に有利、距離は近畿説に有利とされてきた。しかし、方位に有利とされる九州説でも、所在地がほぼ確実にわかっているクニでさえも、『魏志』倭人伝の「方位」記載は正確ではないことは、先学が指摘するところである。たとえば末盧国から伊都国への方位は倭人伝では「東南」と書かれているが、実際の地図では「東北」になる。今までの邪馬台国の方位論では、地図上でクニグニの方向を大局的に見ていた。しかし、筆者はこの差異に注目した。

末盧国から伊都国へ向かう「東南」の謎

そこで、そのクニの中心集落とその地域の有力遺跡をつなぐ道を想定することを考えてみた。

まず末盧国の起点と考えられる桜馬場遺跡周辺を見てみよう【図23】。伊都国とされる三雲・井原遺跡群への直線的方位は東北東（N-70度-E）である。壱岐からの船が唐津湾へ入湾するとまず着くのが松浦川河口付近になる。甕棺が再発掘された桜馬場遺跡は松浦川左岸の砂丘上に立地し、その西側に集落遺跡の巡見道《じゅんけんみち》遺跡がある。この桜馬場遺跡付近から伊都国へ向かうには、まず旧唐津湾海岸線にそって東南に向かうことになる。縄文海進（縄文時代、温暖化によって海岸線が内陸に後退する現象）の地形研究をもとにして海岸線や砂丘を示した図がある（註9）が、それをもとに桜馬場遺跡から伊都国へ向かう道の周辺有力集落をつなぐと、松浦川を越えて、対岸の中原遺跡、次の柏崎《かしわざき》遺跡群へ行

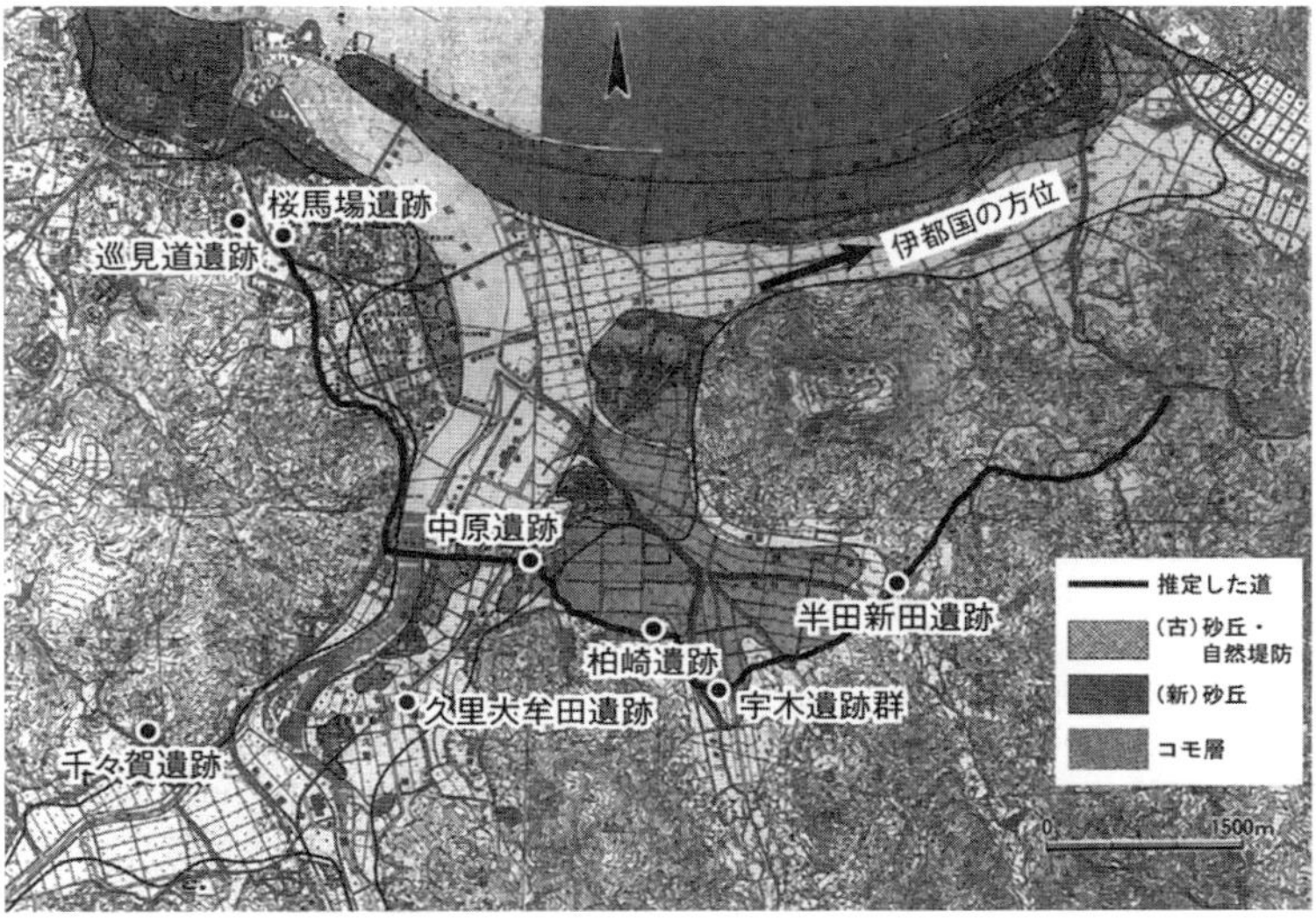

図23　末盧国から伊都国へ向かう道と方向（1/100,000）

井関弘太郎、下山正一の縄文海進時の地形研究をもとにした海岸線・砂丘図（註９）に主要遺跡を入れて、道を推定した。本文で述べた通り、国邑は千々賀遺跡の可能性もあるが、魏使の通過点としては、海岸沿いから松浦川を越えて東に向かう道を想定した。

きつく。桜馬場遺跡から至近集落への方向は、『魏志』倭人伝が伝えるとおり「東南」であった。小松譲《こまつゆずる》が想定する古代の官道はもう少し山側を通るが、三雲・井原遺跡群のある伊都国中心へ向かう方向はほとんど同じルートである。(註10)

仁田坂聡《にたさかさとし》は、末盧国の国邑を千々賀遺跡と推定している。(註11)そうなると今度は、千々賀遺跡からの道を考えなければならなくなる。しかし、いったん内陸の千々賀遺跡から伊都国に行くのも不合理である。魏使は必ずしも国邑である千々賀遺跡を経由しなくても、海岸沿いの有力集落である桜馬場遺跡付近から直接伊都国へ向かう道程を記録したのではないだろうか。

そこから柏崎遺跡群、宇木《うき》遺跡群を経由して伊都国へ向かうのであるが、『魏志』

倭人伝には「草木茂盛し、行くに前人を見ず」と書かれていて、ここからは東に山道を行ったことが想像される。

伊都国から奴国へ向かう「東南」の謎

次に伊都国から奴国への道である【図24】。『魏志』倭人伝には伊都国に「世々有王」とあり、クニの中枢は歴代安定して動いていないとみるべきであろう。実際考古学的な調査によっても、伊都国の中枢として、瑞梅寺《ずいばいじ》川とその支流である川原川に挟まれた低段丘上に立地する三雲・井原遺跡群が安定して発展していることは確実といえる。

かつて糸島水道と呼ばれた海に面した海岸線と南側の脊振山系の山々に挟まれた糸島平野が、この三雲・井原遺跡を中心とした伊都国の領域であったことは容易に想像がつく。末盧国から「草木茂盛し、行くに前人を見ず」という道を通り抜けた人が、伊都国の入口と認識するのは、三雲・井原遺跡の北西四キロにある上鑵子《じょうかんす》遺跡であろう。この遺跡は住居跡一〇〇軒を超す集落であり、絵画のある木製琴や吉備系土器、貨銭《かせん》などが出土している。ここから次に到達するのが平原遺跡であり、そこから三雲・井原遺跡群、すなわち伊都国へは西北方向から入ることになる。

伊都国の中心である三雲・井原遺跡群から発して、次の奴国とされる須玖岡本遺跡に行くには、東側をさえぎる高祖《たかす》山を北に迂回するか、日向峠を越えるしかないが、徒歩で向かう時には日向越えが近くて一般的である。実際の奴国の直線的方角は前に述べたとおりほぼ真東である。しかし、伊都国

図24　伊都国から奴国へ向かう道と方向

アミは三雲・井原遺跡群。日向峠へ向かう道は真東から12度南に偏った方向になるが、三雲遺跡1号甕棺付近からみると、日向峠の窪みは真東から約17度南に偏った方向に見える。

から奴国へ至る方向は「東南（のかた）」とある。ここに方位に関する差が出てくる。この程度の差は問題にならないという考えもあるだろうが、「東」ではなく、「東南」としたところに何かの理由があったと思われる。

三雲・井原遺跡群から東よりやや南の方向を見ると、山々の切れ目に日向峠が見える。すなわち、伊都国の東南部である、寺口・イフ地区あたりから奴国に向けて発し、伊都国が視界から消える日向峠は、東南東の方向、およそ東南方向である。平原遺跡の配置を

写真４　平原遺跡からみた日向峠の日の出（平成23年10月20日撮影、糸島市商工観光課井上正治氏撮影・提供）手前右は平原遺跡の復元された王墓。

はじめ、糸島の人にとって日向峠には特別な意識があったのであろう。平原遺跡の推定高二〇メートルの大柱が、墓から日向峠の方向に立てられていることはよく知られている。『魏志』倭人伝では伊都国から奴国の方角は「東南」とあるが、これは伊都国から見える道の果て、すなわち日向峠を指した方位が東南であることによるのであろう。日向峠から先は、若干、北向きにコースをとって奴国の中心と考えられる須玖岡本遺跡に至る。

奴国から不弥国へ「東行」の謎

奴国の中心がある須玖岡本遺跡は須玖《すぐ》丘陵にある。この須玖丘陵は、脊振山地の東側先端部から北側に派生した丘陵の先端に当たる。したがって南側はやや高い丘陵に連なっていて、大規模な集落遺跡ができにくい地形である。事実、南側には大きな弥生時代後期遺跡は発見されていない。

余談ではあるが、七世紀に大宰府防衛のために水城が築かれたが、水城の西側延長に当たるこの須玖丘陵より南側の丘陵部分は、その急峻な丘の自然地形を生かして小水城が作られている。

日向峠を越えた道は、いきなり須玖岡本遺跡に到達するのではない。日向峠を下りきったところは、室見川の中流域になり、そこにも弥生時代後期遺跡があるが、いずれも小規模なものである。野方《のかた》遺跡は、直径約一〇〇メートル前後の楕円形環濠の内側に竪穴住居が一〇軒程度の集落遺跡である。室見《むろみ》川中流域には、弥生時代中期までは華々しい青銅器を有していることで有名な有田遺跡や吉武《よしたけ》遺跡群等があり、弥生時代中期に限って言えば、誰もが疑いなく、その一つの有力地域として示す。しかし、弥生時代後期で、発達した遺跡群とみなされるのかどうかというとそこはクエスチョンマークがつく。ちなみに有田遺跡は細形銅戈、前漢鏡一面などが弥生時代中期甕棺墓から出土しており、吉武遺跡群では、弥生時代前期末〜中期前半の甕棺墓・木棺墓等から銅剣、銅戈、銅矛、多鈕細文鏡などが出土した吉武高木遺跡【図18】、吉武大石遺跡、中期後半〜後期の墳丘墓のある吉武樋渡《ひわたし》遺跡などがある。

さらに東に進むと那珂川中流域の弥生時代遺跡がある。那珂川中流の遺跡として最近注目を浴びたのが、安徳《あんとく》遺跡群である。安徳遺跡で注目されたのは、並列して埋葬された二基の甕棺墓から鉄剣・鉄戈が発掘され、その近くからは弥生時代中期の住居跡が約一〇〇軒発掘されたことである。このことから当然この那珂川中流域にもクニが想定できるという議論が起こったのだが、これも弥生時代中期に限ってのことであって、弥生時代後期に入るとこの地でもとたんに集落遺跡が減少する。

室見川・那珂川中流域の遺跡群で共通することは、弥生時代中期の繁栄が後期まで継続していない点である。だからこそ『魏志』倭人伝の時代、クニとして認識されず、その記載は伊都国からいきなり奴国になっているのであろう。

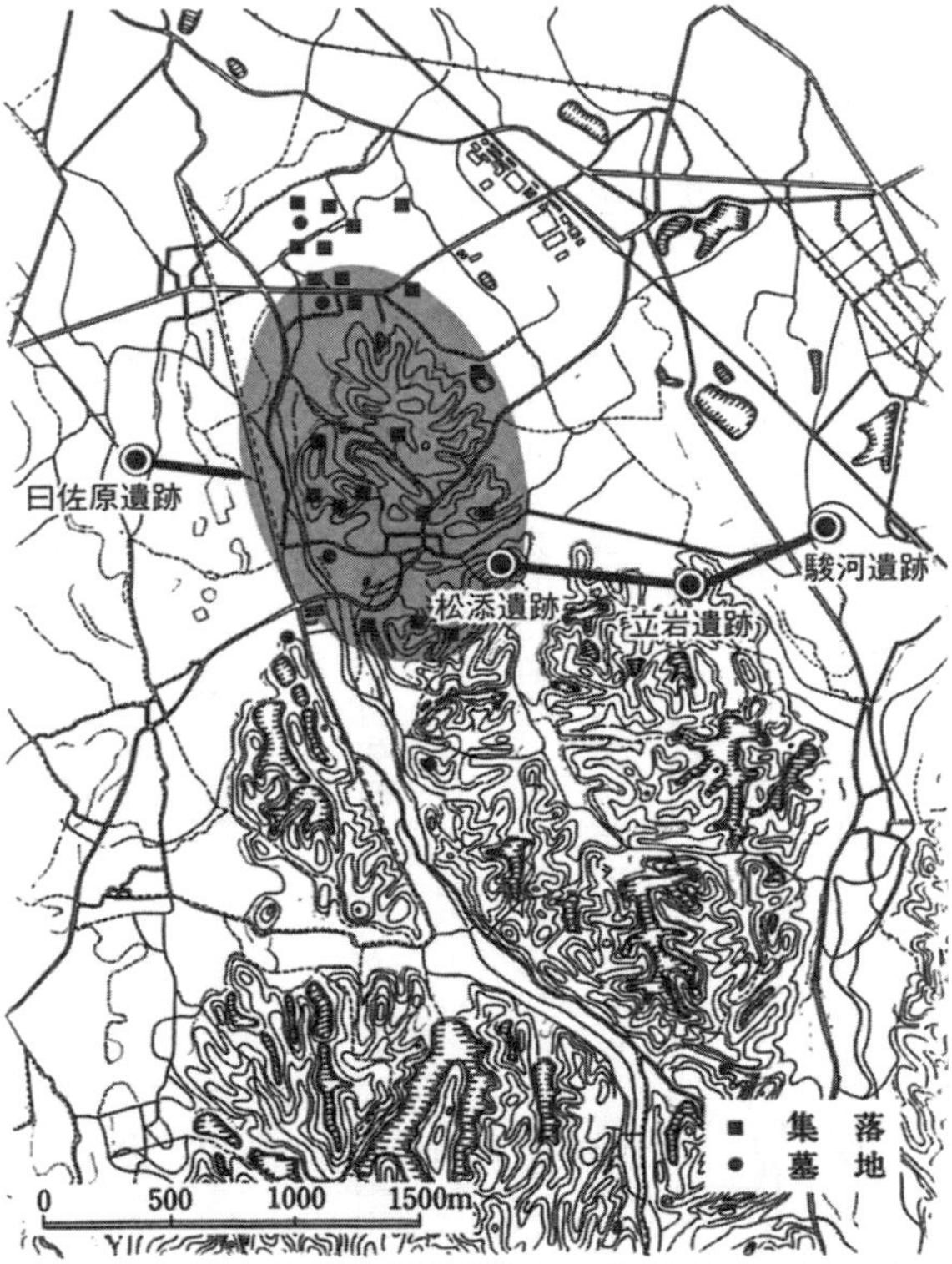

図25　須玖岡本と周辺遺跡のつながり（1／50,000）

註12の須玖岡本丘陵遺跡周辺の遺跡分布図、◉で弥生時代後期の遺跡を入れて道を推定した。アミは須玖岡本遺跡群。

須玖丘陵から諸岡《もろおか》川を挟んで西側にあるのが臼佐《おさ》丘陵である。この臼佐丘陵にある遺跡群が臼佐遺跡群である。臼佐遺跡群からは、弥生時代後期の小型仿製鏡を副葬した石棺群や甕棺墓群が発掘され弥生時代後期の集落も発掘されている。奴国への入り口はこちらであろう。

問題は奴国からの出口、つまり不弥国へ向かう方向である【図25】。広大な奴国のどこかから邪馬台国へ行くための中継点である不弥国に向かうのであるが、『魏志』倭人伝ではその方位を「東」と書いている。須玖遺跡群周辺の弥生時代後期遺跡を見渡してみると北側には、弥生時代後期にもあり、古墳時代に入ってからは、須玖遺跡群をしのぐ規模に発展する那珂《なか》・比恵《ひえ》遺跡群がある。久住猛雄《くすみたけお》はこの遺跡は、国内各地域の

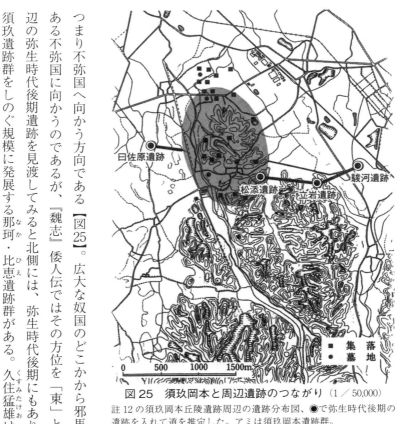

土器を出土することから、王都としての須玖岡本遺跡群とは違った交易を担う集落と解釈した。(註13)

不弥国宇美説は、その語感から支持する方も多いと思うが、須玖岡本遺跡群から宇美方面に向かうのであれば、どうして『魏志』倭人伝では不弥国の方向を那珂・比恵遺跡群を経由する「北」あるいは「北西」にしなかったのか疑問である。

須玖遺跡群周辺の弥生時代後期遺跡を見ると、東側の立石遺跡—駿河遺跡がある。これらの遺跡からは弥生時代後期集落・墓地が発掘されている。さらに東に行くと大野城市の石勺《こくじゃく》遺跡あるいは南東の九州大学筑紫キャンパス内遺跡へと進む。南側は、前述のとおり集落はないので、須玖遺跡群を出て、次の目的地に向かうには、北か東しかないのである。奴国の次に記載される不弥国がまだどこかわからないが、少なくとも奴国から不弥国への出口は東に向いているために、不弥国の方向は「東」と表記されたと見るのが妥当ではないだろうか。

『魏志』倭人伝方位の精度

ここまで、クニがほぼわかる遺跡とそこから次の目的地へ向かう方向について述べてみた。筆者が言わんとするところをもう一度まとめてみる【図26】。

弥生時代人は、今立っている地点から目的地の正確な「方位」を知ることはなかった。しかし、次の集落へ向かうための出立の「方向」はわかっていた。その方向は、弥生時代人にとっては一つの方向でしかなかったが、それを記述する魏の使者は、「方位」という絶対的な基準を持っていたために

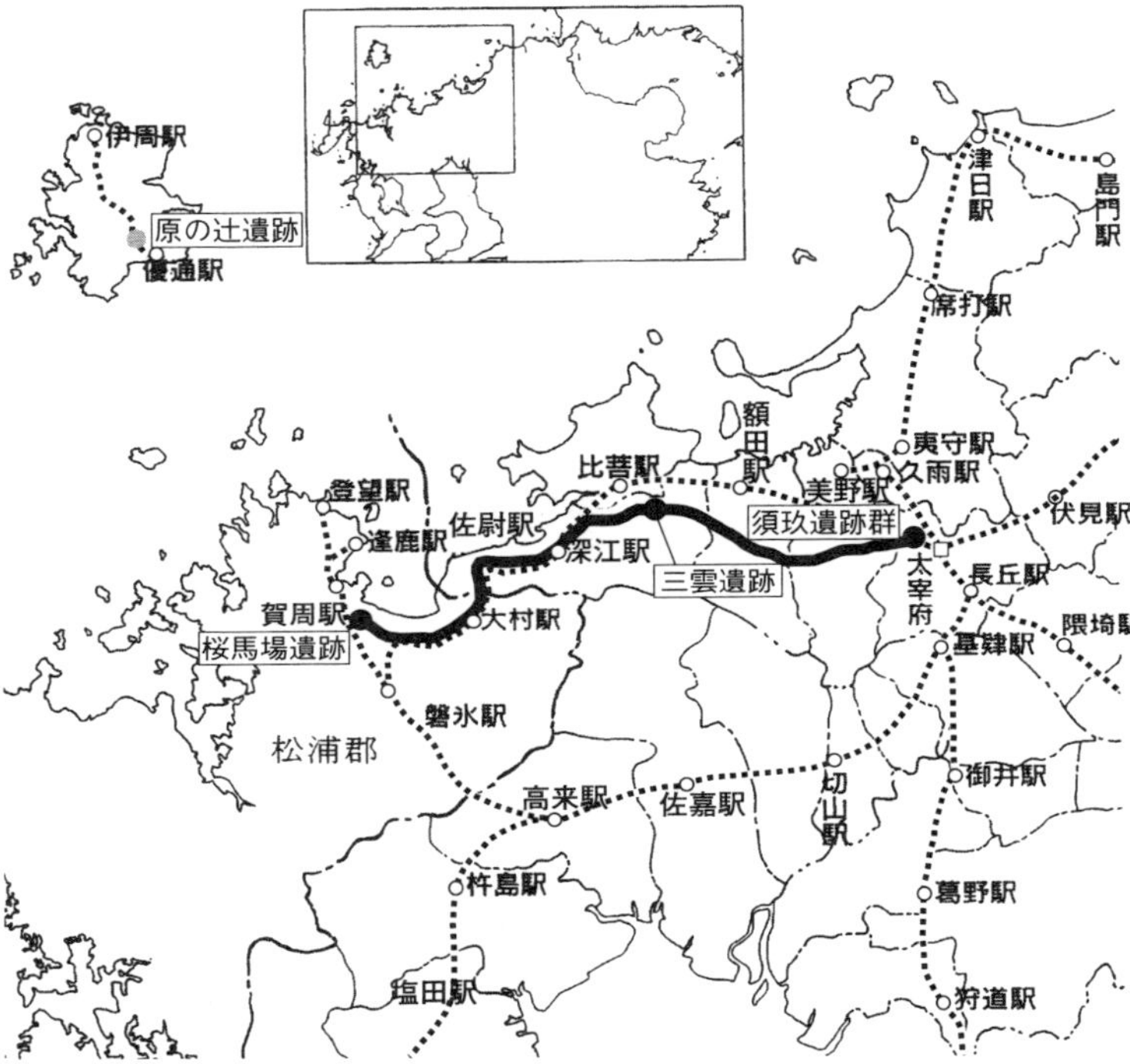

図 26　末盧国から奴国への道

小松譲が作成した律令時代の官道図（註 10）を参考に、弥生時代の末盧国から奴国までの道を想定した。実線は弥生時代の推定道、点線は律令時代官道を示す。

弥生時代人の示す「方向」を「方位」で示したのである。

つまり、こういう状況を想定して見るとよいと思う。

魏の使者が、伊都国の中枢である三雲・井原遺跡群に立って、「奴国はどちらの方向にあるか」と弥生人に尋ねる。弥生人は日向峠の方向を指して「あの方向にある」と答える。中国の使者は、日向峠の方向を「東南方」と表記する。このようにして『魏志』倭人伝はクニとクニをつないでいった。これが今まで多くの人たちを悩ましてきた『魏志』倭人伝の方位の真相であろう。

『魏志』倭人伝の記述と弥生時代人の方向に対する認識は、両方とも間違っていたわけではないのである。末盧国・伊都国・奴国の考古学的知見による遺跡ネットワークをもとにみると、『魏志』倭人伝の記述は、魏使の誤った記述ではなく、弥生人にとっても誤った記述ではないと考え、そうすることによってそれ以後の『魏志』倭人伝の「方位」記述も信憑《しんぴょう》性があると考えたのである。

であるから、「東行」して至る不弥国やそこから「南（のかた）」の投馬国も実際の方位ではなく、そこから発する道の方向を基準にしてみるとやがて邪馬台国が見えてくるのではないか、と考えたところである。

橋本増吉の先見の明

方位に関する議論の中で、中国では南と東を兼ねて表現することがあるという見方を近畿説は拠りどころとしている。その根拠として示された地図が、朝鮮で一四〇二年に製作された『混一彊理歴代《こんいちきょうりれきだい》国都之図《こくとのず》』である。この地図は朝鮮半島の南に日本が描かれるのであるが、その地図では、対馬から九州本土を経て近畿地方が北から南にほぼ九〇度時計回りに回転して示されている。近畿説では、この図の考え方は西晋《せいしん》時代の裴秀《はいしゅう》が描いた『晋輿地図』までさかのぼり、中国では近畿が九州の南にある位置関係と理解されていたと主張する。この考えに対して、弘中芳男は『混一彊理歴代国都之図』では、朝鮮半島以南が抜けていたため、日本の「行基図」で補ったものとする研究を示し、この図が近畿説の根拠にならない点が示された。

橋本増吉は、方位論について新たな見方をしているのだが、このことは今まであまり評価を受けていなかった。特に後述するように考古学的な知見が加わる中で、重要な考え方として再評価できるものである。橋本の文章を引用しておく。

「未だ何等正確なる地図を有せざる時代に、海上と異り陸上に於ては、或地方と他の地方との正確なる方位を知ることは、甚だ困難なる事情であろうと思わる丶ので、たとえば魏志倭人伝の場合のように、奴国の位置は略・中山博士考定の通りとするも、伊都国・末盧国の位置が、何れであるかも問題であろうが、伊都国は恐らく前原地方か或は深江地方であったろうと思われるし、また末盧が唐津港か名護屋港であったことも、疑いないところであるから、仮に末盧が名護屋で、伊都が前原地方であったとすれば、**末盧より伊都を経て、奴国即ち今の那珂地方に至る通路は、何れもまず東南に向い、更に東北に向っているので、その方位を誤って伊都を末盧の東南にありとし、奴国も亦伊都の東南にありとなせしことは、必ずしも有り得べからざる事情ではないのである。**

要するに、魏志倭人伝の方位に関する記事は、帯方郡より末盧に至る海上の方位が大体に於て正確であるし、末盧上陸以後奴国に至る陸上の方位も、**必ずしも不正確なる出鱈目として認むべきものではなく、ありえべき事情の下に於ける誤謬に過ぎない**のである」(註14)

今日、発掘調査が進んで、クニ周辺の同時代の集落事情もわかってきた。クニを構成する主要なムラの位置も明らかになってきた。筆者の意見は、すでに五〇年以上前に橋本増吉によって見通せられていた見解を今日の考古学的知見の中で証明しようとしただけである。

第二節　距離の記述に関する謎

絶対的な距離と相対的な距離

さらに橋本増吉の説を続けて紹介しよう。少し長いが重要なことなので、その部分を引用する。

「もとより、中国人の頭では、『水行二十日、水行十日、陸行一月、』という日程記事は、一千三百余里の里程に相応するものであるとしても、この場合、こゝに記るされた里程記事が、中国人たる魏の使節一行の粗雑なる目測に基くものであるに対して、**日程記事は恐らく倭人よりの聞書によるものと考えられるのであるから、その記事は倭人の頭による計測と見なければならないはずである。何となれは、当時倭人は距離を測るに「里」を以てする方法を知らず、常に日数による慣習であった**ことは、日本武尊の物語を持ち出すまでもなく、後世醍醐天皇の延喜元年（九〇一）に制定された延喜式主計式に於てすら、凡べて日数により規定されている事実によりても、我が民族古来の風習の名残を留むるものとして、これを知ることが出来るのである。随って、やはりこの日程記事は、曽て三宅米吉博士が論ぜられた通り、その水行三十日が略ゝ博多より京都に至る式の日程に相当するものとして見るのが、正当な解釈であろうと考える」

距離を記す単位にしても、先の「方位」「方向」記述と同じく、ここでも魏の使者による絶対的な単位としての「里数」と弥生人の相対的な「日数」による距離の齟齬《そご》が生じるのである。魏使は、実際に航行した距離を「○○里」という絶対的な距離で表現し、一方で不弥国よりも以南の土地までの距離を弥生人が費やしたとされる旅行時間を距離に換算して全体の日数を記述したのであろう。

九州説支持の立場から『魏志』倭人伝を読んでみると、距離については、どうしても解釈できない部分がある。「水行二十日」「水行十日、陸行一月」の部分である。全体の距離が一万二千余里で、不弥国までの合計距離が一万七百余里で、残りが千三百余里であったとしても、これを「水行二十日」「水行十日、陸行一月」かけるというのは、合理的でない。白鳥庫吉が提唱したように陸行一月が一日の誤りであるとしても、やはり不自然である。

なぜ帯方郡から邪馬台国までが「万二千余里」か、この意味については、松本清張の研究がある。松本は『魏志』の「倭人条」以外の周辺の国や地域で、中国王朝の直接支配が及ばない地域との境が、いずれも一万二千里前後とされている点に注目した。(註15) これは倭にも当てはまる「虚数」であるというのである。あるいはそうかもしれないが、筆者の力量では真偽を判断することはできない。

日数記述は蛇足か

不弥国までとそれ以後の距離記述の違いがあることは、先学の多くが述べているところである。不弥国までは距離が絶対的な長さで示されるのに対し、不弥国以遠は距離が時間で書かれているのである。『隋書』倭国伝には、「夷人里数を知らず、但ゝ計るに日を以ってす」とある。

なぜこのような記述の変化が起きたのか、これは橋本増吉の次の記述が核心にふれている。

「更によく後漢書東夷伝の本文について、その性質を考究すれば、その一部に後漢以来の史料に拠ったかと思わるゝ点がないではないが、その一部はやはり、魏志或は魏略の記事に拠り、而も、**劉宋時代当時の倭国に関する撰者の知識によりて改作されし**痕跡の掩うべからざるものあることが、認められるのである」

つまり『魏志』倭人伝は、後世の倭国に関する撰者の知識によって書き換えられているというのである。西暦三世紀中ごろ、魏の使者が邪馬台国に関する記述を行い、それが記録として魏の文庫に残り、それを見ることのできる著作郎《ちょさくろう》（歴代の古文書を管理する係）の補佐だった陳寿が、もととなる記録と合わせ、当時の知識を加えて書き連ねたものがこの距離に関する部分であると考える。

橋本よりも前、喜田貞吉も『魏志』倭人伝の著者陳寿が、九州にあった邪馬台国と近畿のヤマトを混同し、こうした距離表現になったと書いている。

筆者も、この橋本説・喜田説に賛成する。もともと『魏志』倭人伝が参考にした『魏略』や『廣志』《こうし》といった書に、不弥国以下のクニグニへの距離が記述されていたかというとそれは疑問である。『魏志』倭人伝中、「南投馬國に至る、水行二十日」の部分で、『魏志』倭人伝の基となる『魏略』に書かれていたのは「南投馬國に至る」だけではなかったのではないだろうか。そして後に「水行二十日」が付け加えられれのではないだろうか。また同様に「南至邪馬壹國、女王之所都、水行十日、陸行一月」ももともとは「南至邪馬壹國、女王之所都」までであって、そのあとの「水行十日、陸行一月」は継ぎ足されたのではないだろうか。どうしてこのようなことが起きたかというと、『魏志』倭人伝が書かれた西晋時代の倭の中心はすでに近畿地方に移っている。しかもそこはヤマトといい、魏時代の邪馬台国と混同するか、あるいは邪馬台国が実際に東遷したのかもしれない場所である。

筆者がこのように考えたのにはもう一つ理由がある。大宰府天満宮が所蔵する国宝に唐の張楚金が撰した『翰苑《かんえん》』がある。『翰苑』が引くところの書物の一つに『廣志』がある。その成立年代は不明であり、『魏志』倭人伝よりも古いという説も新しいという説もある。『魏志』の元となったという説もあれば、別系統の書とする説もある。ここに注目すべき文章がある。

廣志曰「倭國東南陸行五百里、到伊都國、又南至邪馬嘉國、百女国以北、其戸數道里、可得略載、次斯馬國、次巴百支國、次伊邪國、安倭西南海行一日、有伊邪分國、無布帛、以革爲衣、盖伊耶國也」

この文章では、「邪馬嘉國」は「邪馬臺國」の誤記であることはほぼ間違いないが、「又南至邪馬嘉國」で終わっており、『魏志』倭人伝にある「水行十日、陸行一月」が無いのである。『翰苑』が引く『廣志』には、『魏志』倭人伝に出てくる奴国などの記載もないので、それらと同様に距離の記述も省略された可能性もある。が、一方では、もとから『廣志』には距離の記述はなかったのかもしれない。『魏志』倭人伝の文章が書かれた魏の年代に近い頃に、省略するにはあまりに重要な部分であるこの「水行十日、陸行一月」は、少なくとも『翰苑』が引く『廣志』にはないのである。西晋時代、すなわちヤマトが倭の中心になった段階に陳寿がその距離を「水行十日、陸行一月」あるいは「水行二十日」と書き加えたというのが、筆者の考えである。

あるクニから目的とするクニの位置を示すのに、絶対的な距離を示すのではなく、かかった日数で示すのはこの場所だけである。前述したように陳寿は、方位においてはある意味信用できる記述を残したと思っている。少なくとも陳寿の距離の記載の中で、クニ間の絶対的な距離を示した部分は、細かく見れば違いはあるが、大局的に見れば問題はない。そう考えると距離を日数で書かれている部分についても、全く信用できないという判断をして、最初から切り捨てるよりも、なぜ、そういう記述になったのかを考えることによって真実が見えてくるのではないかと思う。

距離記述の必要性

史料批判は必要であるが、一方では、考古資料から、『魏志』倭人伝の方位の正確さを証明することにもなったわけであるから、距離に関しても考古資料との突き合わせが課題となる。

狗邪韓国から対馬国まで、対馬国から一支国まで、そして一支国から末盧国まで、それらの間には海があってクニどうしが切り離れている。陸上でも、末盧国から伊都国まで、伊都国から奴国まで、それらの境をみると、その間に横たわる山がその境をなすのに十分である。このことは七五〜七六頁で図16の解説とともに述べたとおり、末盧国から奴国まで、すなわち玄界灘沿岸部のクニに特徴的な在り方である。その間は人気のない場所であったからこそ「草木茂盛し、行くに前人を見ず」と表現されたのである。クニとクニとの間に空白地帯があるからこそ、その間は距離を記述することによって示すことができたのであろう。

奴国から不弥国までの間も百里と記されている。ということは、やはり何か自然の障害があって二つのクニは接していない状態と見るべきではないだろうか。奴国の中心、須玖岡本遺跡を出て、『魏志』倭人伝の書くとおり東に進むといくつかの衛星的な集落があることは前述したが、そこから仮に不弥国の有力地とされる宇美町周辺、あるいはその東の飯塚市周辺に行くとするとその間には三郡山地から北に伸びた山々が立ちはだかっている。もう一つの有力地である太宰府から筑紫野市周辺となると、三郡山系と脊振山系の山々が両側から迫った狭い二日市地峡帯が、交渉を阻むことになる。どちらにしても不弥国は、奴国とは一定の距離を置いていることに違いない。

ところが、不弥国から投馬国は、その間が「水行二十日」とあり、単純に考えればその距離は相当なものである。しかもその方向が南となっている。不弥国の候補地が宇美にしても、飯塚にしても、太宰府にしても当てはまらないし、まず、船で南に二〇日も行く場所に有力な弥生時代後期集団の存在を示す遺跡はない。

二日市地峡帯には有明海と博多湾から海が入り込んでいて、船が航行できるくらいにつながっていたと信じている方も多い。九州説で、南方面に邪馬台国を求めるときに、二日市地峡帯が「水行」に適した環境であればと願う人も多い。実は、筆者が今住んでいるところ（二日市地峡帯の南側出口付近）も、その論で行くと海になってしまう。しかし実際はそのようなことはない。なぜなら、この付近の標高の低い遺跡のいたるところから、約二万年前の旧石器が見つかり、それ以来ずっと人の住んだ痕跡があるからである。つまり、邪馬台国時代も、そのずっと昔も今の景観とはほとんど変わることなく、ましてや海が二日市地峡帯どころか、筑紫平野の大部分を覆っていたなどということはないのである。最近の研究では玄界灘と有明海が海でつながっていたのは、人類が誕生するはるか前の四〜五千万年前くらいだという。

なぜ陳寿が、文書にそのような邪馬台国までの日数の加筆を行ったのか、その理由は陳寿の時代性にあったのかもしれない。私たちは『魏志』倭人伝を読む場合、次の点を注意する必要がある。

①陳寿が参考としたであろう『魏略』そのものがどこまで正確な情報だったのか。
②陳寿は編集過程でどのように編集しなおしたのか。

陳寿自身を調べると面白い境遇であったことがわかる。陳寿は二三三年生まれであるから、その五年後二三八年、魏は遼東《りょうとう》に司馬懿《しばい》を派遣し、謀反を起こした公孫淵《こうそんえん》を滅ぼし、まさにその年二三八年（景初二年）に邪馬台国の卑弥呼が魏に朝貢したことになっている。ただし、景初二年には、魏は公孫淵との戦闘中であるから、この記事は二三九年（景初三年）の誤りだとする意見も強い。ともかく、陳寿が生きた時代は、卑弥呼が魏に使者を送った時からあまり離れておらず、しかも倭に近い遼東に司馬懿が遠征して、そのあたりの情報も豊富であった時期だということは、『魏志』倭人伝の記事の信用度を考えるうえで参考になる。

陳寿はその文才が多くの権力者に認められたが、『三国志』を著したのは、二六五年、司馬炎《しばえん》に魏が滅ぼされた後で、陳寿はその司馬炎に仕え、文才を買われた。私たちは、陳寿にしても『後漢書』を著した范曄《はんよう》にしても歴史学者のようなイメージで見てしまうが、二人とも役人であって、特に范曄は権力闘争のさなかにいた人物である。陳寿は業務上の報告のように、端的に『魏志』倭人伝をまとめているが、『魏略』などの資料を参考にするだけではなく、そこに肝心な情報がなければ、加筆した可能性もある。そういう見方をすると、『魏志』倭人伝の核ともいえる邪馬台国までの行程はないわけにはいかなかったのであろう。そこで、当時その時点の中心地である大和盆地までの距離として、倭人の情報、すなわち絶対的な距離ではなく日数を表記したのではないだろうか。

『魏志』倭人伝を読んでいていつも悔やむのは、陳寿がもう少し踏み込んで書いてくれていれば、もう少し邪馬台国のことがわかったのではないかということである。と同時に余計なことは書き加えないでほしいと思うことである。

隣接したクニどうしの境

筑紫平野は九州最大の平野である。ここで発展した遺跡は、当然水系単位でまとまりを持つ。ただし、それらのまとまりも固定的・絶対的なものではなく、時代とともに変化する。弥生時代中期にクニとして体裁を整え始めたころは、水系を単位とする程度のまとまりであったものが、弥生時代後期になると統合を繰り返してより大きな集団へと変化する。それと同時に筑紫平野全体が、母体はいくつかのクニでありながらも、政治・経済的に緩やかに大きなまとまりとして成長していくと考えられる。そのまとまりは、「クニ連合」とでも評すれば良いのかどうかわからないが、そうしたまとまりを弥生社会の発展から「邪馬台国連合」と解釈したのは、藤間生大が最初であろう。(註16)じつはこの「邪馬台国連合」は教科書にも使われていて、そこでは、「2世紀の終わりごろ大きな争乱が起こり、なかなかおさまらなかった。そこで諸国は共同して邪馬台国の女王卑弥呼を立てたところ、ようやく争乱はおさまり、ここに邪馬台国を中心とする三〇国ばかりの小国の連合が生まれた」とある。ではそうした邪馬台国連合が考古学上の「クニ」とどうつながるのであろうか。

クニの境がどの程度明瞭なものかは考古学的には判断ができない。

先に述べた伊都国や奴国のように自然地形が障壁となって、完結するクニであればその境はどこかということが推定できる。しかし、いくつかのクニグニが接した大きな平野ではそういうわけにはいかない。権力が平野単位でまとめあげられる段階であれば、それは一つのクニとなるのであろうが、その前段に小単位にわかれてクニが乱立する状態であれば、クニどうしは接してしまう。筑紫平野などはそういう状態だったのであろう。生産母体はつながり、その境は意図的に決めなければならない状態でもあった。後の時代になるが、七世紀の末に筑紫平野に国境と郡境が設定された【図27】。これらは直線状の境でなければならなかった。その理由は、行政上の境を自然地形によって決められないほど、平野には絶えることなく人の手が入っていたからである。その境界はランドマークによっていつでもだれでも客観的に境を復元できるものであった。(註17)

地理学の基礎理論の一つに中央理論というものがある。ヨーロッパの都市は一定の間隔を持って網

図27　筑紫平野の律令体制国郡境図（1／400,000）（註17より転載）
7世紀末に施行されたとされる筑紫平野北部の国・郡境。多くの境が直線になっていることがわかる。太い二点鎖線は国境、細い一点鎖線は郡境。

の目状に配置しているという法則であり、こうなる背景には、適度な距離感が、都市の経済的自立を促すと同時に、政治的に連携・協力、あるいは監視しあうに適しているからとされた。こうした都市の配置は一定の面積を有する平野部でしか生まれない。

一方で山脈や海岸が入り組んだところでは、人間の意識がクニを形成するよりも先に自然地形がクニの領域に制約を加える。『魏志』倭人伝にクニ間が距離を持って示されたそのクニグニは、間に自然の障壁があるとみなされる。その反対に距離が示されなかった（と筆者は考える）不弥国以南の地は、クニグニが接していて、距離を書く必要がなかった、あるいは書けなかったのではないか。

さらに付け加えるならば、筆者が邪馬台国に至る「水行十日、陸行一月」が、邪馬台国の紀行録には最初なかったものを、陳寿が編纂段階に書き加えたと考えた理由の一つには、こうした弥生時代後期の集落どうしの間《ま》の取り方を考えたからである。

筑紫平野のクニとクニ連合

筑紫平野の特徴の一つに、多くの環濠集落が営まれたことがある。それには、クニの中心的集落を防衛する意図を持って構築されたものと、クニ連合全体を守るために監視機能を持って設けられたものがある。

どちらの環濠も、ここでのテーマとなるクニとクニとの間、文字通り物理的な空間を考える上で重要なものである。前者のように大規模な環濠によって取り囲まれたムラは、クニの中心集落に多く、これらが適度な間隔を持って営まれることは、クニ同士が統一するには範囲が広く、しかし経済的なつながりを持つことを示し、同時に適度な緊張感を維持する関係にあることを示す。筑紫平野の弥生時代遺跡どうしが連係していることは、筑紫平野を取り巻く高地性環濠集落の存在からわかる。

平野の出口を押さえた位置を占める高地性環濠集落には、小郡市三国《みくに》の鼻《はな》遺跡や朝倉市西ノ迫《にしのさこ》遺跡、基山町千塔山《せんどやま》遺跡がある。筑紫平野という大きな平野単位の中で、こうした高地性環濠集落によって広範囲を守備するネットワークの存在が明らかになってくる。環濠を掘削・維持するには、多大な労働力の確保が必要になる。しかし、生産力も低く、大集落として発達しないところでこうした大規模な環濠を作ることは不可能であろう。これらの大きな環濠は、近隣集落の人間の援助を得たと考えら

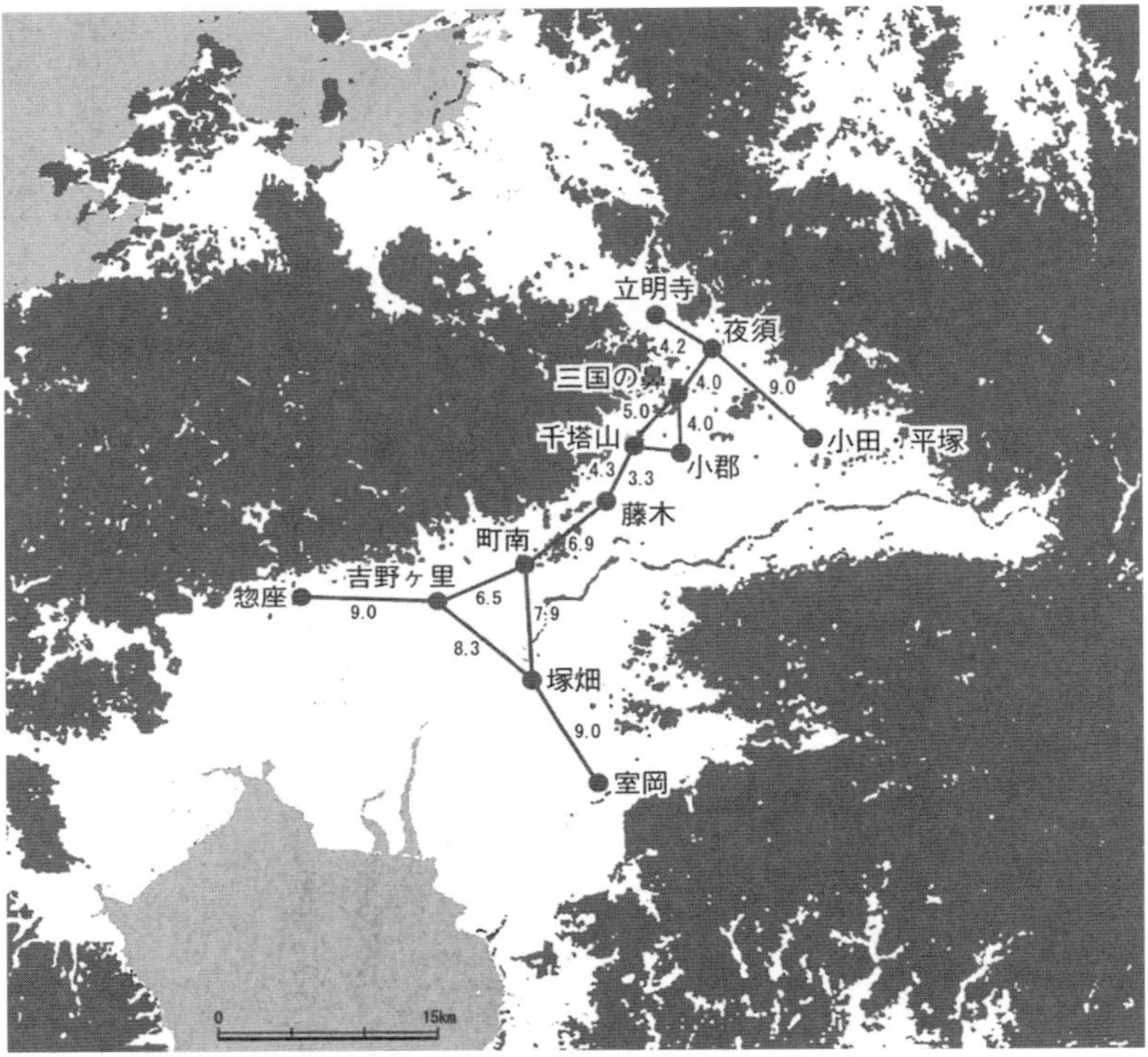

図 28　筑紫平野の集落連絡図（1／750,000）
主要な遺跡を示すが、各遺跡間の数字は距離を示す。

れ、もっと広範に人が関わった可能性もある。高地性環濠集落は単にその地域の集落としてだけでとらえるのではなく、筑紫平野全体の環濠ネットワークの一つであることを考えると、筑紫平野は一つの強力な政治的・経済的関係を有したまとまりであることが理解できるのではないだろうか。

このように考えていくならば、筑紫平野のクニグニは、『魏志』倭人伝に邪馬台国以下の斯馬国等二一のクニグニが次々に記されるように連なっていたことが想像される

写真５　佐賀県千塔山遺跡（基山町教育委員会提供）
環濠が囲む範囲は南北 95m、東西 75m 以上になる。

【図28】。

筆者は前述のように、不弥国から投馬国までの距離は本来書かれていなかったものを、陳寿が挿入したものと考えているので、不弥国と投馬国は接していたものと考えている。接したクニどうしの間には移動するための時間の記述は不必要である。そのために国が次々に書かれている。この点は狗奴国も同じであろうか。境を接して争っていた所では、両勢力の境に距離はない。

接しているからには、方位は奴国までのように、道の途中までの方向ではなく、もはやダイレクトな方向が記述されたと思われる。つまり不弥国の南には投馬国が接していた、さらに投馬国の南には邪馬台国が接していたと考えるのだがいかがであろうか。

第三節　集落の規模と倭人伝戸数の比較

クニの規模研究における考古学調査の応用

『魏志』倭人伝に書かれた国の規模は、クニごとに書かれた戸数が基準になっている。時には「戸」とあったり「家」とあったり、その単位は様々であるが、『魏志』倭人伝が記述するクニの戸数表記はその人口規模を知る文献上の唯一の手段である。

文字から導き出されたクニの規模には差があるが、今までの研究ではその相対的規模の比較はさして問題にされていなかった。橋本増吉は次のように言っている。「大体の見当にて、伊都国より奴国が大きく、投馬国より邪馬台国が一層大きかったという、比較上の事実を示すものとして、多少の意味を有するだけに過ぎない」。ただし、橋本はこの考えを述べるにあたっては、直感で言っているのではなく、各時代の資料を用いて綿密に計算を行った上での意見であるので説得力がある。

クニの規模を考える上で当時の人口も考えておく必要がある。小山修三が、遺跡数をもとに行った弥生時代末の計算人口は、全国で約一〇〇万人になる。(註18)また、渡辺正気は、朝鮮半島の人口比率から二五〇万人と推定した。(註19)その差は大きく、現段階では、どちらとも決められない。澤田吾一《さわだごいち》による奈良時代人口を六〇〇から七〇〇万人として、それを基に人口を求める研究もある。(註20)しかし、邪馬台国と律令体制との間の時間差は五〇〇年近くもあり、さらに筑紫平野のようにその郡境が政治的な意図を持って新たに作られた場合もあり、邪馬台国時代のクニを律令体制下の郡でもって論じることにはやや問題がある。

このように見てみると、『魏志』倭人伝に関するクニの戸数＝人口規模を文献史学の立場から追及を極めることは限界があると言わざるを得ない。実際のクニ規模に迫るのは、文献史学よりもむしろ考古学の方が有効な手段である。なぜなら、考古学は、実際に一定範囲の集落を発掘して、そこにある住居跡を確認し、どの時代にどの程度の集落であったのかを計算することができる。たとえ吉野ヶ里遺跡のようにそれをほぼ全面調査していなくても、一部を掘って地形や分布調査によって、集落全体の住居数を復元することが可能だからである。

読者の皆さんは、サンプル調査をやっていると思っていただければよい。大きな集落の一部でも調査をすれば、その密度で同じ地形のところにどのくらい広がるかを推定するのである。もちろん遺跡には、住居跡が濃密な部分もあれば、まばらなところもある。それらの地形などを参考にして推測することも必要だが、実際に試掘・調査して、サンプル数が増加すればするほどその精度が高まることは言うまでもない。

近年、開発に伴う事前調査が、各地域で制度化されてしっかり守られるようになり、その結果、集落の所在範囲・規模やどの程度の密度を持ったものかがわかるようになってきた。

その規模を考える際に『魏志』倭人伝に書かれている国のうち、国あるいは国の中心集落と言っても良いが、その実態がほぼわかるところは、一支国、伊都国、奴国である。それぞれクニといわれる中心集落の状況、特に最近の調査でわかってきた集落の規模を中心に、『魏志』倭人伝の記述と発掘された集落規模の比較を行ってみよう。読んでいただくポイントとして、環濠に囲まれた面積と『魏志』倭人伝に記述されたクニ戸数を比較していただきたい。

対馬国千余戸の遺跡

対馬の弥生時代後期の状況はほとんどわかっていない。三根《みね》湾のある旧峰町には、タカマツノダン遺跡、木坂遺跡など、対馬の中では弥生時代後期青銅器を多量に出土する遺跡が集中しているが、集落としてはほとんどわかっていない。対馬国の国邑は、他のクニのように田畑に囲まれ、微高地上に住居がある集落景観とは全く異なるものかもしれない。皆目見当がつかない。

一支国三千許の家の遺跡

一支国と原の辻遺跡が、ほかの『魏志』倭人伝の国々と違う最大の点は、クニの領域が島という特性によって限定した範囲としてとらえることができること、そしてその国邑が間違いなく原の辻遺跡であることがわかっていることである【図29】。

原の辻遺跡からは、邪馬台国時代の一支国へ発展する前の対外交渉を示す船着き場の跡や、渡来人の居留地域が確認できる朝鮮系無文土器の出土、さらに集落全体を幾重にもわたって囲む環濠の発掘など、国邑にふさわしい遺跡の威容が復元されている。原の辻遺跡は、深江田原《ふかえたばる》と呼ばれる幡鉾《はたほこ》川が形成する平野に南側から突き出した台地状に立地する。

平成五年（一九九三）から本格的に始められた原の辻遺跡の発掘調査によって、『魏志』倭人伝に書かれた一支国の中心は、原の辻台地一帯に広がる遺跡であることが確実となった。原の辻遺跡に集落の営みが始まるのは、弥生時代前期後半である。その段階は、北部九州のどの遺跡とも同じように、農耕文化の定着をうかがわせるものである。やがて時代が下るとともに、朝鮮系無文土器の出土などによって、北部九州本土と朝鮮半島との交易の中継を担う役割が生まれ、中期前半には船着き場も作られた。この頃の遺物の中には、北部九州から持ち込まれた未製品の石材がある。九州本土からはいろいろな物資が入ってきたのであろう。宮崎貴夫は、ふつうは墓に使用する甕棺が、壱岐島では普通の土器のように破片となって集落から発見されることから、甕棺が本土からの物資の入れ物として運ばれたのではないかというユニークな解釈をしている。この説には思わず感心してしまった。(註21)

環濠が掘られ大規模な展開を見せるのは弥生時代中期前半からである。最初は一重の環濠であったが、やがて多重化する。しかし、原の辻遺跡は時代とともに単純に発展したわけではない。

原の辻遺跡の調査に当たる松見裕二《まつみゆうじ》は、弥生時代後期前半頃、船着き場を含む一帯が、自然災害で打撃をこうむり、環濠が埋没して、一支国は衰退するという。原の辻遺跡が衰退した弥生時代後期前半には、対馬で青銅器が異常なほど大量に発見されることから、松見はこの段階に交易の中心が対馬

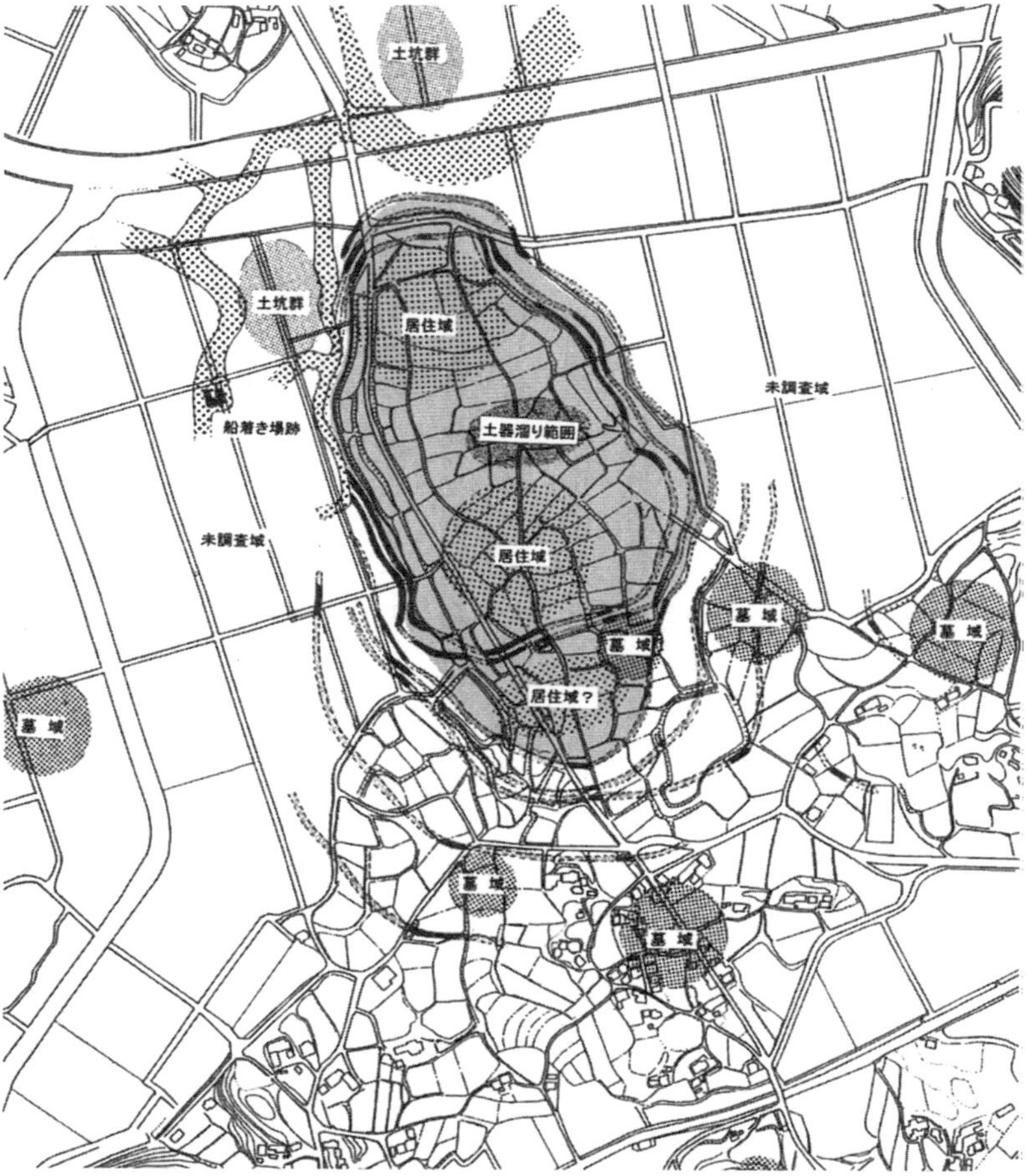

図 29　原の辻遺跡と環濠で囲まれた範囲（1 ／ 10,000）
註 22 の図に環濠で囲まれた範囲を想定してアミをかけた。

に移り、衰退した原の辻遺跡が以前よりも強力な集落としてよみがえる弥生時代後期後半には、再び原の辻遺跡を中心とした一支国が交易の主導権を握ると解釈した。(註22) 弥生時代後期中ごろからは、中期段階よりも一回り大きな範囲で、場所によっては五重にもめぐる多重環濠が掘られ、柵列と門も作られる。環濠の内側は、大型竪穴住居跡を中心とした地域や祭祀儀礼を行った地域、墓（これは環濠拡張とともに移るが）の地域が分かれる。ものの重さを量るおもりである「権《けん》」も発掘されていて、交易が盛んであった様子をうかがわせる。

その原の辻遺跡であるが、多重環濠で台地を囲む溝の内側の面積は、約一六ヘクタールになり、この外側に墓域が作られている。そして『魏志』倭人伝の記述では、「三千許《ばかり》の家」とある。

末盧国四千余戸の遺跡

大規模な集落部分の調査があまり行われていないために、末盧国の政治的な中心がどの遺跡なのか、どの付近なのか、まだ確たるところがわからない。候補地は大きく二つに絞られる【図30】。

一つめは、昭和一九年（一九四四）に防空壕建設中に発見された桜馬場遺跡付近である。後漢鏡二面、銅釧二六個、巴形銅器三個、鉄刀等を擁した甕棺が発見された。後漢鏡は「流雲文縁《りゅううんもんえん》方格規矩《ほうかくきく》四神《ししん》鏡」と「素縁《そえん》方格規矩《ほうかくきく》渦文《かもん》鏡」で、紀元前後から一世紀にかけて製作されたものである。遺跡の甕棺は埋め戻され、それによって甕棺の実態がわからなくなり、森貞次郎《もりていじろう》が昭和三七年（一九六二）に発表した論文で弥生時代「後期初頭」に位置付けられて以来、多くの議論を呼んできた。しかし、

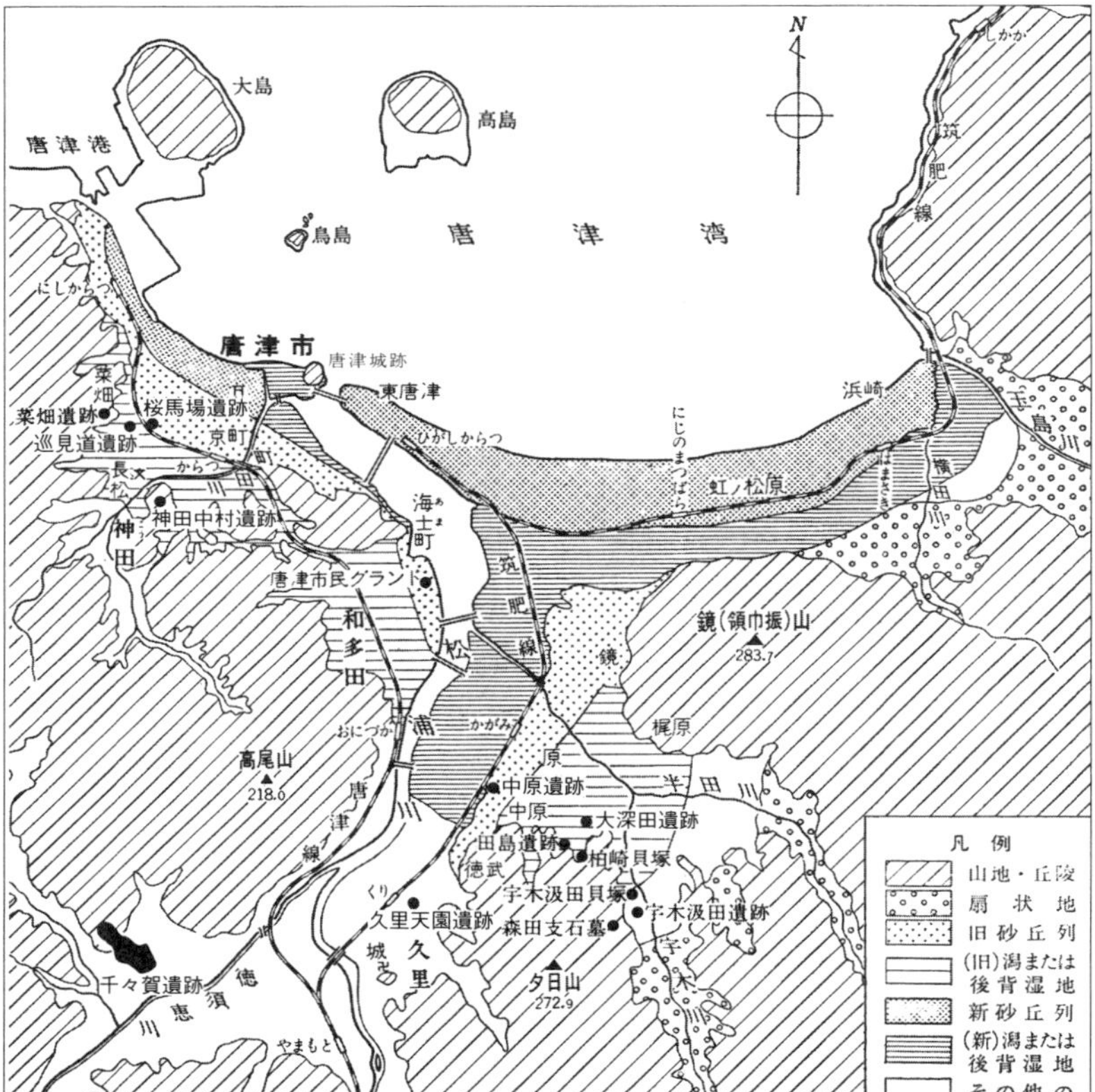

図 30　唐津松浦川河口付近遺跡分布図（1／100,000）

註 23 の図面で主要な弥生時代後期遺跡を太文字にして、新たに発見された遺跡を追加して示した。

平成一九年（二〇〇七）に唐津市教育委員会によってその甕棺が再発掘された。その編年上の位置について、詳細な検討を行った蒲原宏行《かもはらひろゆき》によると、弥生時代後期初頭というよりも、橋口達也が編年したⅣbの後半、すなわち後期前半の中ごろとでも言えばよいのだろうか、およそそういう時期のものであることが判明した。（註24）

この年代観だけで見ると、桜馬場遺跡甕棺の時期は、『魏志』倭人伝の邪馬台国時代からは少しさかのぼってしまうのだが、桜馬場遺跡からは、しのぎが凸線で表現され、最新式とされるB類広形銅矛や、長宜子孫《ちょうぎしそん》系内行花文鏡など、後期後半代に出土する遺物も発見されていることから、この一帯が弥生時代後期の期間を通じた重要な墓地、あるいは末盧国王墓であった可能性は否定できず、西側に隣接する巡見道遺跡を含めて末盧国の重要拠点であることは否定できない。

一方で、最近注目されてきたのが、唐津平野を形成する松浦川を河口から七キロさかのぼった支流、徳須恵川左岸にある千々賀《ちぢか》遺跡である。この遺跡に注目する仁田坂聡は、その規模を六〇〇×二五〇メートルの一五ヘクタールと推定する。（註25）以前、銅釧《どうくしろ》八点を擁した甕棺が発見され、平成一一年（一九九九）の発掘調査では木胎漆器《もくたいしっき》（木の素地に漆を塗ったもの）が発掘されている。対岸の久里《くり》天園《てんぞの》遺跡で環濠が確認されたことも重要である。

直接的な考証の材料にはならないが、付近から細形双耳銅矛《そうじどうほこ》（耳が左右両方二か所にある）、銅戈《どうか》が発掘されたり、対岸に全長一〇八・五メートルの久里双水《くりそうずい》前方後円墳があり、さらに推定松浦郡衙の千々賀古園《ふるぞの》遺跡があるなど、時代を越えて、唐津平野における重要拠点であったことも参考になる。

千々賀遺跡が、弥生時代後期の末盧国において、安定した集落を形成したことは確かであろう。

さて、このことを踏まえて、末盧国の国邑の問題を考えると、筆者は、考古学的成果をみれば、千々賀遺跡に末盧国の国邑が存在したことを否定できないと思う。一方、桜馬場遺跡近辺の唐津湾沿岸部にも、外交上重要な拠点があったと考え、前述したように魏の使いは国邑を通らず、直接桜馬場遺跡付近から伊都国へ向かうこの海側のコースの方を記録にとどめた可能性があると考える。

海側のコースを記録にとどめた理由の一つは、弥生時代後期の遺跡ネットワークを見ると、唐津湾の比較的沿岸部を経由して、伊都国に向かうことができる点である。そこで重要なのが湊中野《みなとなかの》遺跡の存在である。唐津市市街地から北西側約六キロの標高一七〇メートル付近の高地にあって、唐津湾を監視する目的を持った遺跡である。ここから視野に入る範囲は唐津湾沿岸部一帯である。逆にいえば、ここで仮にノロシを上げれば、唐津湾沿岸からはそれを見ることができる。特に現在唐津城のある台地からは、大島と西唐津の丘陵の間を縫って、当時は直接湊中野遺跡を見ることができた。そこから唐津湾沿岸部へ情報が伝えられる。最近の調査では、弥生時代中期〜後期の集落遺跡が、松浦川東岸の中原遺跡で発掘され、青銅器鋳型、鏡片等を出土して、有力集落と見られている。千々賀遺跡までは足を延ばさなくても、弥生時代後期の集落群をたどって伊都国へ向かう道が中期以来できていたと考えられる。

その理由の二つめは、『魏志』倭人伝の末盧国に関する記述が、海岸部の生活を描いているからである。文章は「山海に濱うて居る。草木茂盛し、行くに前人を見ず。好んで魚鰒を捕え、水深浅と無く、皆沈没して之を取る」とある。この記述だけでみると、末盧国の民は海の近くに住んで潜水漁を行っているようであり、その風景は、内陸に位置する千々賀遺跡を描いたものではないようである。

末盧国国邑と考える千々賀遺跡に話を戻そう。ここは推定一五ヘクタールの広さを持っていると考えられる。『魏志』倭人伝の記述では、末盧国は「四千餘戸有り」である。

伊都国戸万余の遺跡

川原川《かわばる》と瑞梅寺川《ずいばいじ》に挟まれた低段丘に広がる広大な三雲・井原遺跡群が伊都国の中心であることは、今までの考古学研究の成果を見ても間違いない【図31】。

伊都国の考古学的な調査成果を述べる前に、文献で伊都国がどのように記述されているか確認したい。伊都国の戸数に関しては二つの重要な記述がある。その一つは、言うまでもなく『魏志』倭人伝によるものでそこには「千餘戸有り《せんよこ》」とある。もう一つは『翰苑《かんえん》』に引く『魏略』本文でここでは「東南五百里、到伊都国、戸万余」とある。橋本増吉は「世有王」という状況から見て、奴国の二万戸に比べて著しく少ない等の理由をあげて、『魏志』倭人伝の伊都国の戸数「千余戸」は、伝書の際の誤記かあるいは魏志編者の不注意とした。

高倉洋彰は、クニと想定する地域の『和名抄』における郷数の検討に加え、近世文書の戸数とを比較検討して、『魏志』倭人伝の段階で、戸数の実態に合わせて『魏略』にある伊都国の戸数「万余戸」を「千余戸」に下方修正したと考えている。(註26)その操作で考えると、奴国の「二万余戸」も修正されて

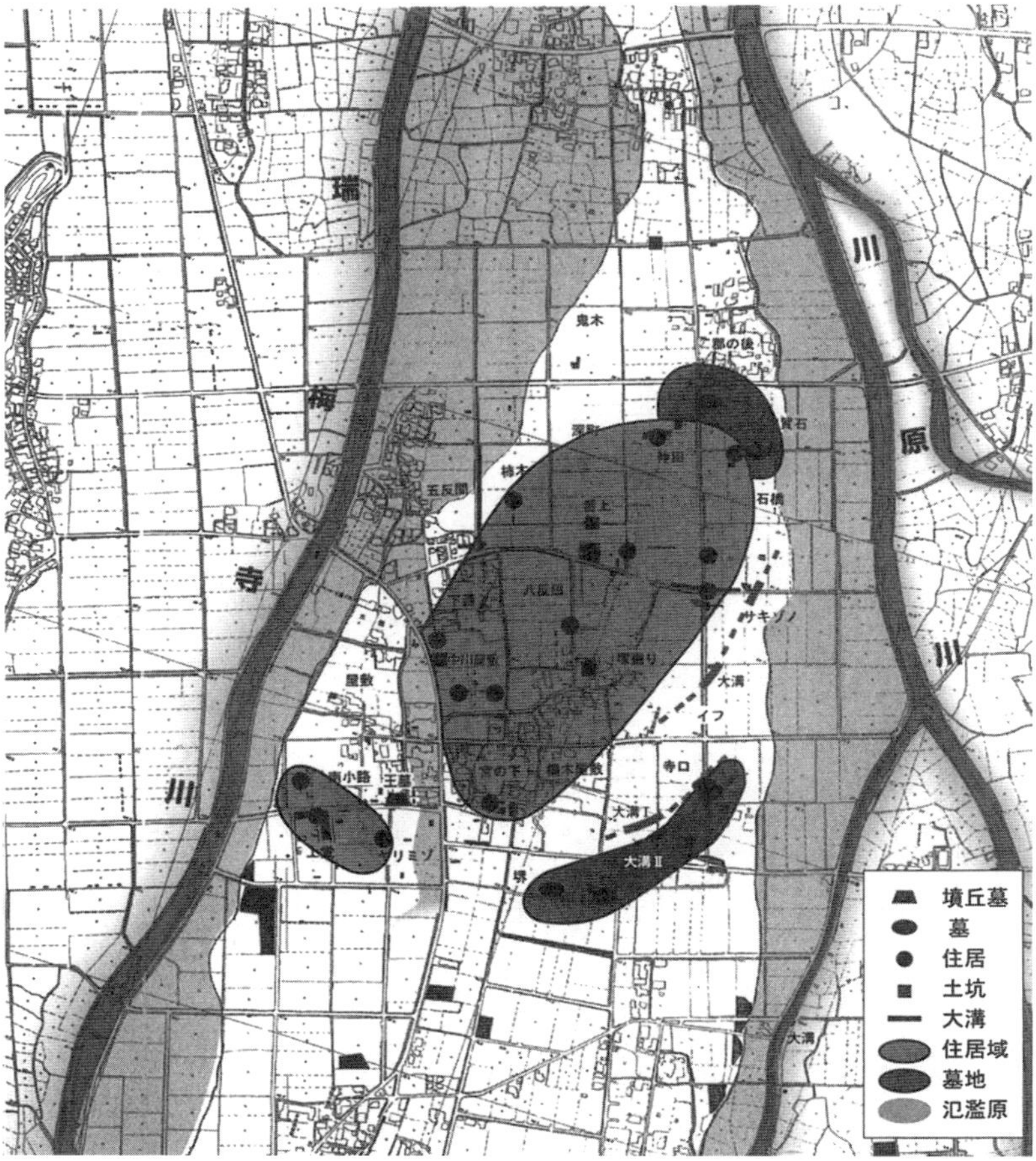

図 31　伊都国の集落範囲想定図（1 ／ 15,000）（註 27 より転載作図）

南西側にある王墓、三雲遺跡と井原ヤリミゾ遺跡は集落域から外した範囲を図示した。
西側は瑞梅寺川の氾濫原を外した。

しかるべきであるが、高倉の奴国についての考えは後の項で述べることとする。

さて伊都国の考古学成果を見ると、この三雲・井原遺跡群形成の画期になるのは、中期後半からである。王墓とされる三雲一・二号甕棺墓や、井原ヤリミゾ遺跡の存在は言うまでもなく、一九八〇年頃から地道に行われてきた考古学発掘調査によって、三雲・井原遺跡群が、その時期から急激な集落の集中化、拡大が始まることがわかってきた。それまで分散していた集落が三雲・井原遺跡群の中心部に集中するというだけでなく、外部からも人の移住を伴ったらしく、それを象徴するように、中国・朝鮮半島産の土器・鉄器・鏡などが発掘される。番上Ⅱ—5地区の土器溜まりからは、楽浪土器・瓦質土器などが多量に発掘された。海外だけでなく瀬戸内・山陰・近畿系統の土器も出現する。また近年では、下西地区で首長居館と推測される方形環濠の存在もわかってきた。それらの遺跡・遺物が発掘される場所が三雲・井原遺跡群と重なるのであるが、その位置は川原川と瑞梅寺川に挟まれた標高が最低六メートル、最高が四〇メートルの微高地である。

集落の規模を考える上で注目すべきは、その南側を画すと考えられる八竜、寺口、石橋、イフの各地区で発掘された大溝である。この地域の東から南にかけて三本以上の環濠が想定される。八竜地区では二〇メートルの間隔を置いた二条の大溝が発掘され、その溝より北側にある集落を囲むと考えられる。内側に当たる溝は大溝Ⅰ、外側に当たる溝は大溝Ⅱと命名された。いずれも幅が、二・五〜三・五メートル程度、深さはおよそ一メートルで断面は逆台形を呈している。

この溝とは別にイフ地区で発見された大溝がある。その幅四・三メートル、深さ〇・七メートルで、八竜、寺口地区で確認された大溝Ⅰ・Ⅱと比較してかなり幅広く浅い。方向性から見ても大溝Ⅰ・Ⅱの延長にはならない別ものと考えられる。それぞれの大溝は、下層に弥生時代中期後半の遺物を含み、最上層は古墳時代初頭の土器を含んでいることから、報告書では弥生時代中期後半に掘削され、終末に一気に埋没して、最上層の窪みに多量の古式土師器が廃棄されたと述べられている。

この大溝は、川原川の沖積地から瑞梅寺川の沖積地にかけて横断する条溝になると考えられるが、この大溝が南小路遺跡を内側に取り込むかどうかは不明である。こうした成果によって、伊都国の広さについて、武末純一は墓地・谷部を除くと四〇〜五〇ヘクタールを想定し、岡部裕俊《おかべひろとし》は、集落規模を優に五〇ヘクタールを超えると想定した。

調査を行っている江崎靖隆《えざきやすたか》によると、集落の北限は、仲田・加賀石地区と考えられ、南限はヤリミゾ地区とすることができ、東西は段丘上で一部は大溝によって画されたことがわかる部分に当たり、その規模は、「南北約一〇七〇メートル、東西八八〇メートルの約四七ヘクタールで、居住域は約二八ヘクタール」とされる。(註28) いずれの規模にしても、巨大な集落が存在したことは疑い得ない。

また伊都国の遺跡群を遺跡と出土品の分析から性格分けして、三雲・井原遺跡群を中心とした地域の王有のゾーンと漢式土器や楽浪土器、貨泉などの大陸からの遺物を出土する志登遺跡群や御床松原遺跡など加布里湾沿岸部の一大卒ゾーンに分割する考えがある。(註29) この考えを提唱する岡部裕俊は一大卒ゾーンに古墳時代初期からの古墳群が集中することから、ここをヤマト王権から派遣された一大卒の統治する地と考えたが、この地を邪馬台国時代にまでさかのぼって、ヤマト王権の影響が及んだ地とするのは、その考えの中で邪馬台国近畿説が前提としてあるからであろうか。

ここで伊都国を再確認すると考古学的成果による遺跡面積四七ヘクタールに対して、「戸万余」(筆者は「千餘戸」よりもこちらを支持する)の規模である。

奴国二万余戸の遺跡

通常、環濠集落は、独立する丘陵の頂部付近を囲繞したり、平地に水を湛えた溝で囲繞するものであるが、そうした概念でとらえられない環濠が考え始められている【図32】。
春日市と福岡市南区から博多区にかけて、御笠川・那珂川などに平行して南北に細長い丘陵が発達する。その中でも最大のものが諸岡川東岸に発達する須玖丘陵である。須玖岡本遺跡もこの丘陵の一角にある。この丘陵は谷が入り組んで、丘陵はそれぞれ独立した地形をしていて、遺跡の名称もそれぞれ丘陵ごとにつけられている。遺跡群の広さは南北二キロ、東西一キロ弱に及ぶ広大なものである。
しかし、それらの遺跡が有機的な結びつきによって営まれていたことは間違いなく、そうした観点からこの丘陵の遺跡は総称して須玖岡本遺跡群と呼ばれてきた。近年、これらの遺跡群を取り囲んでめぐる大溝の存在により各遺跡がより強く連体したものであることが調査の中で明らかになった。(註30)
当初は、遺跡から発見された大溝も、片側だけにある意味不明の溝とされ、その次は丘陵をまたがって二・三の丘陵を囲繞する環濠と考えられた。しかし、平田定幸《ひらたさだゆき》は、相当規模の環濠が複数の丘陵をまとめて囲繞する可能性を考えた。平田定幸によると平成一一年(一九九九)の時点で八か所の

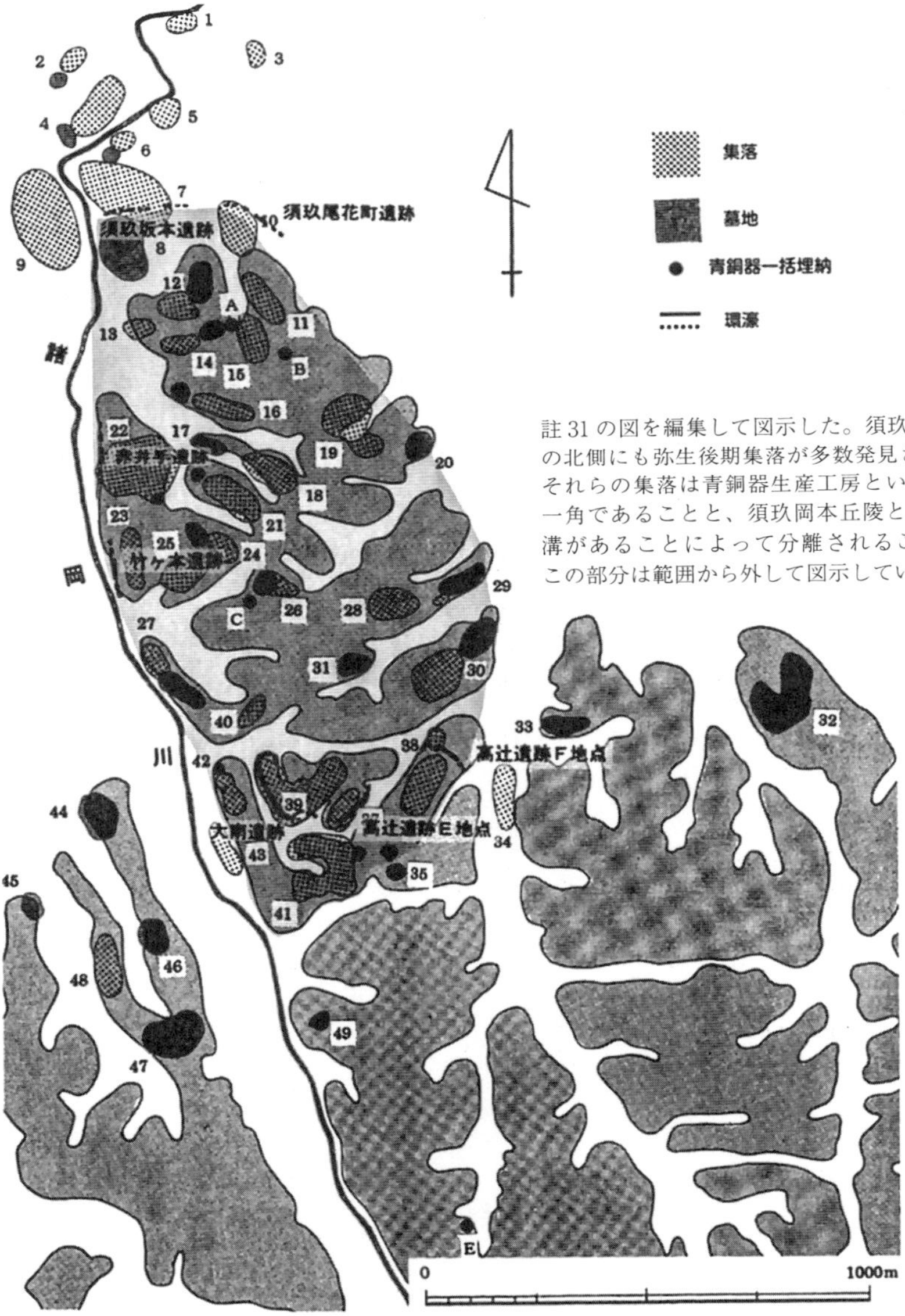

註31の図を編集して図示した。須玖岡本丘陵の北側にも弥生後期集落が多数発見されるが、それらの集落は青銅器生産工房という特殊な一角であることと、須玖岡本丘陵との間に大溝があることによって分離されることから、この部分は範囲から外して図示している。

図32　奴国の集落範囲想定図（1／20,000）

大溝が確認されていて、それらの溝が須玖岡本遺跡群のうち主要部分を取り囲む可能性があるという。(註32)

北側は須玖尾花町《おばなまち》遺跡とその西側に続く須玖坂本遺跡である。特に須玖尾花町遺跡では、通常見られる溝のように地面を掘りくぼめるものでなく、丘陵の裾を削ってその土を丘陵の反対側に土手のように築いた溝である。その溝の幅はいずれの遺跡も三・五～四メートルになる。西側には丘陵上にある赤井手《あかいで》遺跡と竹ヶ本遺跡でそれぞれ遺跡の縁で一条の溝が検出されている。この溝の面白い点は、今まで独立していた感の強い丘陵上の遺跡を周回することなく、丘陵の片側、須玖岡本遺跡群全体から見ればその外側にだけ溝が走っていることである。南の限界は大南《おおみなみ》遺跡・高辻遺跡E地点で、やはり丘陵の片側、須玖岡本遺跡群全体から見れば外側のほうにだけ溝がめぐっている。大南遺跡は三つの細長い丘陵が南端で収束した形の丘陵にある。この丘陵の東端にだけ溝がめぐり、その溝の北端は丘陵をやや回りこんで途中で切れている。また南端も丘陵南端を囲みながら、途中で切れている。ところが谷を挟んでその延長上にある高辻遺跡E地点において溝の延長が確認された。環濠内側には中期～後期の集落があり、溝は中期末に掘削され、後期まで存続すると見られている。

この大溝によって囲まれる環濠の規模は南北の長さ南北一五〇〇メートル、東西の長さ八〇〇メートルとなり、その内側の面積は単純に測ると一〇〇ヘクタールになる。この大きさは、まさしく『魏志』倭人伝、そして『後漢書』東夷伝に書かれた奴国にふさわしい威容である。

環濠の北側では、近年青銅器生産の工房が、相次ぎ発見されて注目されている。春日市だけで今までに発掘された青銅器鋳型は、一五〇にものぼり、全国で出土した数の半分を占めている。青銅器の問題は、弥生時代後期の北部九州社会を考える上で重要であるが、これはこれで大きなテーマであるので、別の機会に残しておきたいと思う。

従来奴国の国邑は須玖岡本遺跡を中心とした須玖丘陵に考えられてきたが、近年の調査でその北側に位置する那珂・比恵遺跡群も弥生時代後期から大きな発展を見せることが知られてきた。久住猛雄は、瀬戸内地方を中心とした土器を多く出土することから、須玖岡本遺跡の国邑に対する「市」的性格を問題とした。また、久住は、那珂・比恵遺跡群を南北に貫く幅一〇メートルの道路跡を発見し、古墳時代に入ると須玖遺跡群をしのぐ、福岡平野における中心遺跡となることを指摘する。(註33)

再び須玖岡本遺跡群に戻ると、環濠で囲まれると推定される面積は、約一〇〇ヘクタールで、『魏志』倭人伝では「二万余戸」となっている。

文献の戸数と遺跡の規模

文献史学では早くから、奴国「二万余戸」を理解するために、古代の郷数記録を元に人口を割り出す手法で論じられてきたが、考古学的な成果を持って戸数を論じたものはあまり多くない。高倉洋彰は、奴国を弥生時代中期段階の限られた「奴国」の範囲ではなく、『魏志』倭人伝段階では、その南側の筑紫平野一帯も含む「奴国連合」の奴国としてとらえるために、前述したとおり伊都国のように「万餘戸」から「千餘戸」への修正に及ばなかったとする。高倉は邪馬台国近畿説を明言してはいないが、その考えは近畿説であることは明らかである。奴国を筑紫平野まで拡大する考えは、渡辺正気も同じである。渡辺は、平安時代に書かれた『和名類聚抄』に加え、現在でもその数字に難があるとされる奈良時代のことを書いたとされる『律書残篇《りっしょざんぺん》』の郷数を引いて、奴国の領域を筑紫平野まで拡大する考えを示している。(註34)奴国を須玖岡本遺跡周辺に限定しない考えは、近畿説を唱える研究者の中でも、特に九州在住の研究者の方に多いようである。

各クニの文章の最後に、考古学調査による遺跡規模と文献の戸数とを羅列したが、ここまで述べると勘のいい皆さんであれば、筆者が何を言おうとしているのか気付かれることと思う。

あらためて各国の文献上の戸数と考古学上の遺跡面積を対比してみよう。

一支国　三千許の家　一六ヘクタール
末盧国　四千餘戸　一五ヘクタール
伊都国　万戸余　四七ヘクタール
奴国　二万余戸　一〇〇ヘクタール

これらを大ざっぱにみると、遺跡規模と『魏志』倭人伝の国の数が、ほぼ比例していることに気づく。この遺跡面積の中に、文献の戸数が全部入るという意味ではない。ただ、比例しているというだけのことである。大胆に遺跡面積を戸数で割ってみる（一戸あたりが占める面積）と次のようになる。

一支国　五三・三平方メートル
末盧国　三七・五平方メートル
伊都国　四七・〇平方メートル

奴国　　五〇・〇平方メートル

数値は比較的誤差が少ない。つまり文献上の戸数と実際の遺跡の面積とは比例関係にあることを示している。ということになると、そのあとの不弥国、投馬国、邪馬台国の戸数も、あながち「虚数」ではないのではないかという期待が沸いてくる。

ちなみにこの割合で投馬国の五万戸で計算するとおよそ一九〇〜二五〇ヘクタール、邪馬台国の七万戸で計算すると二六〇〜三五〇ヘクタールとなる。

ただし、いくら遺跡群一つ一つが大きくても、北部九州の一遺跡でそれだけの規模を持つものを見つけることは不可能である。東瀬戸内、近畿地方の弥生時代後期遺跡を含めても不可能である。そうすると緊密に連携した遺跡群をまとめてみるしかないようである。それが邪馬台国連合であろうか。ただし、前述したとおり、邪馬台国連合の結束力が長期にわたって不変であったことは、遺構や遺物の上で証明することは難しく、藤間生大が言うように、ゆるやかに結合と遊離を繰り返しながら、連合体制を築いていたものとすると、『魏志』倭人伝が、その事象をとらえた時点は、邪馬台国連合が最も結束していた段階であろう。

大和盆地における弥生時代後期の集落実態

ここで目を転じて近畿地方の集落を見てみよう。近畿地方弥生時代後期遺跡は、北部九州のそれほど発達することはない。大和盆地だけでなく近畿の弥生時代集落を代表する唐古《からこ》・鍵《かぎ》遺跡は、前期末に環濠が成立するが、独立した台地を取り囲む二～三ヘクタール規模のものである。その後、中期初頭から後期までずっと継続する集落が形成される。その集落は東西・南北ともに約六〇〇メートル規模のややいびつな円形をした環濠によって囲まれている。一番内側を周回する環濠（「大環濠」と呼ばれている）は幅八～一〇メートル、深さ二メートル以上もある巨大なもので、これによって直径四〇〇メートルの集落域が取り込まれている。内部の規模は約一二・五ヘクタールとなる【図33】。さらにその外側に五～六条の多重環濠が帯状にめぐる。

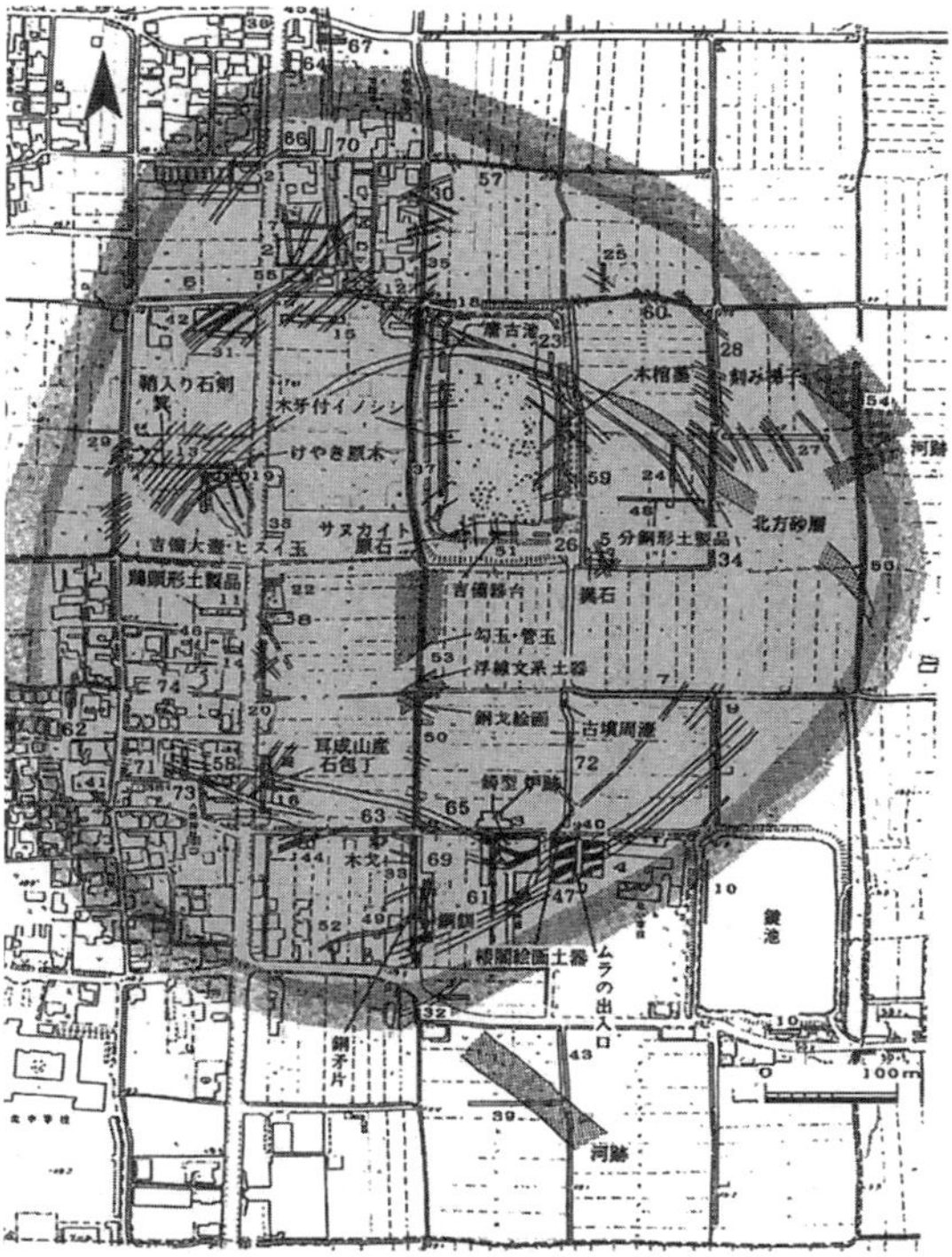

図33　唐古・鍵遺跡の環濠の範囲（1／10,000）
（註35より転載・作図）

藤田三郎の報告では、堀の外側には水田・畑などの生産領域が広がり、環濠の内側に安定した生活領域が集約されるという。その生活領域の中でも東南部に寄った位置に青銅器の生産工房があり、集落の中枢は、有名な楼閣《ろうかく》を描いた土器が出土した地点を含む西南部に想定される。（註35）その唐古・鍵遺跡も、その後に奈良県桜井市にある纒向遺跡が出現する段階をもって、解体・縮小する。

和泉地域で著名なのが、和泉市と泉大津市にまたがる池上曽根《いけがみそね》遺跡である【図34】。池上曽根遺跡は、最盛期のⅠ期後半に環濠が成立し、その規模は環濠内部で約三ヘクタールであったが、Ⅱ期にはその規模を増大し、南北二八〇メートル、東西二六〇メートル、面積約五・六ヘクタール、さらに環濠を拡張して、南北三二〇メートル、東西二八〇メートル、面積六・四ヘクタールと発展する。最盛期を迎えるのがⅣ期で、環濠外側にも集落が展開し、その規模は南北四五〇メートル、面積一一ヘクタールに達する。(註36)

平成七年（一九九五）の調査で、東西一七メートル、南北七メートルで、面積が一三五平方メートルの大型高床式建物跡が発見された。柱は直径が約七〇センチのヒノキで建てられていたが、その年輪年代測定で柱が紀元前五二年に伐採されたものであることがわかり、秋山浩三は前段階の柱径がこれより小さいことを理由に再利用の可能性が少ない、すなわちその出土土器である弥生中期末（Ⅳ―3様式）の時期がそれに近接することを主張する。森岡秀人や寺澤薫は、中国の王莽新時代（紀元八年〜二三年）の紀元一四年に初めて鋳造された貨泉が近畿地方のⅣ様式に伴って出土することから、Ⅳ様式を西暦一世紀初めに考えている。この池上曽根遺跡は、近畿地方弥生時代後期の実年代を考える上でも重要な遺跡である。

もう一つ、この大型掘立柱建物の性格を考える上で面白い研究があるので紹介しておこう。細谷《ほそや》葵《あおい》は、池上曽根遺跡の大型掘立柱建物周辺とやや離れた個所など一一か所の植物遺体の採取を行い、大

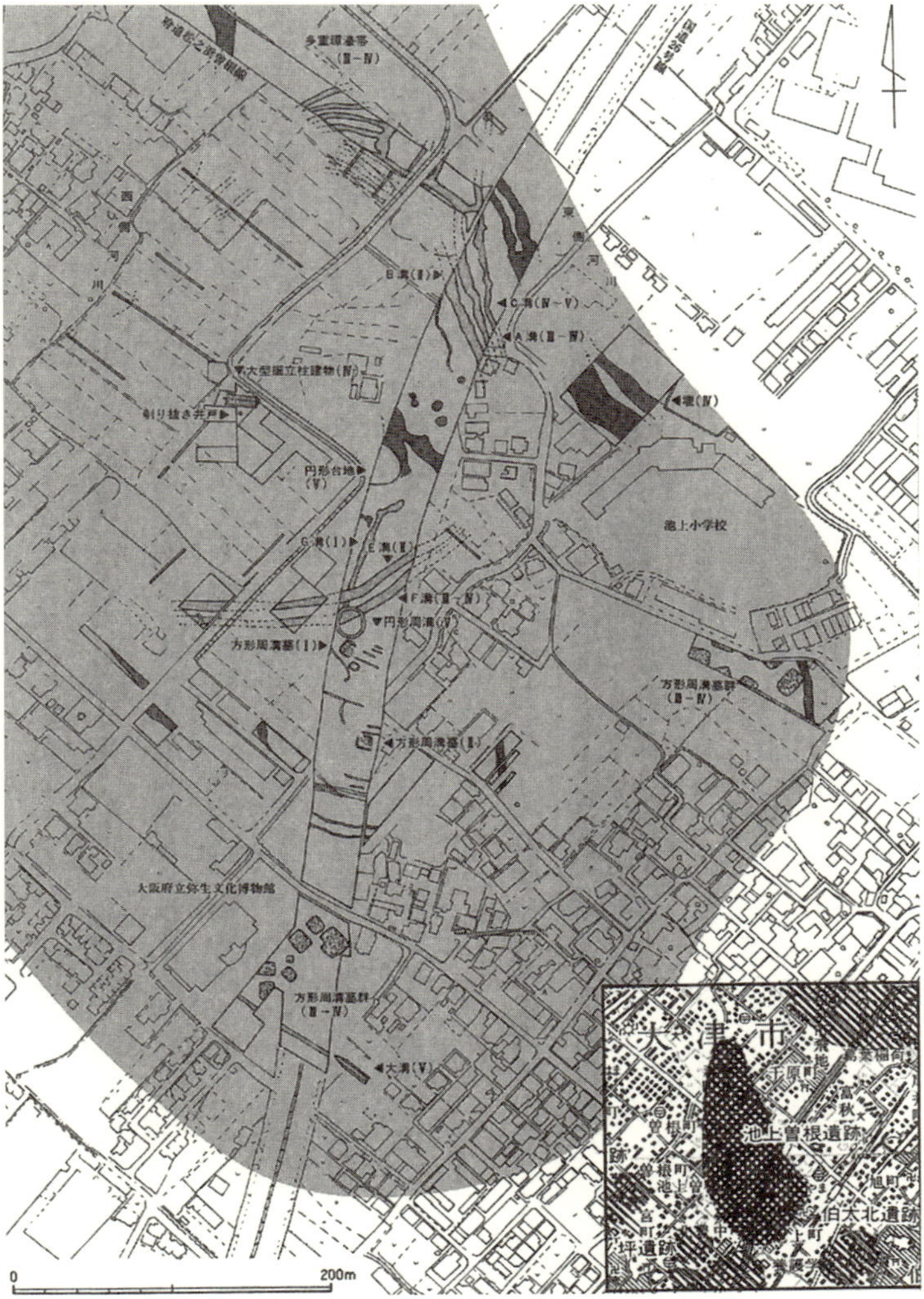

図34　池上曽根遺跡想定範囲（1／6,000）

註36の掲載図を合成して示した。

型建物近辺から脱穀作業を行った証拠と考えるコメ花軸を高い比率で検出したことから、この大型建物近辺は脱穀作業を行う場所で、大型倉庫が食糧貯蔵庫となるだけでなく、穀霊と結びついた聖域として、「集落の連帯」「リーダーの影響力」につながる場とした。(註37) 日野開三郎は、三国志の「邸閣」を食料だけでなく貨幣的価値のある絹や武器なども入れた軍事的な倉庫の意味で使われているとしたが、(註38)弥生時代に見られる大型建物は、こうした様々な機能と同時に、精神的支柱となっていたのであろう。

「畿内拠点集落の中で突出した存在でない池上曽根遺跡ですら、このような面積をもつのであるから、他の拠点集落の規模もおして知るべしである」という、近畿弥生集落を高く評価する意見もあるが、(註39) 高島忠平が力説するように環濠集落を持つ点と規模という点だけを比較すれば、九州の環濠集落はそれを凌駕する。

このほかに、天理市の平等坊岩室《びょうどうぼういわむろ》遺跡も、最近かなりの規模の環濠集落であることがわかってきた。しかしそれでもその規模は直径二一～三〇〇メートル規模である。兵庫県川西市加茂遺跡も中期中頃から後半にかけて四重の大規模な環濠に囲まれ、その規模は、直径約三〇〇メートルとされる。いずれにしても九州の環濠に及ばないことは明らかである。

次の吉備地方を見てみよう。平井勝は旧吉備国（岡山）における弥生時代集落の動向をみる中で、この地域における弥生時代中期の前半から後半にかけての集落の質量の大きな変化と、それから古墳時代前期まで集落構造が継続していく点から、この地域における地域社会のまとまりと発展をとらえた。結論としては、律令体制下で規定された吉備国に発展する段階のクニを想定し、それを『魏志』倭人伝の「投馬国」に想定している。

平井は、岡山平野における弥生時代各時期の遺跡ごとに竪穴住居と掘立柱建物を丹念に分析し、中期前半までは、平野部の微高地に竪穴住居と掘立柱建物が組み合わされた一般集落とその中に大型住居を含む拠点集落が組み合わさったものであったが、中期後半からは丘陵部を取り囲む縁辺部などに集落の新たな造営がみられ、それらを含んだ地形単位の平野部や微高地群にムラが形成されるとした。拠点集落には大型住居があり、道具類の生産が行われ、その流通と祭祀権が掌握されていたとする。(註40) こうした段階を経て、平井はムラからクニへの進展を考えていた。(註41) 平井はこの論文を書き終える前に他界し、平井典子は、この平井勝の論に「分銅形土製品による祭祀を紐帯とした吉備中枢部の政治勢力を念頭におき、ムラとクニの展開や、投馬から吉備国の成立について書く予定にしていたことを、断片的には聞かされていました」と継いでいる。

邪馬台国を大和盆地東南部の纒向遺跡を含む一帯に考える寺澤薫も、その権力系譜を二世紀以前の当該地域に求めることはあり得ないと断じていて、「倭国大乱」の収拾を図ったのは、吉備地域を中心とする東部瀬戸内沿岸のクニであり、その動きの中に北部九州の伊都国（寺澤は「イト倭国」という）や出雲（寺澤は「イヅモ」という）、丹後（寺澤は「タニワ」という）などの勢力が結集したとしている。(註42) 寺澤がそう評価する吉備地方では、弥生時代の楯築墳丘墓に代表される墳墓に首長霊継承の儀礼が認められ、その儀礼が次の大和地方における纒向型前方後円墳に継承されるというのが寺澤の考えである。

第四節　邪馬台国とその周りのクニグニ

不弥国＝宇美・飯塚説はあるのか

奴国から東に発して、百里で不弥国に至るという記事は、その距離がどこまで信憑《しんぴょう》性を持つものかわからないが、それまでの距離記載と同様に「里」という絶対的な単位によって表現されていることから、とてつもなく違う距離を指すものではないだろう。奴国から不弥国までは、その間が、伊都国から奴国までの「百里」と同程度の距離であることに違いない。さらに『魏志』倭人伝に記載されたそのクニの規模は、「千餘家」で奴国の二〇分の一に過ぎないことは、奴国と比較してもかなり小規模な集落であったことを示す。

単純に奴国＝須玖岡本遺跡群の総面積を一〇〇ヘクタールとするとその二〇分の一は五ヘクタール、ほぼ二二〇メートル四方の集落でしかない。この規模であれば、どこにでもみられる集落と思える。それならばなぜこの不弥国を記載したかということになる。それにはいくつかの理由が考えられる。一つは、奴国から投馬国へ至る中継地であったからである。不弥国記載の意図は、必ずしも有力集落というわけではなく、重要拠点を結ぶ、いわば砂漠のオアシス国家的な経由地としての意義を認めたのかもしれない。二つめは、奴国に属さず、同時に投馬国にも属さないクニであったことである。小規模ながらも政治的・経済的に完結した体制を持っていたということである。『魏志』倭人伝には、そのクニには「官を多模《たも》と曰い、副を卑奴母離《ひなもり》と曰う」支配官がいたことを記している。

　不弥国から次には投馬国の記事があるが、不弥国から投馬国へは「南」とある。不弥国の位置を考える際に、不弥国へはどう行くのかを基準にする考えだけでなく、不弥国から投馬国へはどう出立するのかという点も重視する必要がある。なぜなら、奴国までの行程を見てきたように、『魏志』倭人伝の中のクニからクニへの方位は、現代の私たちが見る地図上の方位ではなく、現地に立って次のクニへ向かう出始めの方向だからである。

　不弥国の有力候補地である宇美《うみ》町は、文献史学者が「不弥《ふみ》」の音から現在の宇美に当てる意見も多く、新井白石、本居宣長などの邪馬台国研究初期の段階からすでに候補地としてあがっていた。考古学研究者の中にも後の古墳時代に七夕池《たなばたいけ》古墳、光正寺《こうしょうじ》古墳などの古墳が宇美周辺に発達することを根拠に不弥国と考える人もいるが、時代が違う産物であることは明らかである。

　また、もう一つの有力候補である飯塚市は、弥生時代中期の立岩遺跡の前漢鏡一〇面を出土した甕棺墓群の影響が、後期にまで及んでいると考え、飯塚市周辺を不弥国と考える研究者も多いが、前述したとおりこちらも全く時代が違うのである。いったい立岩遺跡を営んだ集団はどうなったのだろうか。この飯塚市を含む、遠賀川流域では後期前半には、極端に集落が減少し、中期集落が断絶することが指摘されている。[註43] 立岩遺跡周辺はもちろん、飯塚市全体で見てもこの数年弥生時代後期集落の調

図 35　飯塚付近の弥生後期集落分布図（1／20,000）（註 44 より転載一部改変）
立岩遺跡周辺の遺跡分布図でこのうち弥生時代の遺跡にはアミをかけ、さらに弥生時代後期遺跡は濃いアミで示した。この中で弥生時代後期遺跡（高畑遺跡・市役所内遺跡）がほとんど見られないくらいに、立岩遺跡以後集落の断絶が見られる。

査はなく、合併した旧穂波《ほなみ》町周辺で小規模な集落が認められる程度である。南の嘉穂《かほ》盆地周辺では、後期後半にはやや盛り返すこともわかっているが、秀でた規模を持つ集落遺跡があるわけでもなく、小さくても国邑となるような有力集落があるかということになると、現段階では候補遺跡は思い浮かばない【図35】。さらに主要交通路は東西方向である。南には山々が立ちはだかって、次の集落へ向かうのに、南に行くことはできない。そうした理由から筆者は、両地方を不弥国に相当させることは難しいと考える。

不弥国千餘家の遺跡

研究初期のころ不弥国＝宇美説が大勢を占める中で、白鳥庫吉は別の意見を持っていた。白鳥は「奴国即ち博多よりの距離を以て之を考へ、また此処より後の行程が南方にありし事情」から太宰府付近に不弥国を想定する考えを示している。

結論から述べると、筆者も不弥国（国邑）を現在の大宰府市南部か筑紫野市あたりの弥生後期集落と考え、その中心地はまだ十分に発掘が行われていないが、針摺《はりすり》・常松《つねまつ》付近と考える【図36】。その中で注目されるのは、最近、発掘調査された立明寺《りゅうみょうじ》遺跡である。

立明寺遺跡は、平成一九年度（二〇〇七）に、大規模な遺跡としては福岡県では珍しく民間の発掘会社によって調査された遺跡である。後期後半から集落の形成が始まり、大型掘立柱建物や竪穴住居跡、周溝状遺構がある。大型掘立柱建物が多い割に竪穴住居跡の数が数棟しかなく、この点は気がかりだが、環濠に囲まれた主要部分は未調査であって、そちらの方に集落の主体があることは間違いない。上田龍児《うえだりゅうじ》によると南西側に隣接する貝元《かいもと》遺跡を含めると遺跡の広がりは二五ヘクタールに及ぶという。(註45) ただ、遺跡の中心的な位置を占める、立明寺遺跡部分は南北五〇〇メートル、東西四〇〇メートルのおよそ二〇ヘクタール程度に復元しており、古地形と照合して見てもその程度の広さであることに筆者も同感である。

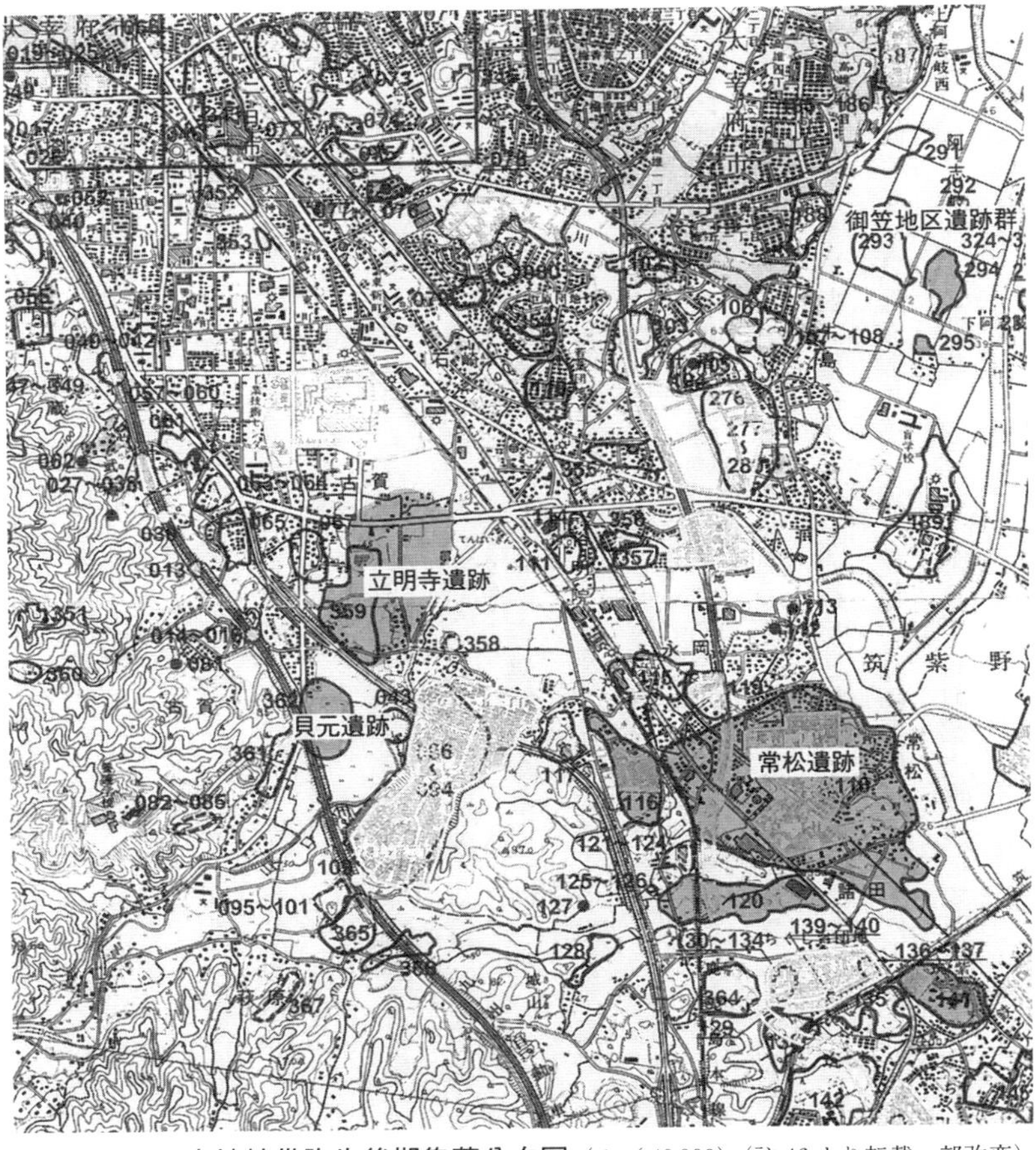

図 36　二日市地峡帯弥生後期集落分布図（1／40,000）（註 46 より転載一部改変）
二日市地峡帯は、平野としては狭い範囲であるが、両脇に山が迫り戦略的に重要な地である。大きく見ると北西側の立明寺遺跡群、北東側の御笠地区遺跡群、南の常松遺跡群が近接して並び立っている。

この遺跡は小さいながら、山陰・瀬戸内・近畿の各系統の土器が出土し、さらに楽浪《らくろう》土器などの朝鮮半島系土器を出土する点が注目される。というのは、こうした土器が出土するということは、単にモノとして運ばれたのではなく、重要な目的地、たとえば邪馬台国などへ行く通過点であることを示すからである。このことを理解するには、この地域が二日市地峡帯という生産性の低い地であることと、どうしても通らなければ南には行けない交通の要衝であることを理解しておかなければならない。

その二日市地峡帯では、弥生時代後期前半まで貝元遺跡や以来尺《いらいじゃく》遺跡などに集落が営まれていたが、後期後半になると急激に遺跡数を増加させる。太宰府市佐野遺跡群では小規模な環濠に囲まれた前田遺跡等があり、筑紫野市阿志岐《あしき》には長宜子孫内行花文鏡を集落から出土した御笠《みかさ》地区遺跡群がある。不弥国のどの候補地を取り上げるにしても、周辺遺跡の状況を説明すると有力遺跡が列挙されるので、ここは強調することはやめにしよう。しかし、この地の遺跡群が質の高いものであることだけは理解していただけると思う。二日市地峡帯に立地する弥生時代後期遺跡は、他に比べると規模は小さいが、それでも独立性を保った理由は、奴国をはじめ福岡平野の勢力と筑紫平野の勢力の緩衝《かんしょう》地帯であり、交通の要衝にあって重要な地であったことに尽きる。

他の遺跡群との比較対象とするのは、環濠内部の面積である。もちろん環濠の外にも集落が広がることは理解するが、クニとして比較するのは内部の主要な集落である。不弥国国邑と言えるのかどうかはまだ不明であるが、ここでは二日市地峡帯における環濠内五ヘクタールが「不弥国千餘家」と記された場所であると考える。

「戸」と「家」、「有」と「可」

従来、「戸」も「家」も同じ意味をなすものとして扱われてきた。中国では「戸」には「家」の意味があり、ほとんど同義語として使われている。ただ、「家」の方がやや広い意味で使われているようである。「戸」が使われるのは、対馬国、末盧国、伊都国、奴国、投馬国、邪馬台国であり、一方「家」が使われるのは、一支国、不弥国である。現段階でこの違いを明らかにする決定的な考えを持つものではない。しかし、『魏志』倭人伝ではどうして違う漢字を当てているのであろうか。考えられることは、『魏志』倭人伝が引用した元の文献が違うものだったのか、あるいは中国人が好む表現だったのか。筆者には判断できない。

また、戸の前にある「有」と「可」にも注目してみた。これについて森浩一は、「有」と断定して書かれたのは原史料から引用、「可（ばかり）」と書かれたのは後の編集段階で情報を挿入した際の「陳寿の良心のあらわれ」と解釈している。(註47)

筆者は不弥国までは「有」と断定的だったものが、投馬国と邪馬台国だけがなぜ「可」となるのか、その理由を考えてみた。①引用した文献の違い、②数が大きすぎるので把握できない情報だった、③分散していて把握できない情報だった、④後から付け加えた情報として原文にはなかった、である。

いずれの考えも一長一短があるが、筆者は③の分散していて把握できない情報だった、ではないかと考えている。投馬国、邪馬台国は一つのまとまりをなしておらず、クニ連合だった可能性が強いからである。

投馬国にしても、邪馬台国にしても、それらを構成するクニグニの遺跡群が独立して営まれつつも近接し、一定の緊張感の下に連合体制を持っていた状況を想定する。そういう状況が実際の遺跡分布の中で見られるのは、弥生時代後期後半の遺跡群が密度濃く分布する筑紫平野である。

朝倉地方西側のクニグニ（旧夜須町付近）

二日市地峡帯を南に抜けた筑紫平野で最初に出現する弥生時代後期遺跡群の大きなまとまりは、旧夜須《やす》町一帯の遺跡群である。この地域では幸いと言って良いのかどうか、大規模な圃場整備《ほじょうせいび》事業（入り組んだ農地を区画整理する事業）が相次いで行われ、広い面積が発掘されている。実は今までも多くの重要な遺物が出土して、そのつど新聞報道などで注目されてきてはいるのだが、遺跡全体となると膨大な未発表資料を抱え、一般の目につかなかったところである。

話は少し横道にそれるが、現在人口の少ない市町村であっても、原始・古代には発展していて多くの遺跡を抱える地域もある。人口に応じて役場職員を雇うわけであるから、職員は少ないに決まっている。文化財専門職にしても遺跡が多いからといって何人も配置するわけにはいかないのが実態である。さらに小さな行政区画になると、社会教育の仕事を兼務しながら発掘するということも珍しくない。そうした中、大きな圃場整備で現場が急がされ、報告書作りが停滞することは致し方ない。当時の夜須町教育委員会が抱えた夜須遺跡群は、まさにそうした遺跡である。

その夜須遺跡群であるが、この名称は事業実施のため便宜上ついた名前で、旧夜須町の遺跡を包括したものである。その中でも弥生時代後期後半に特別に発達する地区がある。砥上《とがみ》山系から南に派生し、東側の曽根田川と西側の天神川に挟まれた幅六〇〇メートルほどの河岸段丘上にある遺跡群である。この遺跡群をずっと調査してきた佐藤正義《さとうまさよし》は、土地名から三牟田《みむた》・曾根田《そねだ》遺跡群と呼び、この遺跡群の中には、調査面積二・五ヘクタールのヒルハタ・谷頭遺跡、〇・七五ヘクタールの宮ノ前遺跡など相当な規模を持った集落がある。[註48] ヒルハタ・谷頭遺跡は弥生時代後期中ごろから古墳時代初頭までに六〇軒の住居跡が発掘されるなど、大変な規模をもった遺跡というだけでなく、表面に小型仿製鏡、裏面に十字形青銅器、側面に勾玉・鏃などの鋳型が彫られる鋳型も出土している。ヒルハタ遺跡の遺構分布図を見ると、どれほど密度濃く生活していたかがわかる。

この遺跡群は大規模な調査が行われているが、それらを図につないでみると、膨大な規模の遺跡になることがわかる【図37】。

朝倉地方東側のクニグニ（小田・平塚遺跡群）

三牟田・曾根田遺跡群が朝倉地方西半部の拠点とすると、東半部の拠点は、小田・平塚遺跡群である。この小田・平塚遺跡群は、東の佐田川と西の小石原《こいしわら》川に挟まれた広大な台地上に立地する。

この台地に弥生集落ができ始めるのは、前期末からであるが、中期に入ると遺跡密度は濃くなり、甕棺墓が多数作られ、その一つである平塚栗山遺跡からは、前漢鏡（昭明鏡《しょうめいきょう》）などの船載品や他にも

図37 夜須遺跡群弥生後期集落範囲想定図（1／40,000）（註49より転載一部改変）

アミをかけた遺跡は弥生時代後期遺構を含む遺跡。
遺跡の広がりは北東—南西方向で3.5km、幅は1.2kmと推定される。

イモ貝製貝輪、鉄戈、絹布などが発掘され、弥生時代中期段階ですでに政治的な中心を形成していたことがわかる。

弥生時代中期の遺物、特に青銅器をもって後期段階のクニの範囲や位置を考えることは、危険であることを述べたが、この小田・平塚遺跡群のように、後期に継続してさらに集落を発展させるところもある。この遺跡群はさらに遺跡群の西側低地に進出して平塚川添遺跡を作る。平塚川添遺跡は約二〇〇軒の竪穴住居跡や約一〇〇棟の掘立柱建物が、最大七重にめぐる環濠で囲まれた遺跡である。多くの書物やたびたびの講演会などで知られているので、詳細は割愛して、参考文献を記しておく。(註50)

この平塚川添遺跡をもってして、邪馬台国甘木説が声高に叫ばれることがある。しかし、私たち地元の発掘調査員のなかではこの地区の中心が東側の小田・平塚遺跡群であることは常識となっている。平塚川添遺跡は、その遺跡群の一部であり、むしろ川端正夫がいうように、主体となる小田・平塚遺跡群の西縁に形成された張り出し集落であって、「新耕の地」と解釈されるのである。(註51)

母体となる小田・平塚遺跡群の一部である平塚川添遺跡の東台地上にある平塚山の上遺跡は、遺跡の一部分の調査であったが、二・四五ヘクタールの調査区のなかで、弥生時代後期中ごろから住居の建設が始まり、古墳時代前期初頭までの間に総計二一三軒という膨大な数の住居と一六七棟の掘立柱建物が建てられる。この住居跡の密集度がそのまま東の台地一帯に続くとなると空恐ろしい集落になってしまう。時期別の住居の数を比較すると、時代が下るにつれその数を増し、最後の古墳時代前期初頭で最大になりながら突然消えてしまう。なにもここだけの現象ではなく、蒲原宏行が佐賀平野

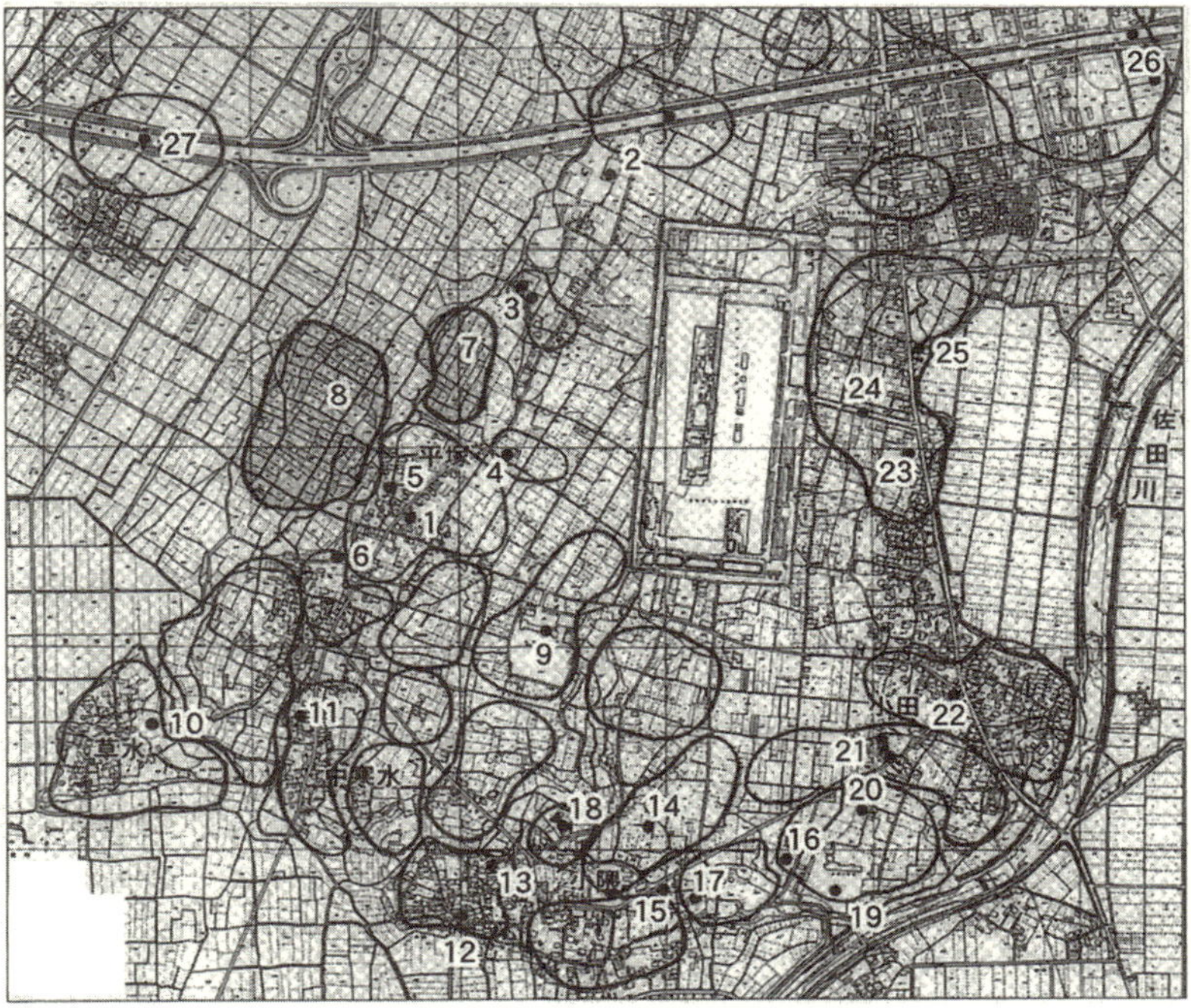

図38　小田・平塚遺跡群弥生後期集落範囲想定図（1／20,000）

●は弥生時代遺跡で、その多くは後期の遺構を含んでいる。丘陵の一部しか調査されていないが、各所に環濠があり、丘陵を囲む可能性もある。

でも分析しているように、この段階で筑紫平野の集落は突然姿を消してしまう[註52]。

北側に接して、平塚大願寺《ひらつかだいがんじ》遺跡があるが、ここでは古墳時代初頭の方形周溝墓から三角縁神獣鏡を出土した記録がある。この小田・平塚台地では、神蔵《かんのくら》古墳からも三角縁神獣鏡を出土していて、総計二面の三角縁神獣鏡を出土したことになる。

また屋永西原遺跡では、環濠が発掘されたが、平塚山の上遺跡でも丘陵の端に、環濠の一部と考えられる大溝がめぐっている。おそらくこの環濠（調査後環濠ではないという疑問もある）

は、遺跡群を大規模に囲繞し、今まで別遺跡として認識されていた遺跡を越えてつながる環濠になるのであろう。川端正夫はこの遺跡群を台地の南半に考え、その規模を東西約一・五～二キロ、南北約三キロの約四五〇ヘクタールと推定する。四五〇ヘクタールというと奴国国邑の須玖岡本遺跡群の四・五倍、戸数も単純に奴国二万戸の四・五倍とすると九万戸もの規模になってしまう【図38】。

八女丘陵のクニグニ（室岡・岩崎遺跡群）

邪馬台国の有力地である八女《やめ》市周辺は、考古学的にも弥生時代後期の遺跡が発達して注目される地域である。岩戸山古墳などが造られている八女丘陵から、南側に派生した緩やかな台地上に遺跡群が立地する。市域の西端部にあって、西隣の筑後市境付近に台地の先端がある。大きく見ると南側に室岡《むろおか》遺跡群があり、その北東に岩崎遺跡群がある。両者は厳密には分けられないが、将来、環濠などの発見によって区分される可能性もある【図39】。

従来から室岡遺跡群のほうは、その一部に当たる亀ノ甲遺跡で、前期末の環濠ができて筑後地方における初期農耕集落の発展地としてよく知られていたが、その後の状況はあまりわかっていなかった。しかし、平成三年（一九九一）に始まった工業団地造成の事前調査や西山ノ上遺跡の調査、最近では、遺跡群の中央を東西に貫く国道四四二号線の建設による室岡山ノ上遺跡の調査によって、室岡遺跡群の全体像が徐々にわかってきた（註53）。

一方、岩崎遺跡群は、調査の手がほとんど及んでいないために実態はまだ不明であるが、小規模な

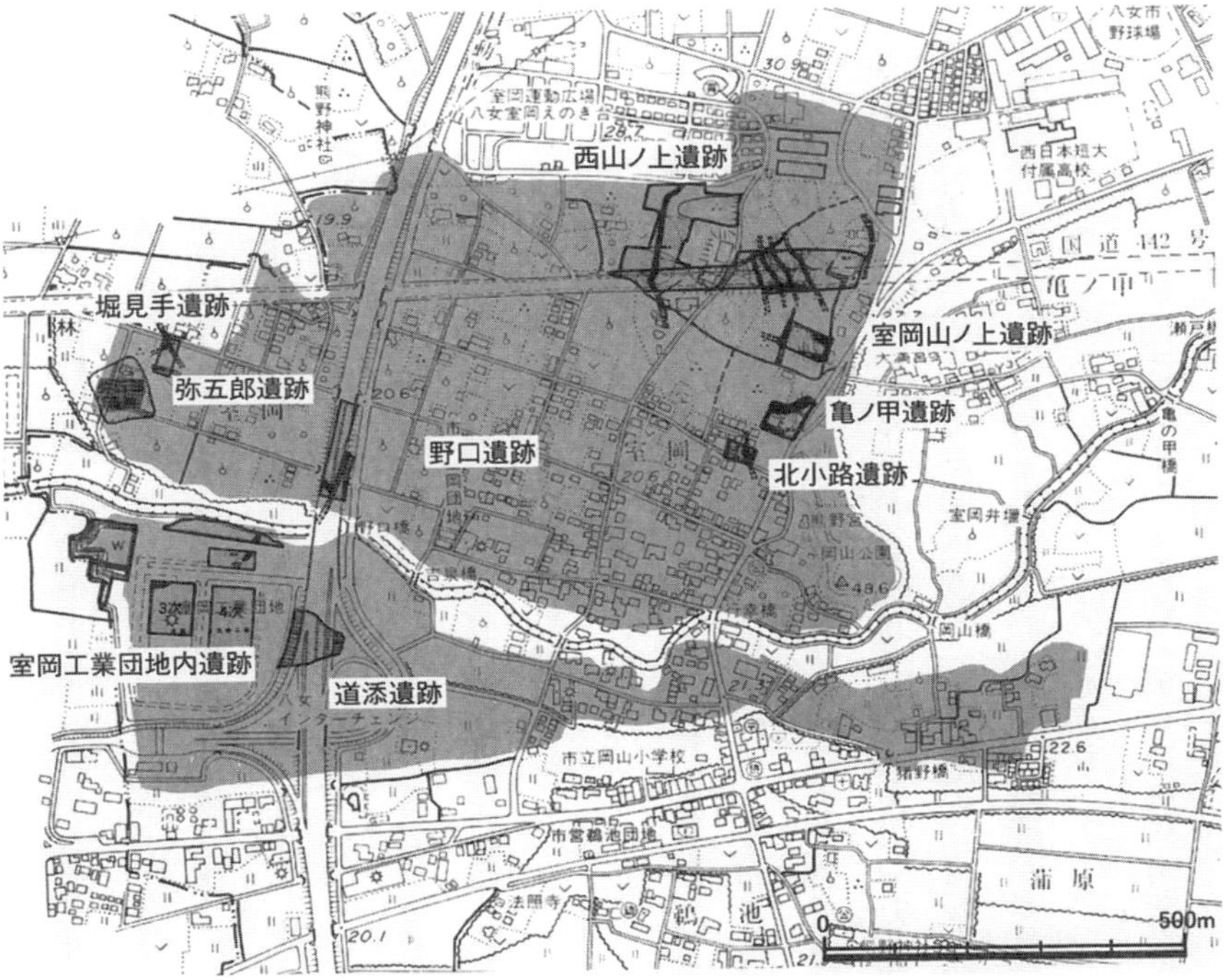

図 39　室岡遺跡群弥生後期集落範囲想定図（1 ／ 15,000）
調査された地点は、想定される遺跡群の東西両脇にあるが、これは中心部での調査が進んでいないためである。

調査が行われており、その内容と周囲の地形、表採遺物から極めて大規模な遺跡群であることがわかる。

弥生時代前期末に繁栄した室岡遺跡群は、いったんその後衰退し、再び弥生時代後期前半から集落の形成が認められ、中ごろ以後に発展する。後期後半頃には、岩戸山古墳南西側の広い台地に立地する岩崎遺跡群のほうに中心を移すと考えられる。

室岡遺跡群のうちでも後期前半から中ごろに遺跡が発達するのは、台地南の縁辺部で、室岡工業団地内遺跡、弥五郎遺跡、道添《みちぞえ》遺跡、野口遺跡などである。

北部九州の多くの遺跡では、後期前半から継続する遺跡群は少ないが、この遺跡群は連続している点が注目される。

弥生時代後期後半になると、室岡遺跡群の主体は徐々に北側に移っていき、西山ノ上遺跡では弥生時代の竪穴住居跡四三軒、掘立柱建物一九棟、木蓋土壙墓《きぶたどこうぼ》・石蓋《いしぶた》土壙墓・甕棺墓などの墳墓二四基、周溝状遺構八基などが確認され、遺物も住居跡内から出土した多数の鍛冶関連遺物や内行花文鏡片などが注目される。この遺跡で注目されるのは一条の大溝で、これは環濠になるものと考えられる。

室岡山ノ上遺跡第二次調査は、調査区が道路幅に限られるので、全容はまだわからないが、四条の大溝が並行して掘られ、さらにその外側（西側）にもう一条の溝が追加され、その東側に集落が形成される。大塚恵治《おおつかけいじ》によると推定南北長四八〇メートル以上、推定東西長三〇〇メートルの規模になるという。環濠内部には多数の竪穴住居跡、掘立柱建物、周溝状遺構などが発掘されている。さらに大塚は、室岡遺跡群には、この大規模な環濠によって囲まれ、内部で鉄器製作を行っていた集落と環濠を持たずに台地縁辺に集落を営む集落があって、両者に階層差を認めている。[註54]

集落を囲む環濠は、弥生時代後期後半に最も整備され、場所によっては、四重にもめぐることが想像されている。このような多重環濠は、壱岐原の辻遺跡や伊都国三雲・井原遺跡群などクニの中心集落にしか見られないものであり、室岡・岩崎遺跡群がそれに匹敵する可能性を示すものである。

室岡・岩崎遺跡群は、大きな丘陵部に発達するだけでなく、周囲の台地にも中規模の集落群が展開し、そうした遺跡と連携している特徴がある。岩崎遺跡群から現在の市街地を挟んで、南側の矢部川北岸の段丘には、下流側から後期集落のある酒井田遺跡群や少し上流の納楚《のうそ》遺跡群などがある。

古くから八女は、邪馬台国の有力候補とされてきたが、考古資料を使った論考はほとんど見られていない。そうした中で、地元の郷土史家である岩崎光（一九一〇～二〇〇〇）は、地元ならではの豊富な情報を書き綴っていて、筆者も読み直して改めて知らなかった資料もあり、中央の出版社だけに目を奪われていると見落としてしまう危うさを感じた次第である。(註55)

筑後川下流域のクニグニ

『久留米市史』などをみると、縄文時代には筑後川下流域には大きく有明海が入り込んでいたように図示されているが、近年の研究では、そうした低地にも遺跡が発見されて、湿地が多く広がっていたことに変わりないが、必ずしも一面海と言うような景観ではなく、かなり広い台地も形成されていることがわかっている。その地に弥生時代後期のクニが誕生している。

この筑後川下流域は、後世の土砂堆積や開発の少ない農地であったために考古学調査が遅れていた。そのため、大規模集落などの存在はわかっていなかった。しかし、近年の圃場整備事業や九州新幹線の建設に伴う発掘調査によって、いくつかの、しかも大規模な集落の片鱗が現れた。

筑後川下流右岸にある久留米市安武遺跡群はそのひとつである。旧三潴郡の地にあって、筑後川右岸の南北に長い自然堤防上の拠点的集落である。北側から、塚畑遺跡・女堀遺跡・三反野遺跡・野畑遺跡・押方遺跡が連なり、塚畑遺跡群をなす。塚畑遺跡だけで、弥生時代後期の掘立柱建物が二二〇棟もあり、それらの一部は住居と考えられていて、竪穴住居だけでなくそれらも住居とするとかなりの密集度となる。台地を東西に横断する溝が最低四条はあり、溝が張り出した物見櫓もある。(註56)

山門遺跡群の再評価

かつて、西谷正によって述べられた瀬高の地では、今まで人知れず眠っていた大きな遺跡が発見された。みやま市（旧瀬高町）のまさに山門という地名にある藤の尾垣添遺跡である。弥生時代全般にわたる住居跡が調査されたが、中でも弥生時代後期後半から古墳時代初頭にかけては大集落へと発展する。この遺跡は今年大震災の翌日三月一二日に開通した九州新幹線建設に伴い発掘調査された遺跡である。遺跡は、矢部川の南岸の自然堤防上にあり、神籠石で有名な女山《ぞやま》をすぐ東に仰ぎ見ることができる。調査区は新幹線のルート上の発掘なので、溝のように狭く細いが、それでも弥生時代後期後半から弥生時代終末（古墳時代初頭）の住居が八〇軒以上も発掘されている。残念ながら遺跡がどのくらい広がるのか不明だが、一大集落の一角を掘り当てたことに違いない。遺跡からは長宜子孫《ちょうぎしそん》内行花文鏡系の破片や朱を

写真６　女山からみた眼下の山門遺跡群

遠方に有明海が広がる九州新幹線が開通する前の写真。

入れる把手付広片口土器など、集落外との交渉を示す遺物が出土している。(註57)今後注目される遺跡になるであろう。この藤の尾垣添遺跡を含め、かつてこの矢部川左岸の自然堤防に広がる遺跡は山門遺跡とされてきた。この由緒ある遺跡名に敬意を表しここでは山門遺跡群としておこう。

この山門遺跡群の東一・五キロメートルの山の中腹に三船山遺跡がある。ここは標高四八メートルあって、眼下に山門遺跡群が開け、有明海も一望することができる。少しできすぎのような感じがするが、山門遺跡群の見張り場所とも言える位置にある。弥生時代中期後半から後期後半まで二四軒の住居が確認されるが、一時期をみるとごく少数の住居しかなかったはずである。(註58)

考古学的に見るべきものはないと断じられてきた邪馬台国九州説の「聖地」に復活の可能性が出てきた。考古学的にもう一度再検討する必要が出てきた。

吉野ヶ里遺跡の規模と戸数

吉野ヶ里遺跡では、最も早い段階のものでは縄文時代晩期の集落が確認されている。そして弥生時代前期には丘陵地の各所に集落のまとまりが見え始め、小規模な環濠も確認されている。本格的な拠点集落としての体裁をなすのは、弥生時代中期に入ってからのことである。弥生時代中期には面積約二〇ヘクタール規模の環濠集落が作られ、その中に住居跡や貯蔵穴などが多数営まれる。この環濠の外の北側には大規模な甕棺墓群が広がっていて、特に北側の墳丘墓は青銅製武器をはじめ多くの副葬品が発掘され、弥生時代の階層性を考える上で貴重な資料を提供してくれた。(註59)

邪馬台国時代の吉野ヶ里遺跡は、南北約一キロ、東西六〇〇メートル、四〇ヘクタール以上の大規模集落へと発展する。ただし、集落は環濠に囲まれた部分だけではないことはもちろんであるが、単純に他のクニとの比較もあるので、それに基づいて、環濠内だけの面積を見ると約四〇ヘクタールになる。調査途中の段階（一九九二年報告）の調査範囲である約三〇ヘクタールの中で、後期後半住居数は、一〇〇軒足らずであり、それが倍になったとしても、『魏志』倭人伝の邪馬台国「七萬余戸可」には程遠い数字であることは明らかである。単独遺跡での邪馬台国説は、難しいと思うがいかがであろう。周辺の遺跡群を含めて邪馬台国連合の一国であるならばその可能性は否定できない。

水野祐の狗奴国論

邪馬台国問題を見ていくときに狗奴《くな》国の問題は大きい。狗奴国が邪馬台国を滅ぼし東遷したとする水野祐の説は、様々な点で、従来の『魏志』倭人伝の解釈に問題を投げかけるものである。(註60) 水野は、まず『魏志』倭人伝の「此れ女王の境界の盡くる所なり」でいったん女王国の各論が結ばれ、続く「その南に狗奴國有り」から始まる一連の説明が、従来、倭全体の説明であると解釈されていたことを否定し、狗奴国についての説明であると解釈した。それを前提にどうして『魏志』倭人伝が狗奴国を重視したか、その理由を、狗奴国はクニグニの連合によって共立された女王に統治される邪馬台国よりも、「狗古智卑狗《くくちひく》」という男王一人に支配される専制的な体制を持って、邪馬台国を凌駕し、狗奴国こそがヤマト政権の樹立を成し遂げたからだとする。

昭和五五年（一九八〇）頃から、熊本県地方では弥生時代後期後半から古墳時代初頭にかけて、住居跡から多量の鉄器が出現する現象が知られていた。それは、少数の遺跡に集中するのではなく、菊池川流域の山鹿市方保田《かとうだ》東原遺跡や白川流域の大津市西弥護面《にしやごめん》遺跡、阿蘇地方の阿蘇町下扇原遺跡、狩尾遺跡群、下山西遺跡、さらに大分県側の大野川中流域など広い地域で多量に鉄製品が発見されている。製鉄炉の密集度は日本でも一番高く、熊本県側だけでも鉄製品総数は二千点を超えるという。鉄文化を研究する村上恭通《むらかみやすゆき》は、こうした状況を北部九州の外縁部の在り方と控えめに考えた。[註61] しかし、この地域の評価はもっと高くてしかるべきではないだろうか。肥後を中心に免田《めんだ》式と呼ばれるヘラで複数の平行線をつけて、そろばんのような形をした胴に細長い口がつく土器があり、早くからこの分布が一つの文化圏を象徴するものだとされてきた。石橋新次は、熊本県から島原半島を経て佐賀平野西部の有明海沿岸部に展開する透かし窓がつく器台を、この地域独特の祭祀に関連するものととらえたが、土器の上からでも筑紫平野とは対比される文化圏を持っていたことがわかる。[註62]

このように、弥生時代後期、肥後が一つのまとまりを示すことを考古学的に証明することは可能であるが、水野が主張する狗奴国東遷説を擁護できるだけの具体的資料はまだないのが実情である。

邪馬台国と狗奴国の接点

邪馬台国を筑紫平野とすると、その南にあるとされる狗奴国は、熊本県北部の菊池川流域をまず考えるのが筆者は妥当だと思う。狗奴国を菊池地方とする説は、すでに内藤湖南以来の説で、取り立てて目新しいものではないが、狗奴国の男王、狗古智卑狗の音「くくち」が、『倭名類聚抄』に書かれた菊池の古い音「久々知（くくち）」に共通することも注目された。菊池川流域にある、現在の主な自治体は、西側から玉名市、山鹿市、菊池市などである。

それでは、邪馬台国＝筑紫平野と狗奴国＝菊池川流域の接点はどこにあるのであろうか。自然地形で見るとこの両地域の間は、筑肥山地が有明海間近まで迫って、両地域をつなぐ平地がほとんどない。わずかに奈良時代の律令体制化に伴い官道が設置された福岡県みやま市山川町と熊本県玉名郡南関町に通じる大津山の地峡地帯と海外沿いの福岡県大牟田市、熊本県荒尾市の平野部だけである。

大津山の地峡が、本格的に開発されるのは、おそらく古墳時代後期に山川町つづら古墳ができる頃で、古墳時代、それも新しい段階からであろう。それ以前の接点として注目されるのが、大牟田市から荒尾市の海岸沿いの狭い平野である。坂井義哉《さかいよしや》によると、大牟田市甘木山の西側にある吉野西遺跡、七《なな》つ家《や》遺跡などでは、先に述べた熊本県の特徴的な免田式土器と有明海沿岸に特徴的な透かしの入った器台型土器がセットで入り込んできているという。ピンポイントでこの地域が、両勢力の接点になるとは言えないが、両勢力がせめぎ合っていた地域に違いない。

狗奴国＝東海・毛野説

近畿説の狗奴国については、熊野説、東海（伊勢湾岸）説、毛野《けぬ》説などがある。

近年、東海説を強く主張するのが赤塚次郎である。その根拠の主たるところは、東海地方の弥生時代後期後半の特徴的なS字状の口縁を持った甕の分布と、前方後方墳の分布主体が東海地方にある点である。これを狗奴国勢力波及の象徴と見るのである。(註63) 白石太一郎も東海説に立つ。白石は、第一段階に濃尾平野の勢力を中心に中部・関東を含む狗奴国連合が形成され、第二段階で邪馬台国連合に合体したと解している。(註64)

狗奴国毛野説を最初に提唱したのは池辺義象《いけべよしかた》(一八六四〜一九二三)である。最近では西谷正が、毛野説を述べている。根拠となるのは、以前から知られていた蟹沢《かにさわ》古墳出土、正始元年銘鏡の存在や、十二面にものぼる三角縁神獣鏡出土の多さである。(註65)

狗奴国＝東海説、毛野説が成立するのか。それぞれの地域は、近年の考古学調査によってその地域のまとまりは、否定しがたく証明されているが、狗奴国＝熊本あるいは菊池説同様、最終的に『魏志』倭人伝の狗奴国記述に結びつく証明ができないもどかしさが残る。

第五節　筑紫平野集落ネットワーク

集落ネットワークの三者

邪馬台国が筑紫平野かどうかは別の議論として、筑紫平野には大小様々な集落遺跡があることがわかる。それらの集落間の関係をもとにして、三つのあり方に集約して考えてみようと思う。

最初に、平野内での政治・経済的結束の核となる、大きな集落（それはほとんど環濠を伴っていると考えてよい）を、**平野内拠点集落**と呼び、その関係を平野内拠点集落ネットワークと呼ぶことにする。次に平野の核となる集落の周辺にあって、平野の出入りを監視する役割を持った高地性集落（これも環濠を伴うと考えられる）を**縁辺部監視集落**と呼び、その関係を縁辺部監視集落ネットワークと呼ぶこととする。最後に平野から外に伸びて、平野内外の情報を伝達し、かつその地域を通る動きを監視する一群の集落を**遠隔地監視集落**と呼び、その関係を遠隔地監視集落ネットワークと呼ぶこととする。

ただ、蛇足であるが、平野内拠点集落でその実態がわかっているものはあまりない。前述したが、春日市の須玖丘陵の遺跡群は、丘陵をまたがって環濠がめぐらされていることがわかったが、おそらくそうした状況は、伊都国でも、クニの名前は確定できないが、夜須遺跡群でも、小田・平塚遺跡群でも、室岡・岩崎遺跡群でも、今後確認される可能性を残していて、実際その一部と思われる環濠も発見されているが、まだその実態はわかっていない。

遺跡を掘っていて、溝一条しかなく、環濠集落でないことにがっかりした経験を持つ調査員もあるであろう。しかし、その溝がひとつの丘陵を囲む溝ではなく、いくつかの丘陵をまとめて囲む溝だとしたら、発掘に係るモチベーションはずいぶん違ってくる。

今は、断片的にしか発見されていない溝でも、それはずっと続いているはずなのであるから、その溝が遠く離れた地点で現われることをもっと期待してよいと思う。鳥栖市の藤木遺跡は、平成六年度（一九九四）からの調査で、環濠らしき溝がL字形に一六〇メートル分現われた。調査を担当した久山高史《ひさやまたかし》は、南東に三〇〇メートル離れた地点で発掘した溝に注目して、それがつながる可能性を考えた。そうするとこの溝が仮に方形にめぐるとすると、その規模は約一ヘクタールになる。(註66) 住居はまだ二軒しか確認されていないが、大半は調査区外である。実際はどうなるかわからないが、環濠に囲まれたと想定される部分を、環濠に囲まれた集落の可能性を持って調査するのとしないのとでは、遺跡に対する見方が随分違ったものになるであろう。

平野内拠点集落ネットワーク

さて、北部九州のうち、最も環濠が集中する筑紫平野のそれぞれの環濠を地図の中に落としたもの

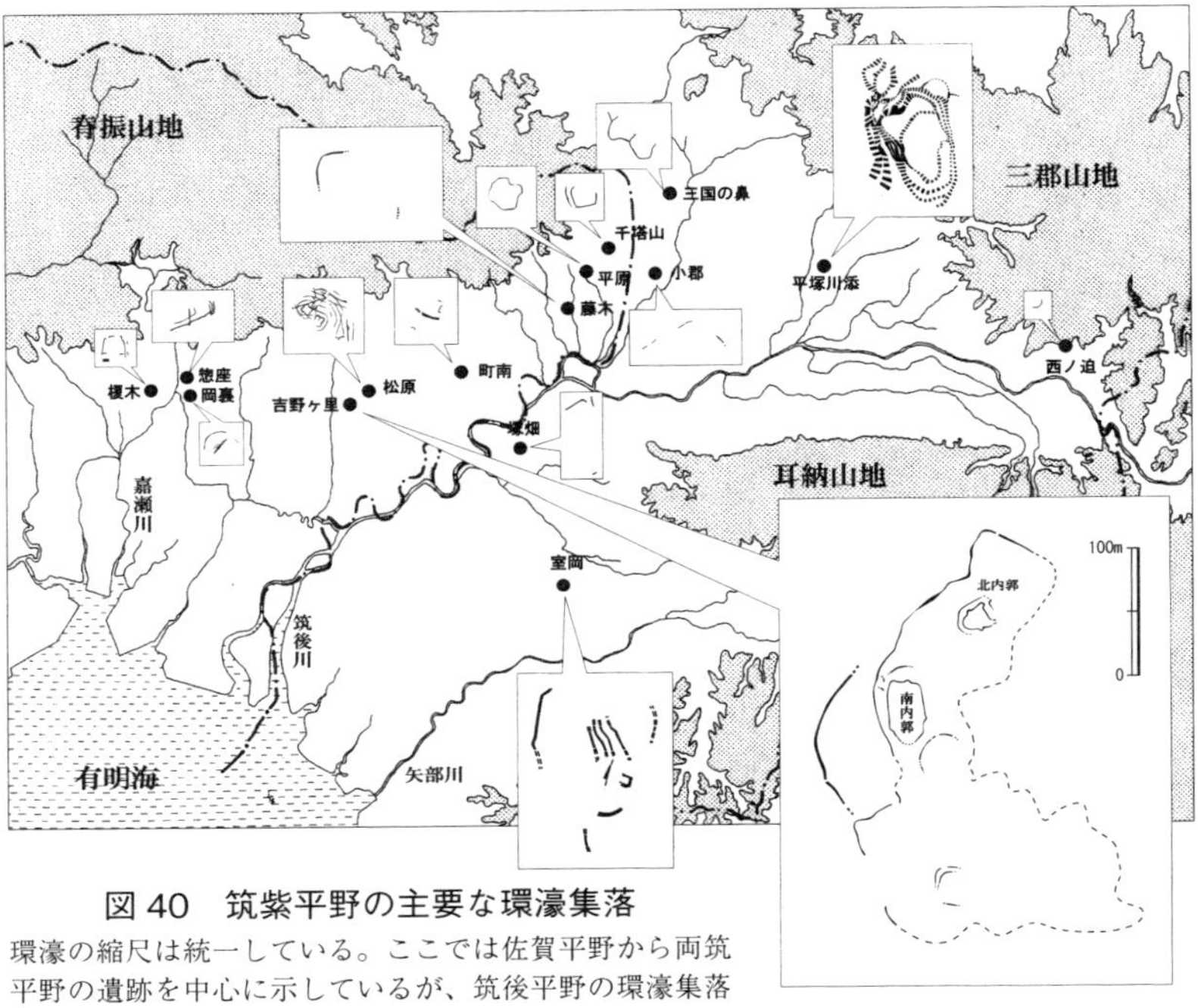

図40　筑紫平野の主要な環濠集落

環濠の縮尺は統一している。ここでは佐賀平野から両筑平野の遺跡を中心に示しているが、筑後平野の環濠集落も発見されている。今後検討して加えることとする。

を作ってみた【図40】。こうしてみると、吉野ヶ里遺跡の環濠が、図抜けて大きなことがわかるが、いまだ発見されていない未発見の大集落がまだ存在することは間違いない。筑紫平野の脊振山地南麓から三郡山地南麓にかけて環濠が一定の距離を置いて作られ、それらがネットワーク化していることがわかる。このようにみると筑紫平野の集落は、一地域の中核となる集落であり、同時にもっと広い範囲で、連携した集落組織に属するという、いわば二重構造を持っていることになる。こうした構造は、邪馬台国にみられるクニグニとそれらが連携した邪馬台国連合の姿に重ね合わされる。

大胆にも、そうした環濠集落を中心

としたクニグニとその領域を示して図にしてみたものが先に示した【図16】である。薄く網をかけているところがその政治的連合と理解している。

　邪馬台国連合の考え方は、『魏志』倭人伝に卑弥呼が「共立」されたところから、それらを集合した国を邪馬台国と考えるのか、その連合体制の一国を邪馬台国と考えるのか議論が分かれていた。

　邪馬台国連合的な発想は、多くの研究者が述べているが、それを弥生社会の発展の中で理論的に述べたのは、藤間生大が最初であろう。藤間は『魏志』倭人伝の女王国と邪馬台国を別物と考え、邪馬台国と二一国を足したものが女王国とする法制史学者牧健二（一八九二～一九八九）の考えを支持し、「倭国家」のうち対馬国・一支国・末盧国・伊都国は女王国の「統属国」であり、奴国・不弥国・投馬国は女王国の一大卒のもとにあり、それを統率したのが女王国だとした。そうした背景に共立された卑弥呼は、大人《たいじん》層により支持されつつ、同時に規制を受けた地位にあり、必ずしも絶対的な権力を有した人物でないと解釈した。そのため、女王国も「範囲を一定とみるべきでなく、独立した集団の集合とみるべき」であるとし、周辺状況によって参加する国の数も違う程度の結合の強さしかなかったとしている。ついでに述べると、こうして弥生時代に維持されてきた北部九州は、やがて、クニの内部に生じた大人と下戸《げこ》の関係、各国同士の紛争、奴婢《ぬひ》や生口《せいこう》の不満、新しい周辺諸国の動きが支配してきた大人層の動揺を招き、新しい政権（ヤマト王権）に取って代わられたとしている。[註67]

　最後の部分の展開は別としても、邪馬台国を取り巻くであろう、周辺クニグニが、必ずしも固定的な関係で成り立っていたのではないとする藤間説には共感を覚える。これは適度な緊張感を持って助長しあい発展する筑紫平野の諸集落の関係に重なる。

ただ、このあり方は北部九州だけではない。酒井龍一《さかいりゅういち》は、近畿中央部をはじめとして、瀬戸内海北岸など西日本各地域の拠点集落の広域連携システムをモデル化して、集落間、地域間の相互関係の解明を行った(註68)。

酒井は、拠点集落と周囲の社会環境を合わせて「円圏構造」で表現するとともに、そこからその外側には、日常的な生業活動がなされる「生業活動圏」を半径五キロ程度に想定し、そこには周辺の小集落なども散在し、相互の集落間を結ぶ道によってつながる集落関係を想定した。酒井はこうした各拠点集落が持つ生活空間が道という情報ネットワークを通してつながり、広域社会を形成するとした(註69)。

都出比呂志は、酒井の構想をもとに、物資の流通という観点から近畿地方のネットワークを表現した。都出は、中期から後期後半までの間は、贈答物資の交換や交易が、唐古・鍵遺跡、池上曽根遺跡のような拠点集落を結節点とすることから、そこの首長層がまさに『魏志』倭人伝の「有無を交易し、大倭をしてこれを監せしむ」という物資交易の掌握という状況を想定し(註70)【図41】、また、淀川水系をモデルに、三角縁神獣鏡の新しい一群以前を副葬する、一六グループの古墳群とその近隣の高地性集落の関係に注目し、古墳の盟主のその先代、先々代の首長が、遅くても近畿Ⅵ様式期には、その地域の政治的結合体を主導し、高地性集落による情報伝達網を整備していたとした(註71)【図42】。都出は、それが「倭国大乱」の蓋然性を高めるとしたが、同様の高地性集落網は九州にもある。

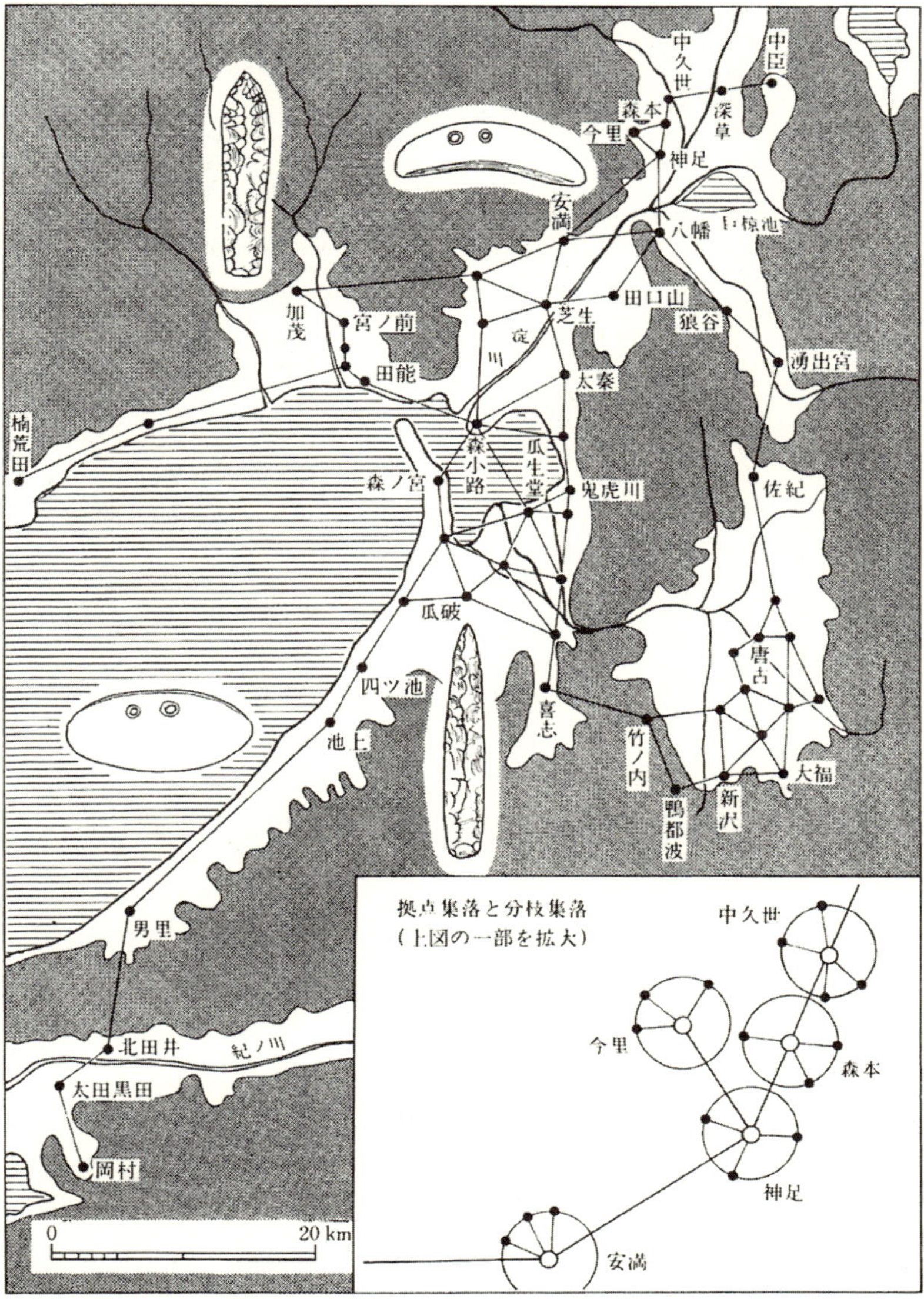

図41 近畿地方集落流通ネットワーク図（註70より）

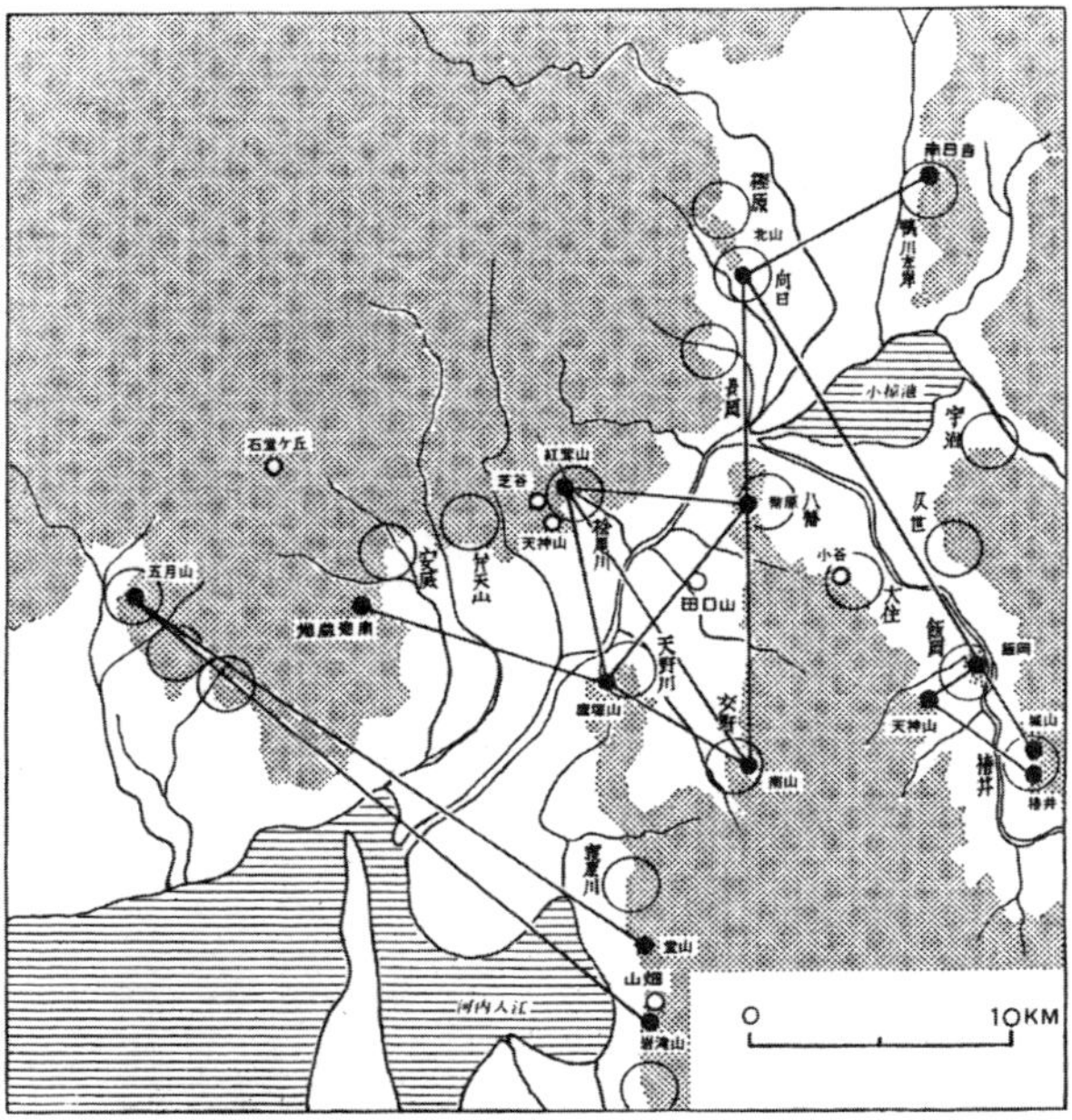

図 42　近畿地方高地性集落と前期古墳グループのネットワーク（註 71 より）

縁辺部監視集落ネットワーク

筑紫平野の環濠は、それぞれの集落を守るものばかりではない。朝倉市把木町西ノ迫遺跡、小郡市の三国の鼻遺跡、三養基《みやき》郡基山《きやま》町の千塔山《せんどやま》遺跡などのように、環濠の中を守るのではなく、明らかにこの地域全体を守るための監視機能を備えた環濠集落があることがわかる。つまり、これらの監視機能を持った環濠集落は、眼下の集落を守るだけでなく、平野全体を連携して守る役割を担っていると言える。だからこそ、環濠内の住居から推定される人口ではとても掘削できない大規模な環濠を、平野全体をあげて作ることができたのであろう。

弥生遺跡において環濠が掘られる理由は、必ずしも日常生活を行っている場所を外敵から防御するものばかりではない。環濠集落とは言ってもその中には、生産性が低く、集落が発達するのに十分な広さや環境を備えていない場所に作られるものもある。

たとえば、西ノ迫遺跡は麓の集落から約一〇分かけて登った標高一二七メートルの見晴らし抜群の位置にある。少し突き出た尾根の先端部を取り囲んで環濠が掘られ、その一部には出入り口用の門柱と陸橋を設けている。住居は環濠内側にわずかに三軒が発掘された。このように高所で生活条件の悪い場所に普通の住居が作られることは考えられず、また、ごく少数の居住者のために環濠を築くことも常識的には考えられないことである。そこで西ノ迫遺跡は、筑紫平野の東側の出入り口を監視するための特殊な施設ではないかという考えがなされるようになった。確かに西ノ迫遺跡に立つと、筑紫平野から日田方面への出入り口が手に取るようにわかる。西ノ迫遺跡の築造は、麓の一集落の発案によるものではなく、より広域な筑紫平野防御体制の中で考えるべきものである(註72)【図43】。

同じように筑紫平野北側の出入り口を抑えた遺跡が、三国の鼻遺跡である。この三国の鼻遺跡の頂上に立つと北側の二日市地峡帯や筑紫平野北部が一望できた。弥生後期中ごろから終末にかけて三四（＋一）軒の住居跡があり、その一部が同時期に営まれた環濠内部に作られる。環濠は、丘陵の南側から西側にかけての標高四〇～四三メートル付近を、高低差なく周回している。この丘陵全体の地勢を見ても、環濠がめぐる側は緩やかな傾斜で、環濠がめぐらない北東斜面は急傾斜になっている。環濠を必要としない地形であったらしい。三四軒の住居は同時に営まれたものでないことは、出土土器に時期差があることからもわかるが、環濠も全部一時期に機能していたのではないことも発掘によってわかっている。また、斜面では環濠が傾斜をそのまま下っていくが、その部分で環濠内部への出入

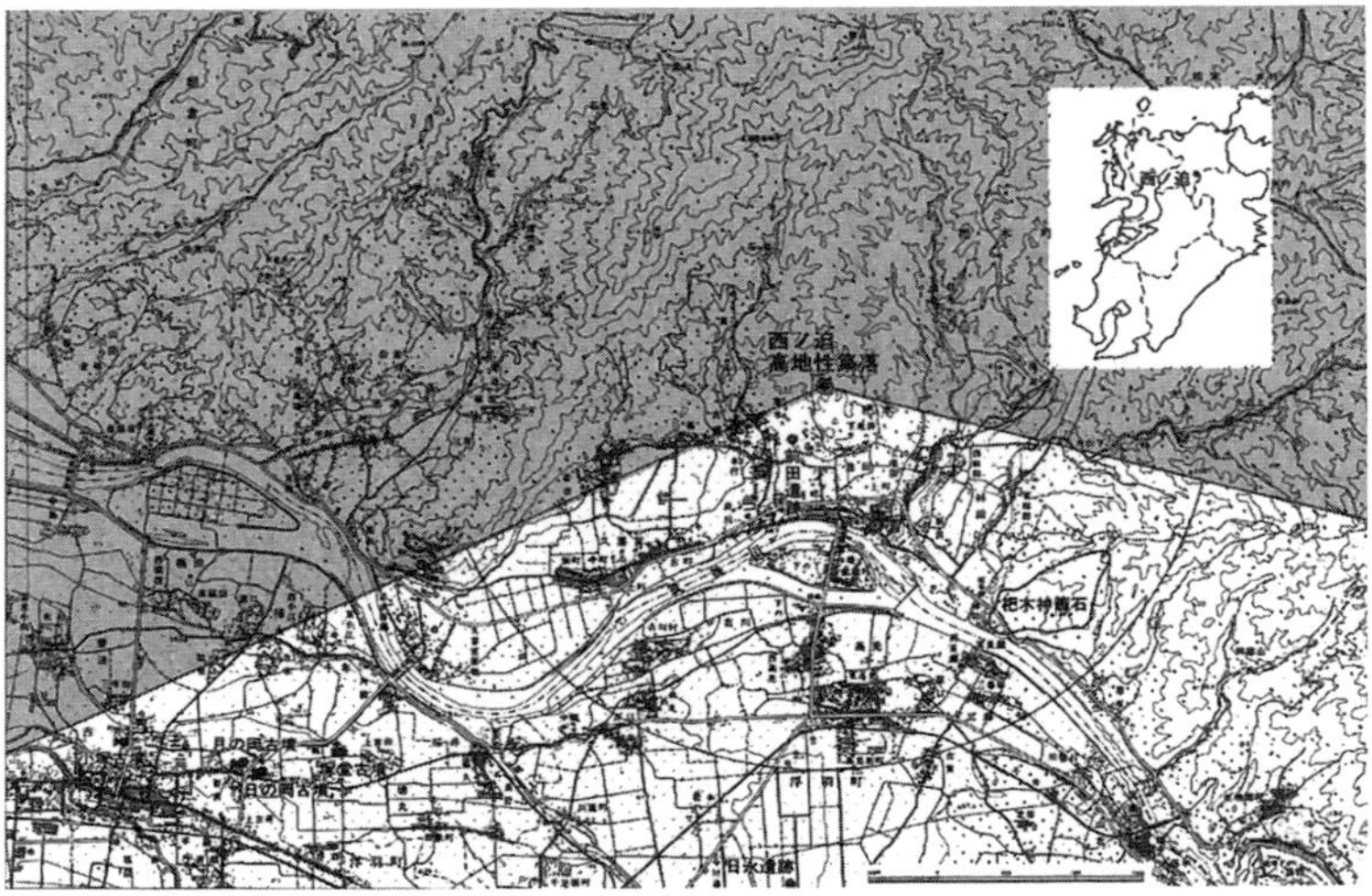

図43　西ノ迫遺跡から見渡せる範囲（1／100,000）（註72より）
現地で実際に見たが、平野の見える範囲はもっと狭まる。しかし、うきは市上流の筑後川流域や青銅器埋納遺跡である日永遺跡は眼下に良く見えた。

り口と考えられる陸橋を一か所確認している。

さて、この環濠が営まれた時期はまさしく邪馬台国時代の激動の段階である。この環濠集落が内部の住居跡を守るだけのものでなく、筑紫平野北部の政治的連合にとって重要な軍事施設であったであろう。

他にも、二日市地峡帯から佐賀平野方面に通じるところにある千塔山遺跡は、内部に住居もあるが、むしろ監視機能に重点を置いた環濠と見ることができるだろう。環濠の一部には外に張り出した物見櫓の跡もある。さほど生産性が高くないこの地で、環濠を掘削・維持するには、多大な労働力の確保が必要になる。

これらの縁辺部監視集落の共通点は、環濠内部の住居数＝居住人口に対して、環濠掘削の労働量が大きいという点である。近隣集落の人間の援助を得たとも考えられるし、もっと広範に人が関わった可能性も出てくる。なぜこの地にそうまでした大掛かりな環濠を作らなければならなかったのか。その理由は、地理的な重要性と関係することは間違いない。筑紫平野諸勢力は、連携してその周辺の諸勢力に対抗していたことが考えられる。福岡平野勢力との境に当たるこうした地に監視環濠が作られる理由は、福岡平野の勢力との緊張関係があったことを示している。福岡平野と筑紫平野は狭くくびれた二日市地峡帯によってつながるが、この二日市地峡帯を南下するとそこから筑紫平野が広がる。そこでは大きく三つの方向に道ができる。そのまま南下して宝満川沿いに久留米方面へ伸びる道、三郡山地沿いに東に向かって日田方面に伸びる道、そして原田付近から脊振山地の裾を西から南に回りこんで佐賀方面に向かう道である。情勢が緊張した際には、この付近の集落だけでなく、筑紫平野の広範囲の防御の拠点として機能したのではないだろうか。筑紫平野という大きな平野単位の中で、こうした環濠集落によって広範囲を守備するネットワークの存在を考えると理解できる。

写真７　三国の鼻遺跡環濠集落（小郡市教育委員会提供）
北側（写真奥）は二日市地峡帯。福岡平野への出入りを監視するには格好の位置にある。

西ノ迫遺跡を含めて、こうした監視用環濠は、緊迫感を増す弥生時代後期に出現し、やがて終末で姿を消す。終末期の土器は、最近の研究では、すでに近畿で古墳が作られている段階に当たる。すなわち、環濠集落は近畿の古墳文化がこの地域に入ってくる段階で途切れるのである。環濠によって防衛を果たす必要がなくなったとき、その施設は廃棄されたと考えられる。

遠隔地監視集落ネットワーク

九州横断自動車道は、筑紫平野（鳥栖ＪＣＴ）を出て、東九州をつなぐルートである。東九州の先には、瀬戸内海から近畿地方がある。その建設のために、先の杷木町西ノ迫遺跡も含めて、三か所の高地性集落が発見・発掘されたのは必ずしも偶然とばかりは言えないだろう。

大分県玖珠《くす》郡玖珠町にある白岩《しろいわ》遺跡は、九州横断自動車道建設に先立ち発見された遺跡で、その後、同町の教育委員会が追加調査を行い、山頂部を東西一〇〇メートル、南北一六〇メートルにわたって全長二五五メートルの環濠が取り囲んでいることが確認された。(註73) 時期は弥生時代後期後半である。環濠内部はほとんど未調査であるが、のろし台かもしれない焼けた穴が一か所ある。環濠から後期後半の土器を少量出土しただけの生活臭のない遺跡である。眼下の盆地から、標高差九〇メートル高い場所で、当然見晴らしがよいのであるが、とりわけ、筑後川上流の玖珠川沿いに、豊後の方から筑紫平野に向かう監視には、うってつけの位置にある【図44】。

この発見以前に、同じように見晴らしの良い山頂で、弥生時代後期後半の遺跡が発見されている。

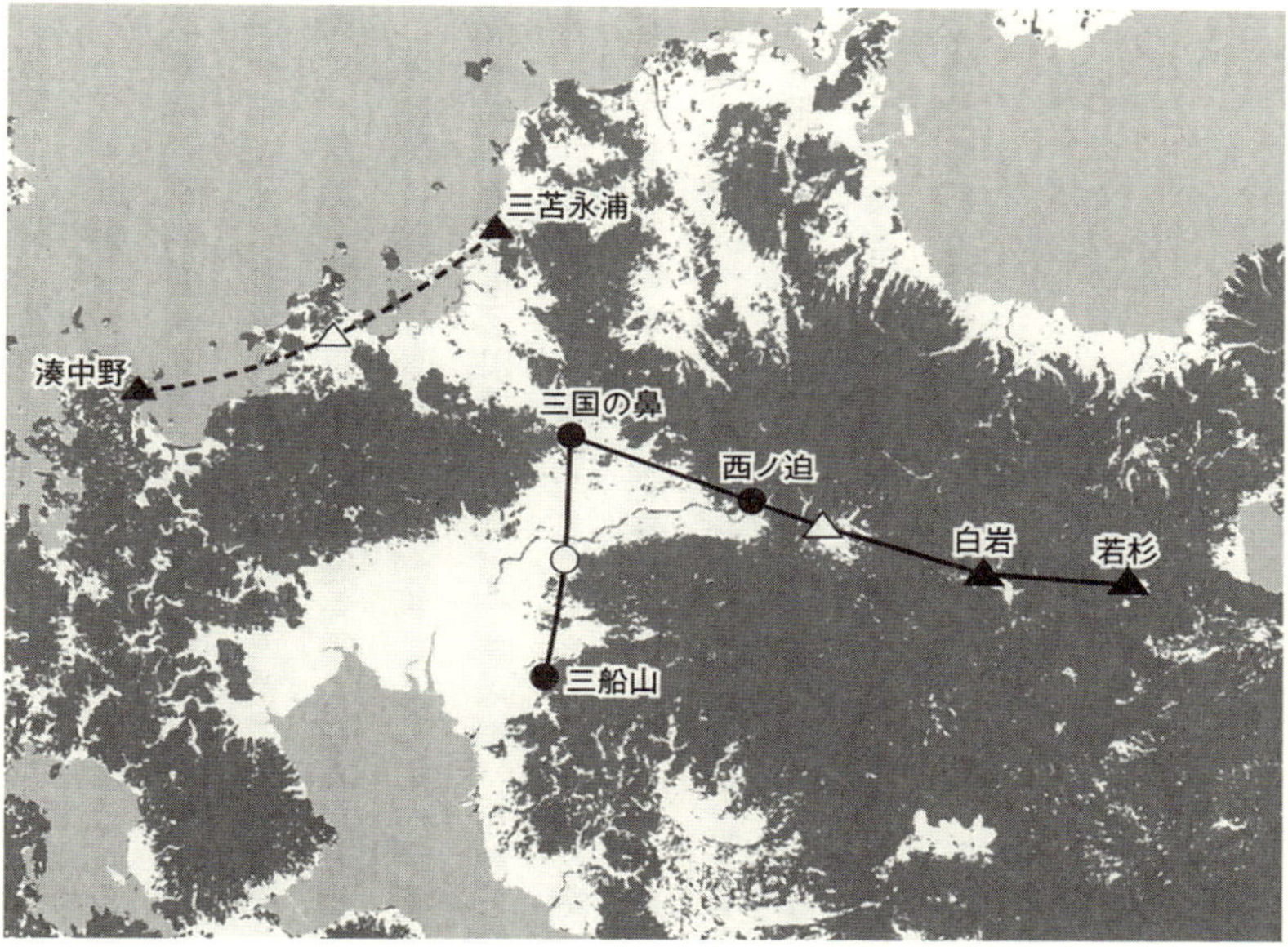

図44　北部九州高地性集落ネットワーク

●○は縁辺部監視集落、▲△は遠隔地監視集落を示し、それぞれの連絡網を想定した。
黒塗りは発掘された遺跡で、白抜きは推定される遺跡。

そこは、由布院《ゆふいん》町若杉《わかすぎ》遺跡であるが、環濠や生活遺構はないものの、土器が出土していて、ともかく人が一定の時間帯そこにいて何かをしていたことは明らかである。筑紫平野から豊後大分をつなぐ唯一のルートであり、この地を監視する重要性を示す遺跡である。[註74]

　両方の遺跡の立地を微地形でみると、盆地の西側にあって、東側からの入り口、あるいは東側の平地を監視する位置にあるところが、東側からの侵入に監視するのに適した位置であることに注意したい。

　たまたま、九州横断自動車道が山間部を通るために発見された遺跡であるが、おそらく日田盆地などにも同様の遺跡があり、このルート上にもっと狭い間隔で遠隔地監視集落が存在した可能性もある。

一方、筑紫平野北側の監視体制はどのようになっていたのであろうか。三国の鼻遺跡が、筑紫平野北側縁辺部の監視集落であったことを述べたが、さらにその北側にも、当然筑紫平野に情報を伝達し、併せて周辺に監視可能な集落があったことが考えられる。現状では具体的な遺跡は発見されていない。特に、筑紫平野への入り口が最も狭くなる二日市地峡帯は重要である。

末盧国に唐津市湊中野遺跡があるように、伊都国、奴国それぞれにも付属する遠隔地監視を兼ねた監視用高地性集落があったはずであるが、それらは、各クニに帰属するだけでなく、北部九州全体のネットワークになっていたと思われる。実際、湊中野遺跡の眺望は、壱岐島にまで及んでいる。山門遺跡群を見下ろす三船山遺跡は有明海の広い範囲を見渡せる遠隔地監視も兼ねた監視用高地性集落である。「三船山」のもとは「見船山」だったかもしれない。

北部九州の連合国は、周辺にも監視の目を配る。福岡市三苫永浦《みとまながうら》遺跡・北九州市黒ヶ畑遺跡などがそのようなもので、「北部九州連合体の高地性集落網」と言うべきもので、防御網から伸びた触手のようなものと考えたい。

第六節　まとめ―私の邪馬台国説

この本で述べたかったこと

さて、最後に筆者の邪馬台国所在地論に入ることにする。考古学の研究では、在九州の考古学研究者を含めて、邪馬台国近畿説が優位に展開している状況は、前に述べたとおりである。

にもかかわらず、今回ここに提起した問題は、九州の遺跡の実態が必ずしも正当に評価され、伝達されていないのではないかという危惧《きぐ》と、それをもう一度発信することによって、九州の弥生後期遺跡には、近畿説と対等に比較検討される十分な資料があるのだ、ということを述べたかったのである。俗な言葉でいえば、「邪馬台国論争を九州に取り戻そう」という意図からである。

私の不弥国・投馬国・邪馬台国観

二万戸を擁す奴国は、おそらく須玖岡本遺跡群およびその周辺遺跡群を指すが、それを上まわる戸数の投馬国の五万戸、邪馬台国の七万戸、すなわち奴国を二・五倍と三・五倍も凌駕《りょうが》する規模の単独遺跡は、その時代に日本中どこにもない。にも関わらず中国の史書『魏志』倭人伝は、投馬国は「五万《ごまん》余戸可《よこばかり》」、邪馬台国は「七万余戸可《ななまんよこばかり》」とする。
そうすると、これらのクニグニは、単独のクニグニ、考古学的に言うと単独の遺跡、遺跡群ではなく、それらがさらに集合した一つの政治共同体、つまり大きな遺跡群連合とでもいうようなものととらえるしかない。それが、一部に邪馬台国を含む邪馬台国連合なのか、あるいは個別に邪馬台国というクニがあるわけではなく、クニ連合体を総称して邪馬台国と呼ぶのかはわからないが、この地域における弥生時代後期の有力集団は、まとまれば相当数の戸数を擁したものとなるであろう。こうした各クニグニが共立した人物が卑弥呼であった。井上光貞《いのうえみつさだ》はこの制度を「原始的民主制」と呼ぶ。(註75)
大きな遺跡群がネットワーク化された筑紫平野は、邪馬台国時代にあって、完全ではないが『魏志』倭人伝の記述の多くを満たすことから、投馬国および邪馬台国の有力候補と考える。
もっと具体的に筆者の考えを述べると、不弥国がやはりポイントとなる。奴国から東に出て、一定の距離を持った太宰府南部から筑紫野市付近の遺跡群は不弥国にふさわしい環境であると考えた。そして、不弥国から投馬国へは、南へ向かうのだが、距離（時間）の「水行二十日」は一〇七ページで詳しく述べたように、『魏志』倭人伝編集時の加筆とみて、距離を述べる必要のない環境だと判断した。不弥国と南に境を接した遺跡群は、夜須遺跡群である。夜須遺跡群の詳細は一四七ページにある。この遺跡群は単独で存在するのではなく、筑後川中流域北岸の平野を共有する小田・平塚遺跡群とひとくくりにまとまる。この旧朝倉郡の一連の遺跡群を投馬国連合規模の勢力に相当すると考えられないだろうか。さらにその南に接しているのが邪馬台国である。投馬国から邪馬台国への距離（時間）

「水行十日、陸行一月」についても前述（一〇七ページ）の理由から、投馬国から邪馬台国へは距離を述べる必要のない距離と見た。そうすると邪馬台国は投馬国の南、すなわち筑後川中流域南岸から下流域にかけての一帯となる。ここには、遺跡群の説明中で取り上げたような矢部《やべ》川流域の室岡・岩崎遺跡群や吉野ヶ里遺跡そして山門遺跡群など多数の有力遺跡群を含む。このクニグニの中で、共立された卑弥呼がどの遺跡に所属したのか、考古学的な証明は無理である。吉野ヶ里遺跡を除けばまだ明らかになっていない遺跡群ばかりである。しかし、今までの調査でもその片鱗は見えている。吉野ヶ里遺跡相当の規模を持った大きな遺跡群がネットワーク上につながりながら、かつ一つに統合しきれず、適度な緊張状態を保って林立する様は、邪馬台国連合にふさわしい姿である。

　考古学的成果はかならずしも『魏志』倭人伝をはじめとする文献とぴったり合うことはない。文献の史料批判を考古学の視点から行うことと、考古学的調査の限界があることをはっきり認識して、邪馬台国問題に取り組む必要があるだろう。

　邪馬台国が文献上にあらわれ、それをめぐって中国との交渉が書きとめられた時代は、およそ二世紀後半から三世紀後半までの約一世紀弱である。

　それらをまとめてみると表のようになる。問題は考古学的な時間尺度の基準となる、土器型式と絶対年代がどういう関係にあるのか、そして、北部九州の時期の呼び方と近畿地方の時期の呼び方がどういう関係にあるのかということである。この表では、筆者の考えで書いてみた【図45】。

　筆者は、卑弥呼が魏に朝貢し、死んだとされる三世紀中ごろを、北部九州の西新式土器の中ごろと

		日本のできごと	大陸のできごと
縄文時代	晩期		
		北部九州沿岸部に稲作伝来	
縄文時代？ 弥生時代？	縄文晩期後半 弥生早期		BC 453　戦国時代
		九州の主要平野に稲作農耕文化伝来	
弥生時代	前期		BC 221　秦始皇帝、中国統一
		吉武高木遺跡特定集団墓 青銅器国産化始まる	BC 202 ～ AD8　前漢
	中期	吉野ヶ里遺跡・柚比本村など墳丘墓	BC 108　朝鮮半島に楽浪郡設置
		須玖岡本遺跡・三雲遺跡に王墓出現	
			8 ～ 23　新 25 ～ 220　後漢 25 ～ 57　光武帝
	後期	57　奴国王金印を授かる	
		107　倭国王帥升等後漢に使者 倭国大乱	
			205?　朝鮮半島に帯方郡設置 208　赤壁の戦 220　後漢滅亡
古墳時代？ 弥生時代？		239　倭女王卑弥呼魏に使者 243　卑弥呼魏に使者 245　倭、魏斉王に使者 247　頃卑弥呼没 266　壹与？晋に使者 この頃箸墓古墳出現	280　晋中国統一
			313　楽浪・帯方郡滅ぶ

図 45　邪馬台国時代に至る年表

考えている。この時期は、人によっては近畿地方で庄内式土器の新しい段階に当たるために古墳時代という人もいるだろうし、伝統的な九州の弥生時代観を持った人ならば、弥生時代と呼ぶであろう。筆者はこの時期には、まだ九州弥生文化を象徴する祭器の広形銅矛の生産を行っているので、弥生時代終末と呼ぶことにしている。この段階を過ぎて、寺澤の言う布留〇式にこそ、大きな画期があって、そこから古墳時代と呼ぶことは問題ないと思う。寺澤は、すでにその前の段階から九州でも纒向型前方後円墳が流布《るふ》するとしているが、北部九州では、その段階では墳墓は様々な墳形をしていて、かつ纒向型前方後円墳だけが、優位な副葬遺物を持っているとは言えないことから、近畿勢力を中心とした連合体制に積極的に組みしたとは考えていない。『魏志』倭人伝が九州のこうした状況を飛び越して、近畿地方のことを書いたのであれば別であるが、弥生時代後期中ごろ以後、環濠集落に見られるように近畿地方よりも発達した社会を築き上げてきた九州を無視して、近畿地方のことを書くことがあるだろうか。近畿地方は「女王國の東、海を渡る千余里、また國あり、皆倭種なり」とある部分であると思う【図46】。

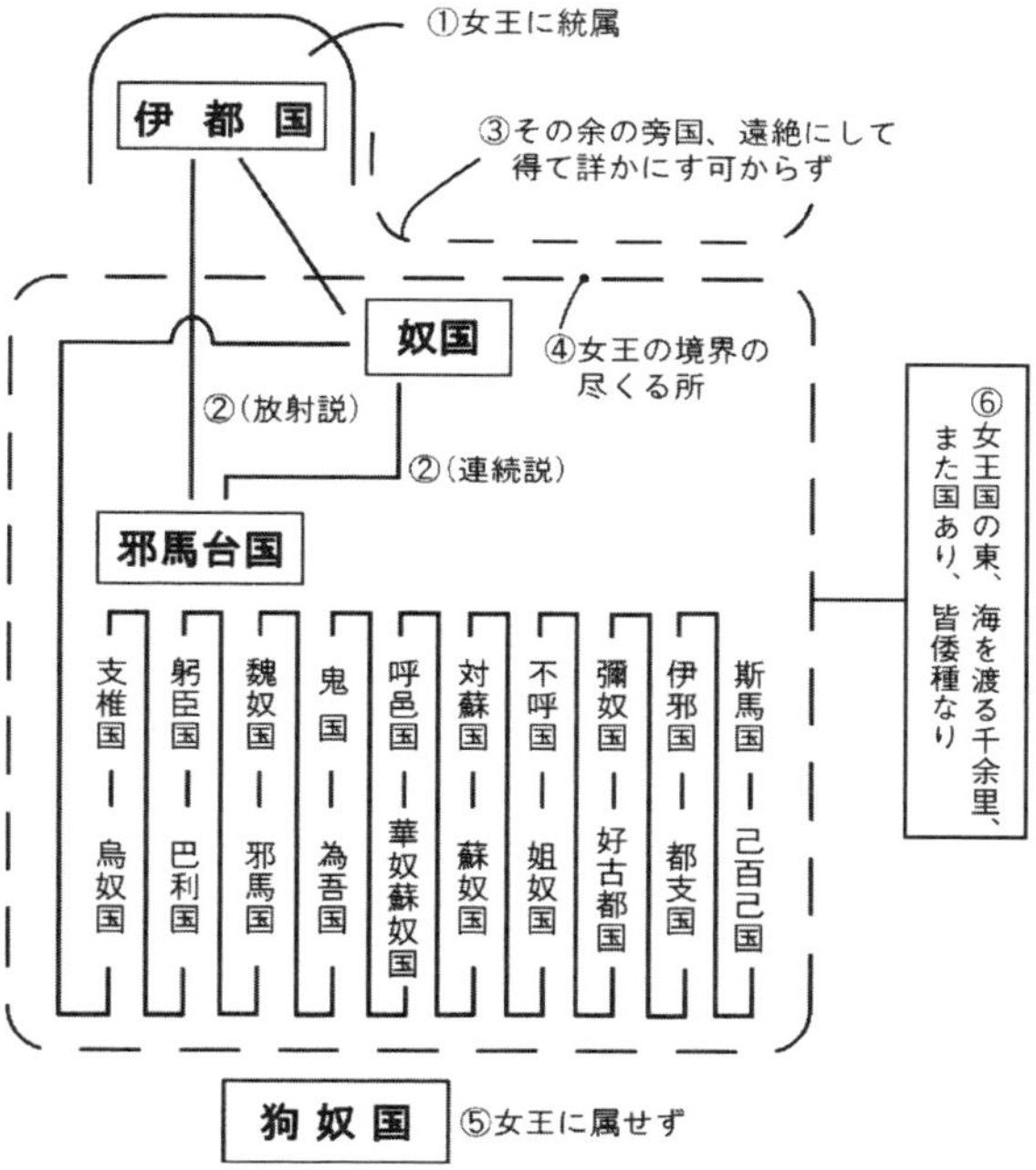

図46　邪馬台国の構造

残念ながら、九州考古学の膨大な現場成果の蓄積は、あまり咀嚼《そしゃく》されていない。もう一度、現場と報告書に立ち返って、研究の原点となる各地の現場を見直してみようというのが、筆者の願いである。

第四章　補遺編

―見えてきた北部九州のクニグニ―

第一節　新たに発見された環濠集落

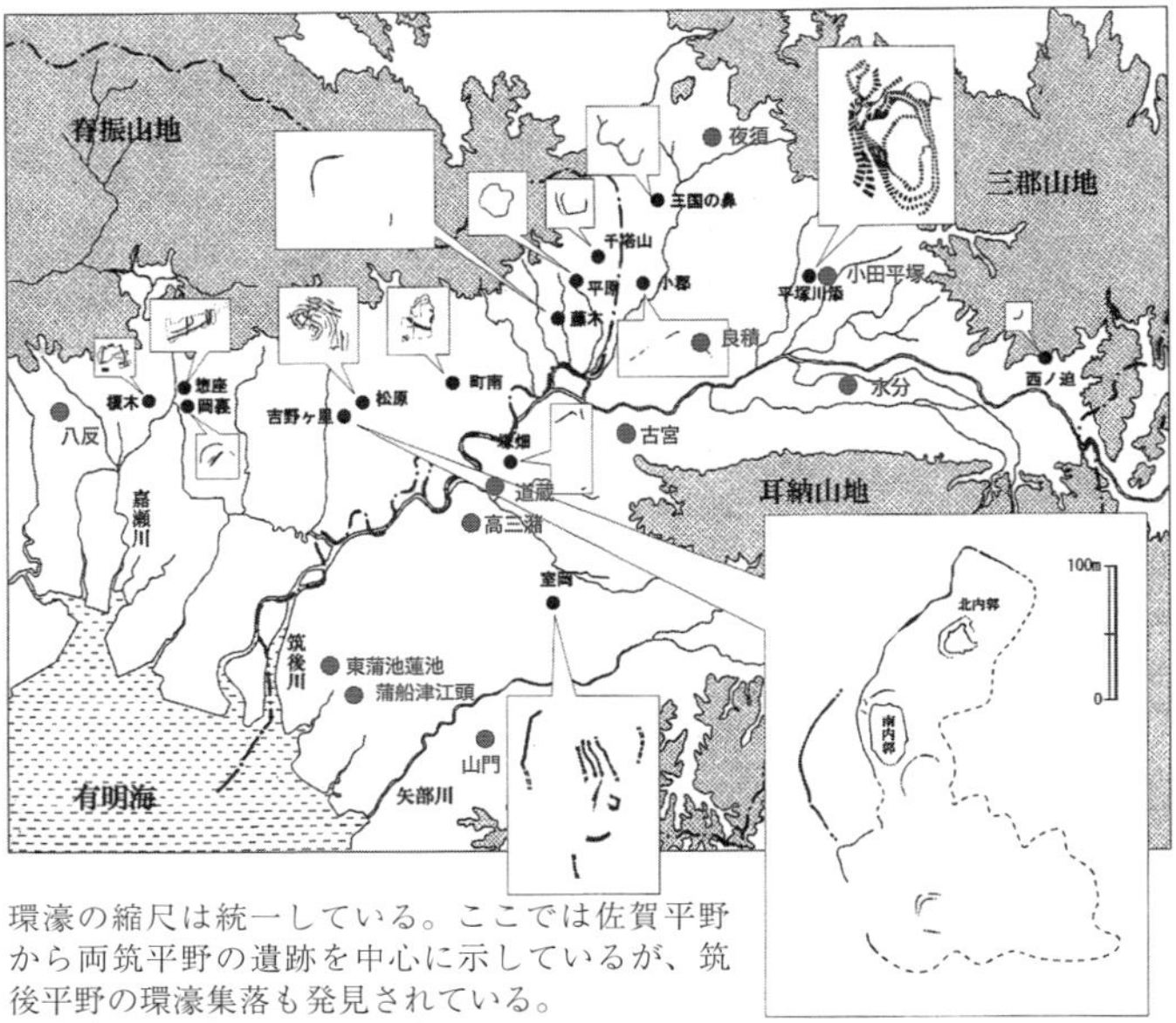

環濠の縮尺は統一している。ここでは佐賀平野から両筑平野の遺跡を中心に示しているが、筑後平野の環濠集落も発見されている。今後検討して加えることとする。

図47　新しい資料を加えた筑紫平野の環濠遺跡

筑紫平野では、今まで発見されていなかった地域で相次いで環濠集落が発見されている。近代交通網から取り残されていた地域に、新しい道路が作られ、開発が進んだおかげで、発掘調査が行われ、新たな発見に繋がったからである。特に顕著な地域の一つは今まで海浜地帯で大きな遺跡がないと思われていた有明海沿岸部、もう一つは筑後川に近く洪水に悩まされていた低地である。

それらの遺跡のうち主なものについて見ていくことにしよう。そして、筑紫平野の遺跡群ネットワークのさらなる復元構築に努めてみたい【図47】。

有明海沿岸の遺跡群

柳川市は水郷の町として知られている。有明海が間近に迫り、今は平らな土地でも、近年の調査により三橋町磯島など旧島状台地に弥生時代前期からわずかに遺跡があることがわかってきた。しかし、大牟田市からみやま市、柳川市、大川市を通って佐賀市の沿岸に高規格仕様の有明海沿岸道路が建設され、それに伴う周辺開発によって発掘調査が行われると、邪馬台国時代の遺跡群が発見され、中には柳川市内の蓮池《はすいけ》遺跡群のように大規模なものも地上に姿を現わした。

蓮池遺跡群は、弥生時代中期初頭から古墳時代後期にかけて継続的に営まれた集落である。このことは、この遺跡が立地する場所が、洪水などの水害にも強い土地であり、同時にこの地域では、ここに集落を継続する必要性があったことも示している。

この遺跡群のうち、蓮池遺跡は、平成二五（二〇一三）年から平成二六年に調査されたもので、弥生時代後期に限ると低湿地の遺跡特有の竪穴住居に代わる掘立柱建物、土坑、溝状遺構等が発掘されている。低地にあるものの、井戸によって水を確保する技術を持っていて、飲料に耐える水を確保する場所がここであったため、長期にわたる居住を可能にしたのであろう。海に近いので生業は漁撈にも一部依存していたであろうが、鉄製農具などが出土しているので、想像する以上に当時から稲作農耕に依存していたこともわかった（註1）。

蓮池遺跡群の一角にある西蒲池池淵《にしかまちいけぶち》遺跡では、弥生時代終末から古墳時代初頭の溝が発見されていて、環濠の一部と思われる。(註2)そこからは、注目すべき遺物として卜骨《ぼっこつ》が出土している。

蒲船津江頭《かまふなつえがしら》遺跡では、弥生時代終末から古墳時代初頭の礎板敷掘立柱建物、土坑、溝が発掘され、掘立柱建物だけでも一四〇棟見つかった。パンケース六〇〇箱を超える出土遺物があり、これだけでも大きな遺跡であることがわかる。現在は真っ平らな地形であるが発掘調査によって、標高差二メートル前後の微高地と谷が入り組んでいたことがわかり、その微高地には掘立柱建物や土坑が密集している。特に掘立柱建物が密集するⅢ区の微高地では、弥生時代終末から古墳時代初頭の短い時期の中に、一間×一間あるいは一間×二間の最低六棟以上の掘立柱建物が繰り返し作られている状況がわかる。微高地とはいっても水害には悩まされたであろうから、頻繁な建て替えも理解できるが、弥生時代終末にどうしてこのような場所に集落がつくられたのか、何か特殊な理由が考えられる。このⅢ区南側には一条の大溝が通っている。下山正一の地形復元に従えば、この蒲船津江頭遺跡が営まれていた時期には、西側数百メートルの位置に沖端《おきのはた》川の河口があり、その河口は入江状の地形であったらしい。(註3)

交易の拠点といった様相はない。出土土器も外来系のものは少なく在地系が主体である。報告書でも「一般的な農耕具の複数の出土から特異な地勢ながら農耕をいとなんでいたとみられ、遠隔の搬入土器や特殊遺物が目立って出土するような交易や特定の生産等に特化した側面は見られない。」とされていて、大きな建物もなく普通の集落の大型化した程度のものという認識をしている。ふつう微高地上は住居づくりに適しているが、むしろこの遺跡では、湿気の影響を受けやすい微高地よりやや下った部分に掘立柱建物が集中している。微高地上の環境の良いところを農耕地として活用した可能性があると考えられている。

最近では、土壌を分析して、土に珪藻が含まれているかどうかによって、当時頻繁に耐水していたか、乾燥していたかを判断している。この遺跡でも、低位の土坑には海水が頻繁に流れ込んでいた痕跡が見つかっている。つまり、遺跡全体からみれば、常に水害に見舞われていたのである。佐賀平野側でも有明海沿岸部にこのような遺跡が多数認められる。このような条件の悪い場所にまで、集落が進出してきた理由、あるいは進出しなければならなかった理由が問われるが、明確な答えは出ていない。

筑後川中流域低地の遺跡群

久留米市東部からうきは市に至る筑後川南岸地域と筑後川北岸でも常に洪水の危険にさらされている低地では、今まで環濠集落が発見されていなかった。しかし、バイパス道路建設や圃場整備事業に伴う発掘調査で重要な遺跡が発掘されている。

筑後川南岸の久留米市水分《みずわけ》遺跡は、旧田主丸町常盤《ときわ》の筑後川に面する、標高一八メートルの丘陵先端部に立地する。国道二一〇号浮羽バイパス建設工事に伴い、平成二二〜二四年度に第五・七次調査が行われる中で、弥生時代後期から古墳時代初頭の二重区画溝（環濠の一部と考えられる）、周溝状遺構九基、竪穴住居一五〇軒余り、掘立柱建物一〇棟などが発掘された。主な遺物には銅鏃・広形銅矛耳・骨鏃、碧玉・ヒスイ・ガラス製などの玉類、赤色顔料（ベンガラ・朱）・内面朱付着土器・鉄製品・炭化種子などがある。内側の環濠は幅二・七メートル、深さ〇・八メートル、外側の環濠は幅二・一メートル、深さ〇・五メートルで、七メートルほどの間隔をおいて二重に巡る。溝内の土層観察によって溝の外側に土塁状の高まりが存在していた可能性が指摘されている。また区画溝の外側に存在するが、一四号住居跡は、長軸六・五メートル、短軸五・一メートルの長方形プランの大型の竪穴住居で、大量の完形土器や住居の床面に撒かれた赤色顔料、ガラス小玉一六〇点、炭化米、鉄鏃・銅鏃・骨鏃がまとまって出土している特異な住居である。（註4）

筑後川北岸の久留米市良積《よしづみ》遺跡は、旧北野町赤司の標高一〇メートル余りの微高地上に立地する。県営圃場整備事業に伴い、平成四〜六年度に調査が実施された。縄文時代から古代まで続く地域の拠点的な集落である。集落の中心となる弥生時代後期から古墳時代初頭の遺構は、竪穴住居一六〇軒・掘立住建物三〇棟・周溝状遺構四〇基、甕棺墓・石棺基・土壙墓三四基などがある。遺物には、銅鏃・銅釧・銅鏡四面、鉄製品、ヒスイや碧玉・ガラス製の玉類などが見られ、畿内系の壺も出土している。ここに環濠が巡ることがわかった。（註5）

その他に久留米市合川町の高良川に面する、標高一八メートルの低位段丘上に立地する古宮《ふるごう》遺跡では、台地を南北に貫く形で、幅六メートル、深さ一・五メートルの大溝が、少なくとも三〇〇メートルにわたって直線的に掘削されている状況が確羅されている。溝の両側には一〇〇軒以上の竪穴住居が確認されている。

久留米市安武町安武本《やすたけほん》の標高八メートルの低台地上に立地する塚畑《つかばたけ》遺跡群は、弥生時代後期前半に集落が大きく展開し、後期後半にピークを迎える。台地を横断するような条溝が随所に掘削され、環濠の一部と考えられる。

久留米市大善寺町中津の標高七メートルの低台地上に立地する道蔵《どうぞう》遺跡でも、弥生時代後期中葉以降の井戸や竪穴住居、高床建物などを伴う二重環溝が発掘されている。集落の廃絶に際しては溝内に大量の土器が投棄されている状況が認められる。特筆すべき遺物として、青銅製鉇《やりがんな》、銅鏃、朝鮮半島系の擬無文土器なども出土している。道蔵遺跡の特徴としては、狭い範囲に複数の井戸が掘削され、井戸の底面からは完形品の壺や甕などが出土しており、祭祀に伴うものと考えられる。

最後に久留米市三潴町高三潴《たかみずま》の標高六メートルの低台地上に立地する高三潴遺跡がある。この遺跡の発見は古く、昭和一四（一九三九）年に採集資料の紹介がなされ、昭和四一（一九六六）年に高三潴式土器が北部九州の弥生時代後期初頭の土器として設定されたが、これまで大規模な調査は実地されてこなかった。近年の開発に伴う調査で大規模な溝が検出され、溝内からは筑後地方で初となる小銅鐸が出土した。また、隣接地の調査では甕棺墓二五基、石棺基八基、石蓋土壙墓四基、土壙墓五基などが発見された。甕棺墓のうち、四〇号甕棺墓からは、多量の赤色顔料とともに二〇〇点余りのガラス小玉と国内で三例目となる鉛ガラス製の連玉が出土し注目を集めた。(註6)【図48】。

このように、初版では扱わなかったところに多くの環濠を伴う重要な遺跡が相次いで発見された

しかし、どの遺跡を取って見ても、特別に秀でた存在ではなく、あくまでも北部九州の重要遺跡群

ネットワークのミッシング・リンクを繋ぐ遺跡として位置していることがわかる。

そして、どの遺跡が秀でているというわけではないが、全体的に見ると地域間の交流を示す事例が見られる。例えば土器を見ると良積遺跡では畿内系の壺、水分遺跡では肥後系のジョッキ形土器や豊前系の高杯、また道蔵遺跡からは韓式の軟質土器などが出土している。

この他、青銅製品、鉄製品、石製品、玉類、辰砂など、対外的な交易の一端を示すような資料も各地に存在する。西蒲池池淵遺跡では、複数の卜骨が出土している。

纒向遺跡では一つの遺跡から次々に重要な遺物が出土して注目を集めるが、北部九州の遺跡は、特別に一つの遺跡が秀でることはない。しかし、それぞれの遺跡から出土するものを集めれば、十分に纒向遺跡に匹敵する内容を持っていることを忘れてはならないだろう。

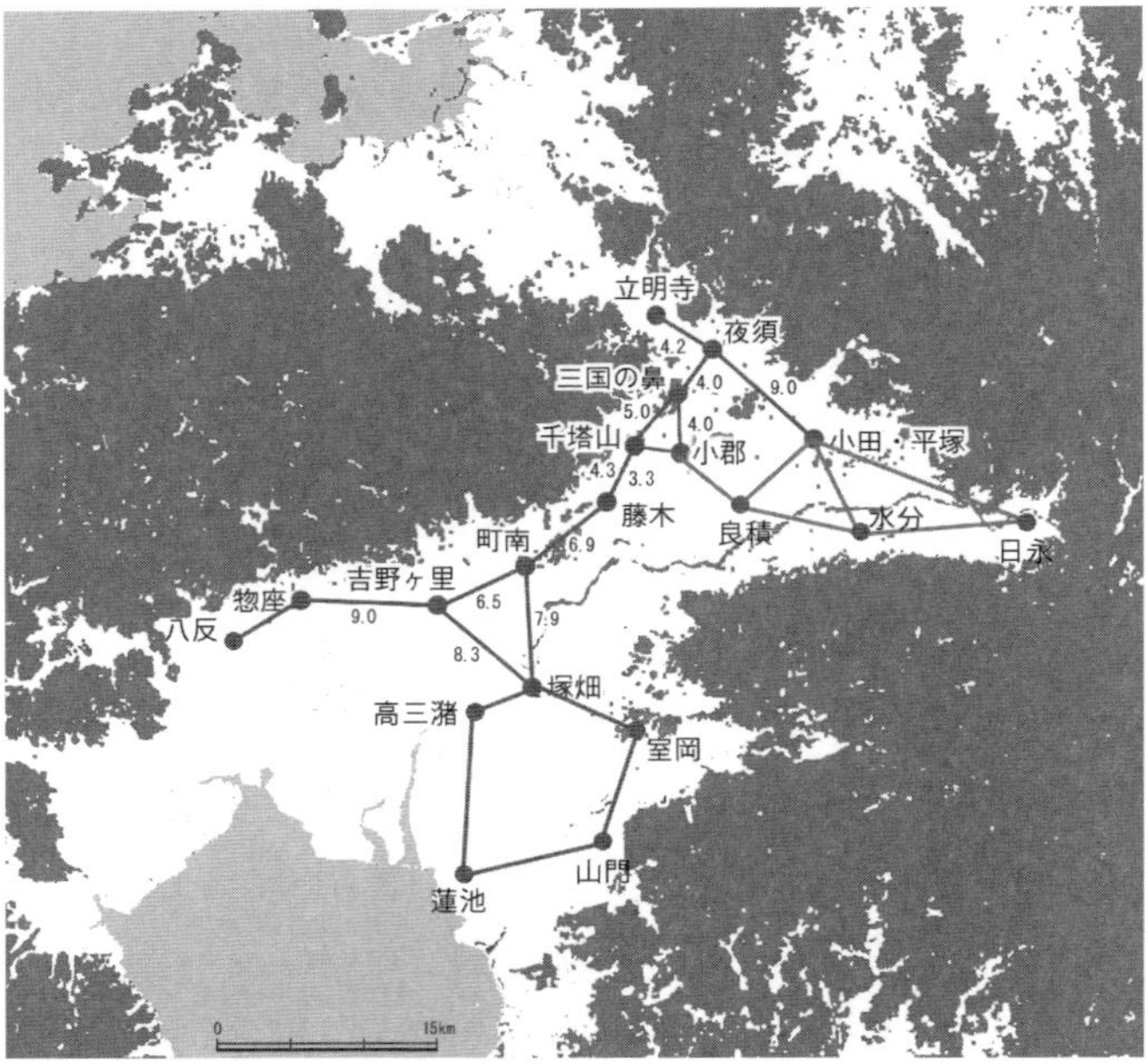

図48　新しい遺跡を加えた筑紫平野の環濠遺跡

第二節　トヨの地域の邪馬台国時代

一　石を投じるトヨの遺跡

同じ北部九州でも、邪馬台国時代のツクシとトヨは少し違った状況だった。

後に豊前・豊後と呼ばれるトヨは、瀬戸内海に面した周防灘沿岸地域である。結論から述べれば、北部九州にありながら、完全に北部九州の邪馬台国時代の文化ではなく、かなり近畿地方の影響を受けている不思議な場所であった。

行橋市延永《のぶなが》ヤヨミ園遺跡では、木樋と呼ばれる導水施設が発掘されている。延永ヤヨミ園遺跡は、東に向かって開口する馬蹄形をした丘陵上にある遺跡で、当時は近くまで海が迫っていた。

この遺跡は、弥生時代から平安時代まで継続した集落で、総数六〇〇軒を超す住居跡が発見されている。このうちの約三割が弥生時代終末～古墳時代前期にあたり、竪穴住居とそれらを囲う方形や円形の溝が掘られ、谷に近い位置には井戸や掘立柱建物もあった。延永ヤヨミ園遺跡は、京都平野の中で大規模かつ重要な役割を担っていた集落であったと考えられている。

木樋は、谷の南側付近で発見された。木を加工して組み合わせ、底板の上に側板を両脇に立て、水

図49　延永ヤヨミ園遺跡木樋出土状況（註7、九州歴史資料館提供）

を引き入れ、浄化した水だけが流れ出るようになっている。この導水施設は、実用的なものではなく、水のまつりに使用されたものと考えられている(註7)【図49】。木樋は、国内最古級のもので、九州でも弥生時代のものとしては唯一の例であるが、同時期にヤマトの纒向遺跡にもあって水の祭祀に使用されていたという点が注目される。これは邪馬台国時代のトヨとヤマトに人の交渉があったことを示している。さらに、木樋を作る技術が、もともと九州にないことを考えると、この木樋そのものが、ヤマトで作られた可能性も持っている。

　みやこ平野の少し内陸に入ったみやこ町（旧豊津町）の国作《こくさく》八反田《はったんだ》遺跡では、広形銅戈が発見されている。この銅戈が普通のものと違うのは、バラバラに割れているところである。その割れ方は尋常ではなく、調査担当者の表現では「『折る』より、『折り曲げながら引きちぎる』」ように破壊されている。しかもそれが集落脇の流路に撒かれたような状態で出土した。全部の破片がないのはそのためである。銅戈と言えば、北部九州の弥生文化を象徴する遺物である。九州弥生文化の精神である。それをバラバラにして捨て去るということはどういうことなのだろうか。あたかも九州弥生文化との決別を意味するもののように見える。なお、国作八反田遺跡では、纒向遺跡で発掘された桃の種も出ている。(註8)

幸いなことに銅戈とともに土器も廃棄されているので、その土器から廃棄された時期が、トヨの地域では弥生時代最後の段階で三世紀前半ということがわかる。そうするとトヨの地域では、ヤマトの古墳文化がトヨに伝わると同時くらいに、青銅器文化に決別して新しい時代を迎えたことになる。

トヨは北部九州の一員であるという大きな見方に変更はないが、近年の調査で相次いでわかってきたトヨの独自性は、北部九州の一員に属しながらも、一方で近畿の勢力もしっかりと見ながら、来たるべく古墳時代の新しいヤマト政権の九州進出を予見しながら、したたかに生きていく姿である。

トヨのクニグニ

前述の延永ヤヨミ園遺跡や国作八反田遺跡の他にも、トヨでは邪馬台国時代の注目される遺跡が発見されている。トヨにあたる豊前・豊後のうち北半の地域を見ていくことにする【図50】。

まず北の方から見ていくと、重留《しげとめ》遺跡を中心とした紫川中流域の城野《じょうの》遺跡群がある。この遺跡群は、紫川右岸に立地し、福智山系から派生した丘陵上に広がる。広大な丘陵というわけではなく、周囲は山々に囲まれている。平成二（一九九〇）年にこの地域で最初に調査されて注目されたのが重留遺跡である。

重留遺跡では弥生時代後期終末の住居跡壁際にある屋内貯蔵穴から、土の中に埋められていた広形

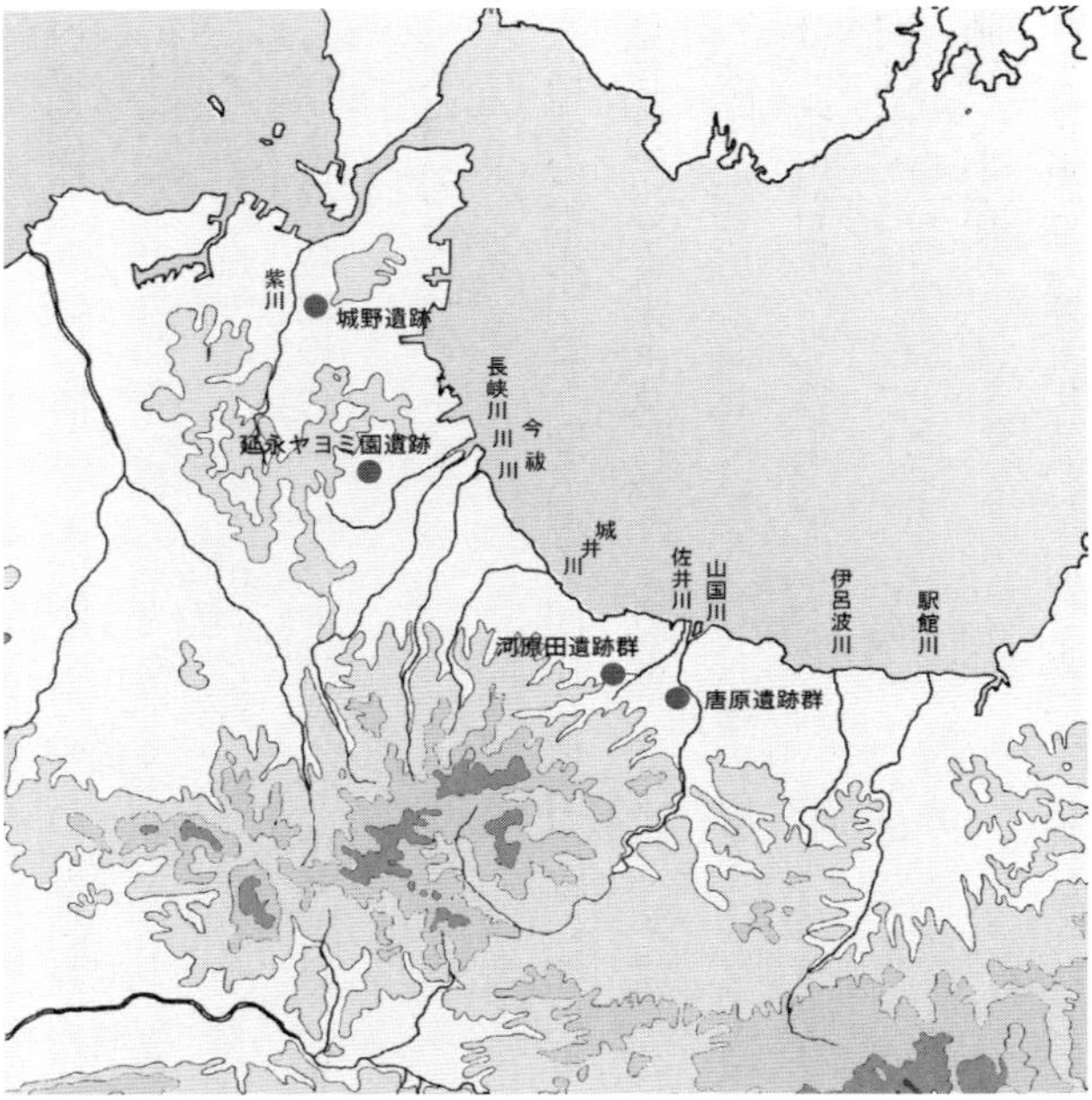

図50　邪馬台国時代の豊前地方における主要な弥生集落遺跡

鋼矛が見つかった。埋めた上に念入りに粘土を被せていた。そして一度埋めたものは何回か掘り出され、また埋められている。住居の中に青銅器を埋めた遺構の発見は初めてであった。(註9)

次に注目されたのが、城野遺跡である。弥生時代後期終末の大型の方形周溝墓が発見された。方形周溝墓の大きさは一辺が南北二三メートル、東西一六・五メートルである。方形周溝墓の内部に二基の箱式石棺が平行して造られ、南側の棺には幼児の人骨が残っていた。棺内の床には朱が堆積していたが、頭部の石棺の表面には水銀朱が塗られ、その表面の一部にこすったような痕跡があった。抽象的なものか、具象的なものかはわからないが、墓の守り神の性格を持ち、武器と武具をもつ「方相氏《ほうそうし》」という意見もある。(註10)

また、弥生時代後期終末の住居跡床面から多量の碧玉、水晶、メノウなどの製品・未製品・剥片や加工具が出土し、玉を制作する場所と推定された。

次に京都平野の南東には海岸に沿って狭い平地が広がるが、福岡県と大分県の境に大きな平野である中津平野がある。その一角を占める佐井川西岸に広がる台地に河原田《かわらだ》遺跡群がある。

豊前市大字鬼木《おんのき》・大字河原田にある河原田遺跡群は、昭和六二（一九八七）年からの圃場整備事業に先立つ発掘調査によって、豊前地域屈指の大遺跡であることがわかった。

河原田遺跡群が作られたのは、弥生時代前期の終わり頃だが、それ以来、暫時中心を移しながら邪馬台国時代までの間に地域の中心の集落として栄えた。

小石原泉遺跡は、邪馬台国時代の大集落で住居跡が一六〇軒発掘された。環濠ではないが、天然の川によって一つの村として完結するつくりになっている。この遺跡を含む河原田遺跡群の大きな特徴は、多種多様な青銅器・鉄器が出土している点である。鬼木四反田《おんのきしたんだ》遺跡からは、青銅製鉇、武器としての銅鏃、中広形銅戈、蕨手状渦文鏡などの青銅器が発掘されている。河原田塔田《とうだ》遺跡の墓地群から細形銅戈が一点出土する。（註11）これらのうちいくつかは邪馬台国時代以前のものであるが、中心集落としての継続性を示すものとして取り上げた。

山国川流域にある唐原遺跡群は、邪馬台国時代のトヨにおける環濠集落である。

環濠は、山国川左岸の低地にある郷ヶ原《ごうがはる》遺跡、田代遺跡、瀬戸口遺跡、久保畑遺跡、大法寺遺跡などいくつかの名称を冠せられた遺跡ごとに調査されているが、そこで発見された溝が繋がって、弥生時代後期に、三重に繞る環濠になると推定された。（註12）その一番内側の環濠でも、南北の長さ三八〇メー

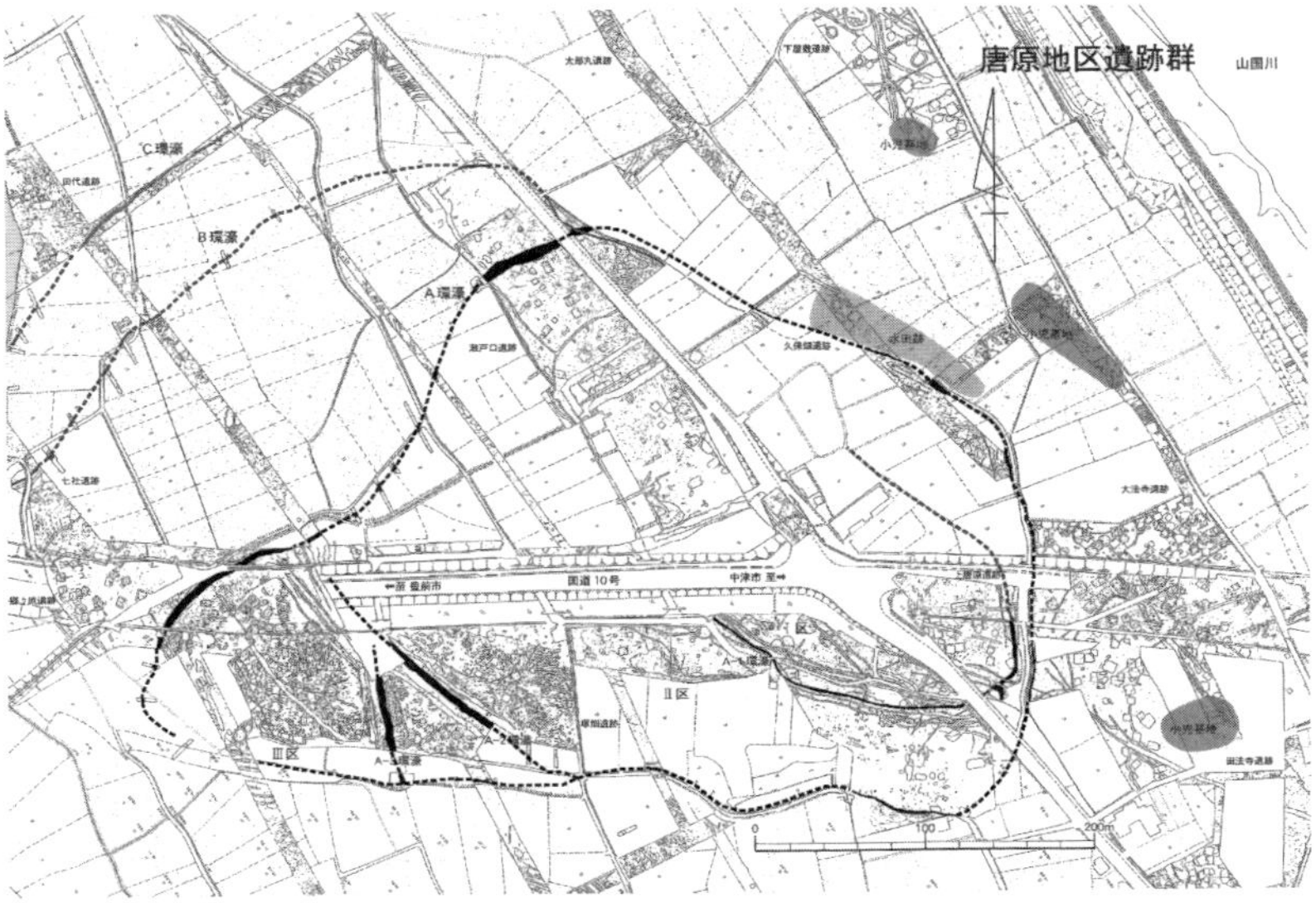

図 51　唐原遺跡群環濠集落（註 12 より一部改変）

大きく見ると内側からA環濠、B環濠、C環濠になる。C環濠の規模は不明であるが、内側のA環濠は、東西約 530 m、南北約 380m になる。A環濠の内側にはさらに環濠らしきA-1環濠があり、内郭を形作る可能性もある。

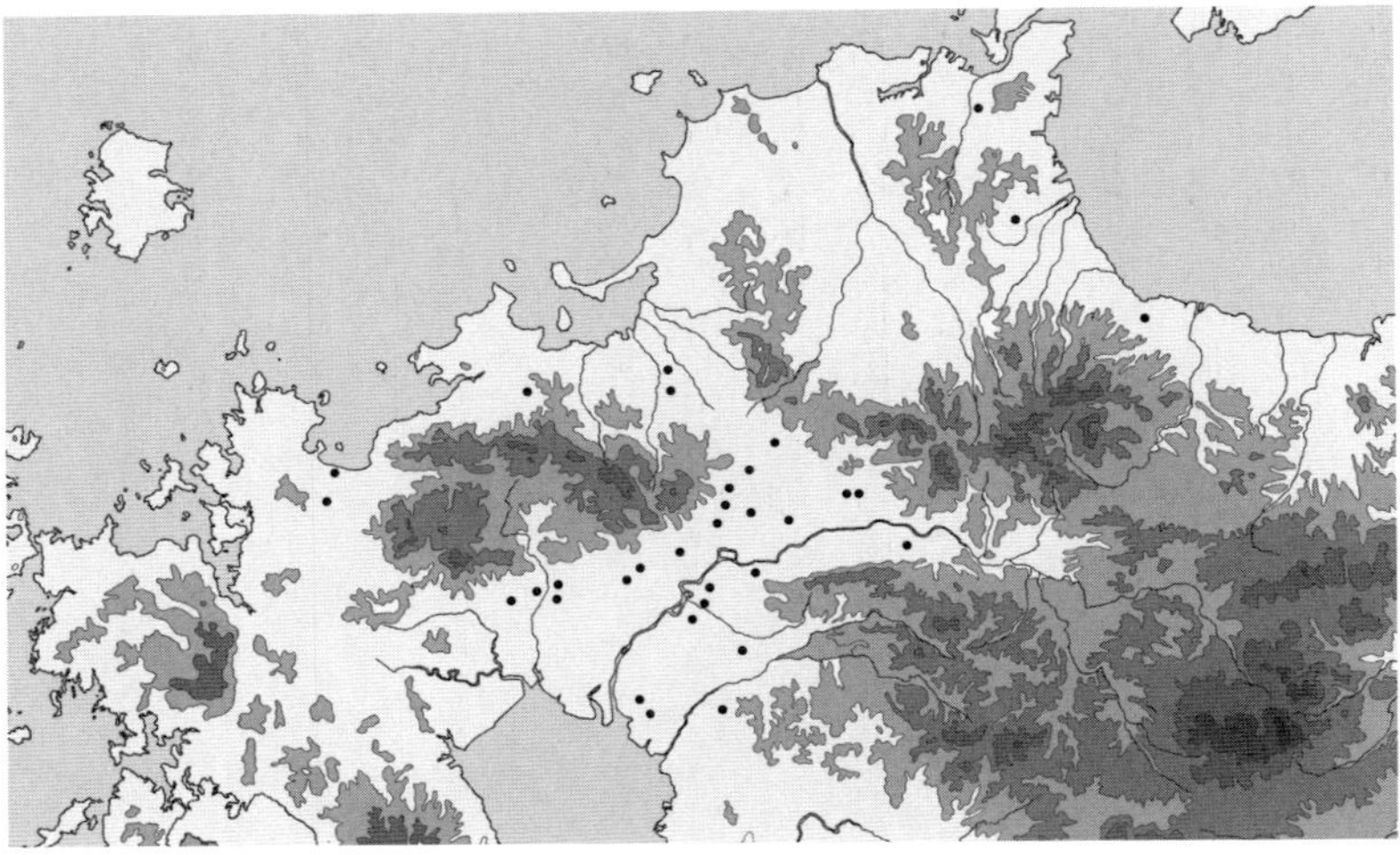

図 52　弥生時代のクニ想定図

トル、東西の長さ五三〇メートルにも及ぶ広大な大きさである【図51】。環濠の内側はほとんど調査されていないので実態が良く分かっていない。しかし、環濠の外側では水田などの耕作地や墓地が確認されていて、環濠内部が生活の舞台となったことは容易に想像できる。内部から六〇軒以上の竪穴住居跡が発掘されている。環濠は弥生時代終末に廃棄されている。

初版で北部九州の遺跡を扱った際に、私の図面（図16、本書七五頁）はツクシだけにとどまっていたが、北部九州の中でもトヨの地域がツクシとは、地理的にもやや別な地域であることを強調するために今回はトヨを含めた北部九州を示す図に更新したい【図52】。

原文の引用・参考

和田　清・石原道博編訳　一九五一『魏志倭人伝・後漢書倭伝・宋書倭国伝・隋書倭国伝』岩波書店
『魏志』倭人伝の口語訳部分は、小南一郎訳出　一九八二『世界古典文学全集第二四巻B　三国志　Ⅱ』筑摩書房
坂本太郎・家永三郎・井上光貞・大野晋校注　一九六七『日本書紀　上』日本古典文学大系　岩波書店

註

第一章

(1) 津田左右吉　一九一三『神代史の新しい研究』(『津田左右吉全集　別巻一　神代史の新しい研究　古事記及び日本書紀の新研究』岩波書店　一九八九に再録)
(2) 水野　祐　一九六七『日本古代の国家形成』講談社
(3) 新井白石『古史通或問』『外国之事調書』
(4) 本居宣長『馭戎慨言』
(5) 白鳥庫吉　一九一〇「倭女王卑弥呼考」『東亜之光』五―五・六
(6) 内藤湖南　一九一〇「卑弥呼考」『芸文』一―二・三・四
(7) 橋本増吉　一九五六「第一編　邪馬台国論考」『東洋史上より見たる日本上古史研究』平凡社
(8) 和辻哲郎　一九五一『日本古代文化』改稿版　岩波書店
(9) 榎　一雄　一九六〇『邪馬台国』至文堂
(10) 豊田伊三美　一九二二「邪馬台国を読みて」『考古学雑誌』一三―一
(11) 安藤政直　一九二七『歴史教育』第二巻　歴史文化研究会
(12) 久米邦武　一九〇二『日本古代史講義』上　早稲田大学出版部
(13) 佐伯有清　二〇〇六『邪馬台国論争』岩波書店
(14) 西谷　正　二〇〇九『魏志倭人伝の考古学』学生社
(15) 真野和夫　二〇〇九『邪馬台国論争の終焉』

(16)富岡謙蔵　一九二〇「支那古鏡図説」『古鏡の研究』
(17)梅原末治　一九二一『佐味田及新山古墳研究』岩波書店
(18)梅原末治　一九四〇「第一六　考古学上より観たる上代の畿内」『日本考古学論攷』弘文堂書房
(19)高橋健自　一九二二「考古学上より観たる邪馬台国」『考古学雑誌』一二―五
(20)笠井新也　一九二四「卑弥呼即ち倭迹迹日百襲姫命（1）」『考古学雑誌』一四―七
(21)小林行雄　一九五五「古墳の発生の歴史的意義」『史林』三八―一
(22)小林行雄　一九六一『古墳時代の研究』青木書店
(23)小林行雄　一九五九『古墳の話』岩波書店
(24)森　浩一　一九六二「日本の古代文化―古墳文化の成立と発展の諸問題―」『古代史講座』三　古代文明の形成　学生社
(25)王　仲殊　一九九八『三角縁神獣鏡』学生社　尾形　勇・杉本憲司編訳
(26)岡村秀典　一九九九『三角縁神獣鏡の時代』吉川弘文館
(27)岡村秀典　二〇〇二「考古学からみた漢と倭」『倭国誕生』日本の時代史一　吉川弘文館
(28)福永伸哉　二〇〇一『邪馬台国から大和政権へ』大阪大学出版会
(29)岸本直文　一九八九「三角縁神獣鏡の工人群」『史林』七二―五
(30)新納　泉　一九九一「権現山鏡群の型式学的位置」『権現山五一号墳』
(31)佐原　真　一九六四「石製武器の発達」『紫雲出』香川県三豊郡詫間町文化財保護委員会
(32)佐原　真　二〇〇三『『魏志』倭人伝の考古学』岩波現代文庫
(33)松木武彦　一九九八「考古学からみた『倭国乱』」『古代を考える　邪馬台国』吉川弘文館
(34)高倉洋彰　一九九五『金印国家群の時代　東アジア世界と弥生社会』青木書店
(35)原田大六　一九五四『日本古墳文化　奴国王の環境』東京大学出版会
(36)友納　健　一九七六『原田大六論』中央公論事業出版

(37)柳田康雄　二〇〇〇『伊都国を掘る─邪馬台国に至る弥生王墓の考古学』大和書房
(38)柳田康雄　二〇〇二『九州弥生文化の研究』学生社
(39)西谷　正　一九七六「山門郡の考古学」『九州文化史研究所紀要』二一
(40)南　陽子　二〇〇八『高島忠平聞書　地を這いて光を掘る』西日本新聞社
(41)註32に同じ
(42)小田富士雄　一九九〇「弥生集落遺跡の調査と保存問題─福岡県・一ノ口遺跡をめぐって─」『古文化談叢』二三
(43)宮崎康平　一九六七『まぼろしの邪馬台国』講談社
(44)七田忠志　一九三四「その後の佐賀県戦場ヶ谷遺跡と吉野ヶ里遺跡について」『史前学雑誌』六─四
(45)橋口達也　一九七一「佐賀県脊振南麓における弥生社会の発展」『九州考古学』四一～四四
(46)門脇禎二　二〇〇八『邪馬台国と地域王国』吉川弘文館
(47)七田忠昭　二〇〇五『吉野ヶ里遺跡』日本の遺跡2　同成社
(48)高島忠平　一九九三「吉野ヶ里」『日本通史　第2巻　古代一』
(49)高島忠平　二〇一一「九州地方説」『歴史読本』五六─四

第二章

(1)楯築刊行会　一九九二『楯築墳丘墓』
(2)近藤義郎　一九八三『前方後円墳の時代』岩波書店
(3)田中　琢　一九六五「布留式以前」『考古学研究』一二─二
(4)都出比呂志　一九九八「総論─弥生から古墳へ─」『古代国家はこうして生まれた』角川書店
(5)桜井市教育委員会　一九七六『纒向』
(6)春成秀爾ほか　二〇〇九「古墳出現の炭素14年代」『日本考古学協会第七五回総会』研究発表要旨
(7)寺澤　薫・橋本輝彦　二〇〇六「纒向の小規模古墳群雑感─踏査記録のことなど─」『青陵』一二〇
(8)寺澤　薫　一九八八「纒向型前方後円墳の築造」『考古学と技術』同志社大学考古学シリーズⅣ

(9) 石野博信　二〇〇八『邪馬台国の候補地　纒向遺跡』シリーズ遺跡を学ぶ〇五一　新泉社
(10) 註8に同じ
(11) 寺澤　薫　二〇〇〇『王権誕生』日本の歴史第〇二巻　講談社
(12) 大津　透・久留島典子・藤田　覚・伊藤之雄　二〇〇三『新日本史』山川出版社
(13) 柳田康雄　一九八二「三・四世紀の土器と鏡―「伊都」の土器からみた北部九州―」『森貞次郎博士古稀記念古文化論集』森貞次郎博士古稀記念論文集刊行会
(14) 久住猛雄　一九九九「北部九州における庄内式並行期の土器様相」『庄内式土器研究』XIX
(15) 片岡宏二　一九八五「弥生時代後期の土器編年について」『三沢栗原遺跡Ⅲ・Ⅳ』小郡市文化財調査報告書第二三集
(16) 蒲原宏行　二〇〇三「佐賀平野における弥生後期の土器編年」『佐賀県立博物館・美術館調査研究書』第二七集　佐賀県立博物館・美術館
(17) 註9に同じ
(18) 財団法人桜井市文化財協会　二〇〇九『平成二一年度夏季企画展　平成二〇年度発掘調査速報「50cm下の桜井」』桜井市立埋蔵文化財センター展示解説書
(19) 水野　祐　一九七〇『日本民族文化史』雄山閣
(20) 西谷　正　二〇〇九『魏志倭人伝の考古学』学生社
(21) 片岡宏二　二〇〇六『渡来人から倭人社会へ』雄山閣
(22) 西嶋定男　一九六一「古墳と大和政権」『岡山史学』一〇
(23) 都出比呂志　一九九一「日本古代国家形成論序説　前方後円墳体制論の提唱」『日本史研究』三四三
(24) 藤間生大　一九五〇『埋もれた金印　女王卑弥呼と日本の黎明』岩波新書、一九七〇『埋もれた金印　第二版　日本国家の成立』岩波新書
(25) 渡部義通　一九七〇『古代社会の構造』三一書房

(26) 註24に同じ
(27) 橋口達也　二〇〇七『弥生時代の戦い—戦いの実態と権力機構の生成』雄山閣
(28) 南　陽子　二〇〇八『高島忠平聞書　地を這いて光を掘る』西日本新聞社
(29) 西谷　正　一九九六「第三節　小国の形成と東アジア」『小郡市史』第一巻　通史編　地理・原始・古代
(30) 片岡宏二　二〇一一「考古学から『国邑』の実態に迫る」『考古学ジャーナル』六一一　ニューサイエンス社
(31) 西谷　正　二〇一〇「邪馬台国最新事情」『石油技術協会誌』七五—四
(32) 安本美典　一九六七『邪馬台国への道　科学の解いた古代の謎』筑摩書房

第三章

(1) 大刀洗町教育委員会　一九九三『本郷畑築地遺跡』大刀洗町文化財調査報告書第二集
(2) 福岡市立歴史資料館　一九八六『特別展図録　早良王墓とその時代　墳墓が語る激動の弥生社会』
(3) 佐賀県教育委員会　二〇〇三『柚比遺跡群三』佐賀県文化財調査報告書第一五五集
(4) 七田忠昭　二〇〇五『吉野ヶ里遺跡』日本の遺跡2　同成社
(5) 原田大六　一九六六『実在した神話—発掘された「平原弥生古墳」』学生社
(6) 前原市教育委員会　二〇〇〇『平原遺跡』前原市文化財調査報告書第七〇集
(7) 原田大六　一九七七『卑弥呼の墓』ロッコウブックス
(8) 奥田　尚　二〇〇二『石の考古学』学生社
(9) 佐賀県教育委員会　二〇〇七『中原遺跡1』佐賀県文化財調査報告書第一六八集
(10) 小松　譲　二〇〇八「肥前国松浦郡の交通路と官衙」『条里制・古代都市研究』二三
(11) 仁田坂聡　二〇一一「末盧国の国邑　千々賀遺跡」『考古学ジャーナル』六一一
(12) 春日市教育委員会　二〇〇四『奴国の首都　須玖岡本遺跡』吉川弘文館
(13) 久住猛雄　二〇〇九「比恵・那珂遺跡群　弥生時代後期の集落動態を中心として」『弥生時代後期の社会変化』第五八回埋蔵文化財研究集会資料

(14) 橋本増吉　一九五六「第一編　邪馬台国論考」『東洋史上より見たる日本上古史研究』平凡社
(15) 松本清張　一九八六『邪馬台国　清張通史①』講談社
(16) 藤間生大　一九五〇『埋もれた金印　女王卑弥呼と日本の黎明』岩波新書
(17) 片岡宏二　二〇〇〇「続・古代の点と線―筑紫平野の国・郡境を決める法則―」『古文化談叢』四五
(18) 小山修三　一九八四『縄文時代』中公新書
(19) 渡辺正気　一九九五「第八節　奴国の問題」『春日市史』上巻　第二編　原始・古代　第二章　弥生時代
(20) 澤田吾一　一九四三『奈良時代民政経の数的研究』冨山房
(21) 宮崎貴夫　二〇〇八『原の辻遺跡　壱岐に甦る弥生の海の王都』日本の遺跡三二
(22) 松見裕二　二〇一一「原の辻遺跡（一支国）」『考古学ジャーナル』六一一
(23) 唐津湾周辺遺跡調査委員会　一九八二『末盧国　佐賀県唐津市・東松浦郡の考古学的調査研究』六興出版
(24) 蒲原宏行　二〇〇九「桜馬場『宝器内蔵甕棺』の相対年代」『地域の考古学』
(25) 註11に同じ
(26) 高倉洋彰　一九九五『金印国家群の時代　東アジア世界と弥生社会』青木書店
(27) 伊都国資料館　二〇〇一『平成十三年度伊都歴史資料館秋季企画展「伊都国王都・三雲遺跡展」』
(28) 江崎靖隆　二〇一一「三雲・井原遺跡群」『考古学ジャーナル』六一一
(29) 岡部裕俊　一九九八「推定される伊都国の構造」『古代探求』中央公論社
(30) 春日市教育委員会　一九九四『奴国の首都　須玖岡本遺跡　奴国から邪馬台国へ』
(31) 春日市奴国の丘歴史資料館　二〇〇五『春日市奴国の丘歴史資料館常設展示図録』
(32) 平田定幸・井上義也　二〇一一「須玖遺跡群」『考古学ジャーナル』六一一
(33) 註13に同じ
(34) 註19に同じ
(35) 藤田三郎　二〇〇一「唐古・鍵遺跡の最近の調査」『唐古・鍵遺跡の考古学』学生社

(36) 池上曽根遺跡史跡指定二〇周年記念実行委員会　一九九六『池上曽根遺跡史跡指定二〇周年記念　弥生の環濠都市と巨大神殿』
(37) 細谷　葵　二〇〇三「植物考古学からみた弥生階級制社会の成立と農耕サイクル『弥生大型建物モデル』と大阪府池上・曽根遺跡」『史観』一四八
(38) 日野開三郎　一九五二「邸閣」『東洋史学』六
(39) 乾　哲也　一九八六「畿内大規模集落の構造」『池上曽根遺跡史跡指定二〇周年記念　弥生の環濠都市と巨大神殿』
(40) 平井　勝　二〇〇一「岡山における弥生時代のムラとクニ（上）」『古代吉備』二三
(41) 平井　勝　二〇〇五「キビ的世界の形成」『古代を考える　吉備』吉川弘文館
(42) 寺澤　薫　二〇一〇「第二章　首長霊継承観念の創出と前方後円墳祭祀の誕生」『弥生時代政治史研究　青銅器のマツリと政治社会』吉川弘文館
(43) 福島日出海　二〇〇八「弥生時代における地域社会の動向について―嘉穂盆地（地域）の統一と分散―」『古文化談叢』五九
(44) 飯塚市教育委員会　一九九七「飯塚市遺跡詳細分布調査報告書」飯塚市文化財調査報告書第二四集
(45) 上田龍児　二〇一一「二日市地峡帯の遺跡群」『考古学ジャーナル』六一一
(46) 筑紫野市史編さん委員会　二〇〇一『筑紫野市史』資料編（上）
(47) 森　浩一　二〇一〇『倭人伝を読みなおす』筑摩書房
(48) 佐藤正義　二〇一一「弥生時代後期後半代の拠点集落にみる社会情勢―三牟田・曾根田丘陵の遺跡群を中心に」『考古学ジャーナル』六一一
(49) 夜須町教育委員会　二〇〇一『夜須町の考古学』弥生時代編
(50) 甘木市教育委員会　一九九四『平塚川添遺跡　概報Ⅱ』、同　一九九四・二〇〇四『平塚川添遺跡Ⅰ・Ⅱ』、同　一九九六・二〇〇六『平塚山の上遺跡Ⅰ・Ⅱ』、同　二〇〇六『福田地区遺跡群』

(51) 川端正夫　二〇一一「小田・平塚遺跡群」『考古学ジャーナル』六一一
(52) 蒲原宏行　一九九四「古墳時代初頭前後の佐賀平野―集落の変貌とその画期―」『日本と世界の考古学』岩崎卓也先生退官記念論文集　雄山閣出版
(53) 八女市教育委員会　二〇〇四『西山ノ上遺跡（1・2次調査）』八女市教育委員会
(54) 大塚恵治　二〇一一「八女　室岡遺跡群の様相」『考古学ジャーナル』六一一
(55) 岩崎　光　一九八七『筑豊ひ　古代の旅』
(56) 白木　守　一九九四「二〇　塚畑遺跡群」『久留米市史』第一二巻資料編　考古、久留米市
(57) 福岡県教育委員会　二〇一〇『藤の尾垣添遺跡Ⅲ』九州新幹線関係埋蔵文化財調査報告第一六集
(58) 福岡県教育委員会　一九八五『観音丸遺跡・向野古墳群・三船山遺跡』福岡県文化財調査報告書第七〇集
(59) 佐賀県教育委員会　一九九二『吉野ヶ里』佐賀県文化財調査報告書第一一三集
(60) 水野　祐　一九六六『日本古代国家　倭奴国・女王国・狗奴国』紀伊国屋新書
(61) 村上恭通　二〇〇七『古代国家成立過程と鉄器生産』青木書店
(62) 石橋新次　一九九二「糸島型祭祀土器の成立とその意義」『北部九州の古代史』名著出版
(63) 赤塚次郎　二〇〇九『幻の王国・狗奴国を旅する　卑弥呼に抗った謎の国へ』風媒社
(64) 白石太一郎　一九九九『古墳とヤマト政権　古代国家はいかに形成されたか』文春新書
(65) 西谷　正　二〇〇九『魏志倭人伝の考古学』学生社
(66) 鳥栖市教育委員会　二〇〇二『藤木遺跡・今泉遺跡』鳥栖市文化財調査報告書第六八集
(67) 註16に同じ
(68) 酒井龍一　一九八四「弥生時代中期・畿内社会の構造とセトルメントシステム」『文化財学報』三
(69) 酒井龍一　一九九〇「拠点集落と弥生社会―拠点集落を基本要素とする社会構造の復元―」『日本村落史講座　2　景観1』雄山閣
(70) 都出比呂志　一九八九『日本農耕社会の成立過程』岩波書店

(71) 都出比呂志　一九七四「古墳出現前夜の集団関係」『考古学研究』二〇―四
(72) 福岡県教育委員会　一九九三「西ノ迫遺跡」『九州横断自動車道関係埋蔵文化財発掘調査報告書二五』
(73) 玖珠町教育委員会　一九九三『白岩遺跡』玖珠町文化財調査報告書
(74) 大分県教育委員会　一九九七『九州横断自動車道関係埋蔵文化財発掘調査報告書六』
(75) 井上光貞　一九六五『神話から歴史へ』日本の歴史一　中央公論社

第四章

(1) 柳川市教育委員会　二〇一六『蓮池遺跡』柳川市文化財調査報告書第九集
(2) 九州歴史資料館　二〇一八『西蒲池池淵遺跡Ⅱ』国道三八五号三橋大川バイパス関係埋蔵文化財調査報告第四集
(3) 下山正一　一九九六「有明海沿岸低平地の成因と海岸線の変遷」『ミュージアム九州』五二
(4) 久留米市教育委員会　二〇一五『水分遺跡―第7次調査遺構編』久留米市文化財調査報告書第三五五集
(5) 北野町教育委員会　一九九八『良積遺跡Ⅱ』北野町文化財調査報告書第一一集、北野町教育委員会　一九九九『良積遺跡Ⅲ』北野町文化財調査報告書第一二集
(6) 久留米市教育委員会　二〇一七『高三潴遺跡―第5次発掘調査概要報告―』久留米市文化財調査報告書第七八集
(7) 九州歴史資料館　二〇一五『延永ヤヨミ園遺跡―Ⅳ区Ⅱ―』一般国道二〇一号行橋インター関連関係埋蔵文化財調査報告第四集、九州歴史資料館　二〇一五『延永ヤヨミ園遺跡―Ⅲ区Ⅱ―』一般国道二〇一号行橋インター関連関係埋蔵文化財調査報告第五集
(8) みやこ町教育委員会　二〇一五『呰見中園遺跡・国作八反田遺跡』みやこ町文化財調査報告書第一二集
(9) 北九州市教育文化事業団埋蔵文化財調査室　一九九九『重留遺跡第2地点』
(10) 北九州市芸術文化振興財団埋蔵文化財調査室　二〇一一『城野遺跡1』
(11) 豊前市教育委員会　一九九八『小石原泉遺跡』豊前市文化財報告書第一一集、豊前市教育委員会　二〇〇二

『河原田四ノ坪遺跡・川内南原遺跡』豊前市文化財報告書第一五集、豊前市教育委員会　二〇〇四『河原田塔田遺跡』豊前市文化財報告書第一九集、豊前市教育委員会　二〇〇六『鬼木四反田遺跡（遺物編）』豊前市文化財報告書第二一集、豊前市教育委員会　二〇一三『鬼木鉾立遺跡・久路土桶掛遺跡』豊前市文化財報告書第三一集
（12）上毛町教育委員会　二〇一七『下唐原七社遺跡』上毛町文化財調査報告書第二一集

註にあげたもの以外で参考とした主要文献

石田英一郎編　一九六五『シンポジウム日本国家の起源』角川書店
上田正昭　一九六六『大和朝廷』角川書店
石田英一郎編　一九六六『日本民族の起源』平凡社
松本清張　一九六八『古代史擬』
佐伯有清　一九七一『研究史　邪馬台国』吉川弘文館
佐伯有清　一九七二『研究史　戦後の邪馬台国』吉川弘文館
松本清張編　一九八三『銅鐸と女王国の時代』日本放送出版協会
水野　祐　一九八七『評釈・魏志倭人伝』雄山閣出版
近藤喬一　一九八八『三角縁神獣鏡』東京大学出版会
西嶋定生　一九九四『邪馬台国と倭国』古代日本と東アジア　吉川弘文館
千田　稔　二〇〇〇『邪馬台国と近代日本』ＮＨＫブックス
平野邦雄　二〇〇二『邪馬台国の原像』学生社
丸山擁成　二〇〇九『邪馬台国　魏使が歩いた道』吉川弘文館
白石太一郎　二〇〇九『考古学から見た倭国』青木書店

おわりに

筆者は小郡市埋蔵文化財調査センターに勤務している。大学では、日本史学を専攻した。考古学でもよかったのだが、もともと考古学研究室がない大学だった。筆者の卒業後数年たって考古学専攻ができた。考古学専攻でなかったことが幸いしたこともある。なぜなら、多少なりとも文献史学に接する機会を持ったからである。『魏志』倭人伝も文献である。日本史専攻となると、漢文調の古典からミミズが這ったような近世文書まで読まされる。そうした中で文献史学に接したことがよかったのかもしれない。卒業論文は古墳を扱った。その後、就職先に弥生時代の遺跡が多いこともあって、弥生時代を追究することとなった。大学時代の恩師に進められて提出した学位論文のタイトルは、「北部九州弥生社会の研究」であった。

行政では文化財を担当している。行政の分野の中では、特殊な分野といっても良いだろう。最初は「趣味でお金をもらえるなんていいねえ」などと陰口もたたかれたが、最近では、役所の中でも必要不可欠な個所と見られるようになってきた。それでもやはり特殊な部分を受け持っていることに違いない。

この年、仕事の中身がずいぶん変わってきた。かつて文化財といえば、発掘が仕事のほとんどだった。平成九年（一九九七）をピークとして、民間の開発が減り、公共事業が減り、文化財調査が減った。私たちの仲間の多くは、専門分野を離れていった。時に抵抗しながら、時にみずから専門を離れていった。

筆者も、今までどおりの発掘に明け暮れる道以外の道を選ばなければならなくなった。発掘が減っても、歴史を市民に伝える道があるのではないか。歴史を生かしたまちづくりができるのではないか。今まで経験してきたこと、考えてきたことを捨てるのは、あまりにもったいない。これは行政にとっても財産であるのだと、時には自分に言い聞かせる。

そうした中で、市民に歴史の話をする機会も多くなった。はっきり言って歴史は難しい。ましてや、考古学の論文を一般の人に読んでわかってもらうことなど土台無理な話だ。しかし、一般の人でもとりつきやすい話題はあるものだ。坂本竜馬や西郷隆盛はみんな知っている。豊臣秀吉や徳川家康も知っている。そして、邪馬台国の女王卑弥呼も、一度は耳にしたことがあるだろう。歴史に興味を持ってもらうためには、好んでこの卑弥呼の話をする。

邪馬台国ほどファンが多い歴史分野はない。書店に行っても邪馬台国関連はいつもコーナーができている。考古学をしているというだけで、邪馬台国の話をしてほしいという依頼は、この近年特に多くなっている。

今回、以前、本を出したことのある出版社雄山閣から、本を書かないかという誘いがあった。最初は、弥生時代の青銅器をテーマにすることを考えていた。ところが平成二一年（二〇〇九）秋、いつもお世話になっている西谷正先生から、「片岡さんが講演で話した邪馬台国について引用しようと思ったのですが、片岡さんは、これを文章にしていないのですね」と言われてしまった。それをきっかけにして「そうか、文章にしてなければ何を言っても駄目なんだ」と思うようになり、当時雄山閣にいた宮島さんに、以前にお伝えしていたテーマではなく、「テーマを邪馬台国に替えさせてほしい」と頼み込んだのであった。雄山閣でも、筆者の今までの講演レジュメなどをもとに編集会議で検討していただき、いいだろうということになってできたのがこの本である。

こういう経過があるので、今回編集でお世話になった桑門智亜紀さん、そして以前からの約束を果たせず、今回の出版にご尽力いただいた宮島了誠さんにはたいへんお世話になった。ここに感謝の意を表したいと思う。

著者紹介

片岡宏二（かたおか・こうじ）

1956 年　福岡県生まれ
1979 年　早稲田大学第一文学部日本史専攻卒業
小郡市教育委員会技師、行橋市歴史資料館館長を経て
現在、小郡市埋蔵文化財調査センター所長
文学博士（考古学）

＜主要著作＞
著書『弥生時代　渡来人と土器・青銅器』雄山閣
　　『弥生時代　渡来人から倭人社会へ』雄山閣
　　『邪馬台国論争の新視点―遺跡が示す九州説―』雄山閣
共著『九州考古学散歩』学生社

2011 年 12 月 25 日　初版発行
2019 年 12 月 25 日　増補版初版発行　《検印省略》

邪馬台国論争《やまたいこくろんそう》の新視点《しんしてん》―遺跡《いせき》が示《しめ》す九州説《きゅうしゅうせつ》―　増補版

著　者　片岡宏二
発行者　宮田哲男
発　行　株式会社 雄山閣
〒102-0071 東京都千代田区富士見 2-6-9
ＴＥＬ　03-3262-3231 / ＦＡＸ　03-3262-6938
ＵＲＬ　http: //www.yuzankaku.co.jp
e-mail　info@yuzankaku.co.jp
振　替：00130-5-1685

印刷・製本　株式会社ティーケー出版印刷

©Kouji Kataoka 2019
Printed in Japan
ISBN 978-4-639-02690-7 C0021
N.D.C.210　210p　21cm